Dieses Taschenbuch gehört:

Vorname / Name: _____

Straße: _____

PLZ / Wohnort: _____

Telefon (Vorwahl): _____

W0060855

erreichbar bei/über: _____

Geboren am / in: _____

Wenn mir ein Unfall zustößt, bitte Mitteilung an:

_____

Telefon (Vorwahl): _____

Blutgruppe: _____

zu beachten: _____

Kennkarte/Ausweis Nr.: _____

DJH-Ausweis Nr.: _____

Sparbuch/Konto-Nr.: _____

Fahrzeug-Nr.: _____

Armbanduhr Nr.: _____

Kamera Nr.: _____

Hausschlüssel Nr.: _____

_____

_____

Zoll

1"

2"

3"

4"

5"

6"

Hans von Gottberg

Mit Fernglas, Kamera und Lupe

Entdecken, Bestimmen, Beobachten —
das neue Taschenbuch für alle
Waldläufer, Pfadfinder, Naturfreunde
und Umweltschützer

mit über 350 Skizzen des Autors

ENSSLIN & LAIBLIN VERLAG, REUTLINGEN

Fotos und Grafiken: Hans von Gottberg

1. – 20. Tausend

Inhaltsverzeichnis

Verzeichnis der Bestimmungstafeln

Sonstige Tafeln:

Natur – unsere Welt?

Welch große Abenteuer bietet unsere Natur! Wie viele Geschehnisse gibt es dort zu entdecken, zu erforschen, zu erleben! Doch wie viele junge Menschen hängen statt dessen im Lehnstuhl vor dem Fernseher. Und wenn die Mattscheibenbilder verflimmern, reiben sie sich benommen die Augen. Zurück bleibt eine große Leere, die sie nicht auszufüllen wissen. Schließlich blättern sie wieder in den Rundfunkzeitschriften nach dem nächsten Krimi, Western oder Horrorfilm.

Oder sie langweilen sich in der Eintönigkeit ihres Alltags. Sie tun dies und das, Kino, Schlagerhören, Herumtrödeln – allein oder im Freundeskreis. Und ist es in vielen Jugendgemeinschaften anders? Gelangweilt treffen sie sich zu ihren Heimrunden, erzählen, gammeln herum. Bestenfalls sucht der Leiter nach einem hergebrachten Thema, um wenigstens nach außen hin die Gruppenstunden einigermaßen über die Runden zu bringen. Nur selten finden die Jugendlichen einen Mittelpunkt ihres Tuns, um den sich das Leben in ihrer Gruppe dauerhaft entfalten kann, der die stille Sehnsucht des einzelnen nach echtem Erleben erfüllt, nach sinnvollem Handeln, nach Forscherdrang und Abenteuer.

Wohl den Jugendgemeinschaften, die in den Ferien auf Fahrt gehen, die wissen wollen, wie die Welt hinter den heimatlichen Horizonten aussieht, und deren Angehörige gar auf einer Großfahrt in die letzten europäischen Wildnisgebiete gelernt haben, allein auf sich selbst gestellt mit allen Unbilden, die da kommen können, fertig zu werden. Jungen und Mädchen sind das, die die Natur nicht als eine unheimliche, fremde Macht fürchten, sondern als vertraute Umwelt schätzen gelernt haben, als einen zuverlässigen Freund, der zwar nicht wenig fordert, ihnen aber aus seinem unerschöpflichen Reichtum auch all das gibt, was sie zur Selbstbewährung und zu echtem Abenteuer benötigen.

Die weltweite Herausforderung an uns alle

Fast scheint es, als hätten die Menschen überhaupt vergessen, daß es ringsum eine Natur gibt. Im technischen Fortschrittsdenken tun sie alles, um sie noch weiter zu verdrängen, ja zu zerstören. Gewiß, sie hören vom »sauren Regen«, vom »Sterben der Wälder«. Sie lesen von der Vergiftung unserer Böden durch Überdüngung, Schädlingsbekämpfung durch Pestizide und Raubbau der auf einseitige Produktionserhöhung bedachten Land- und Forstwirtschaft. Sie erfahren vom Siechtum der Bäche, Flüsse und Seen, vom Erkranken der Weltmeere, von riesenhaften Rodungen in den tropischen Urwäldern Südamerikas, den »Lungen unserer Erde«, und vom plötzlichen Aussterben erschreckend vieler Tier- und Pflanzenarten; von der Versteppung einst fruchtbarer Gebiete in der sogenannten Dritten Welt und nachfolgenden Hungersnöten. Berührt sie das?

Einige sicherlich. Und in jüngster Zeit werden es zum Glück immer mehr. Doch die Masse nimmt das alles noch immer schulterzuckend zur Kenntnis, geht zur Tagesordnung über und ärgert sich höchstens über die Kosten, die auf sie zukommen, um ihre Autos, ihre Ölheizungen, ihre Fabriken »umweltfreundlicher« zu machen.

Dabei liegt hier die schicksalhafte Herausforderung für unsere junge Generation. Sie muß mit diesem Problem fertig werden, um die Natur im Gleichgewicht zu halten, damit das Leben auf unserer Erde lebenswert bleibt.

Damit sind wir wieder bei unserem Buch. Es will nicht nur Wege weisen, um im geheimnisvollen Reich der Natur atemberaubende Entdeckungen zu machen, zu forschen, und die Tür zu einem großen sinnvollen Hobby öffnen. Ganz nebenbei wird man Einblicke in Zusammenhänge der Tier- und Pflanzenwelt gewinnen, in Lebensvoraussetzungen, Lebensräume und Lebensgemeinschaften. Vielleicht wird der eine oder andere gar zum Spezialisten und Forscher auf diesem oder jenem Gebiet. Auf jeden Fall wird man schließlich das große Wunder Natur erkennen, es lieben und achten, nicht nur mit dem Verstand, sondern mit dem Herzen. Und darauf kommt es an, wenn die angedeuteten großen Probleme erfolgreich gelöst werden sollen. Das Herz gehört dazu! Der Verstand allein, angelesenes

Zeitungswissen, theoretisches Diskutieren und verstaubte Schulweisheiten, das genügt nicht.

Um also von diesen hohen Gedankenflügen wieder auf den Boden zurückzukommen und jenen Zweifel zu zerstreuen, der nun sicher in der Frage liegt: »Was können wir denn schon tun, um dieser weltweit so gefährdeten Natur zu helfen?« muß man wissen, daß es bereits ein ganz bedeutender Beitrag ist, wenn man einen durch Abwässer und Überdüngung zu einer toten Kloake gewordenen Feldtümpel durch sinnvolle Maßnahmen, Bepflanzung und Hege zum Leben erweckt, damit dort wieder ein kleines Naturparadies entsteht, ein gesundes Biotop — ein ureigenes Forschungsreich. Für die bedrohte Gesamtnatur ist das nicht weniger bedeutungsvoll, als wenn sich beispielsweise der Staat unter Aufwendung von vielen Millionen Mark bemüht, den durch die anliegenden Industriezentren vergifteten Rhein gesunden zu lassen, damit auch dort die ursprüngliche Tier- und Pflanzenwelt wieder heimisch wird.

Expedition ins Unbekannte

Nun wollen wir aber unsere künftigen Streifzüge in das heimatliche Tier- und Pflanzenreich, unsere aufregenden Forscher-, Sammler- und Hegetätigkeiten keineswegs nur unter der großen Herausforderung unserer Zeit, dem weltweiten Umweltschutz, sehen. Wir wollen vielmehr unbeschwert und unbekümmert unserer Phantasie, unserem Forscher- und Betätigungsdrang freien Lauf lassen, so ähnlich, wie es wohl auch die großen Entdecker und Forschungsreisenden zu jener Zeit taten, als es noch Rätsel und weiße Flecken auf der Erde gab. Auch sie ließen ihren Alltag hinter sich, um unbekümmert ins Unbekannte vorzudringen. »Solche dunklen Länder und weiße Flecken gibt es ja leider nicht mehr«, meint man. Irrtum! Tausendfach hält die Natur für uns noch fremde Welten, Geheimnisse und erregende Entdeckungen bereit. Nur ahnen die meisten nichts davon, können sich kaum vorstellen, wie spannend es ist, sie zu erforschen und sich in sie zu vertiefen.

Es lohnt sich ganz gewiß, sich — wie einst die alten Forscher und Entdecker — aufzuraffen und einzudringen in die verborgenen Gründe unserer Wälder, in die Lebewelt unserer Tümpel,

Teiche und Bäche, in die Dschungel der Brombeeren- und Weißdornhecken, in Wiesen, Busch- und Grasland, in Sümpfe, Feuchtgebiete, Geröllfelder, Strand und Felsklüfte. Überall bestehen unbekannte Welten in geheimnisvollem Werden und Vergehen, warten Abenteuer, Triumphe und Tragödien.

Gewiß, es gehört Wille und Mut dazu, die ausgetretenen Wege des Alltags zu verlassen. Vor allem darf es an Ausdauer nicht fehlen. Kurzes begeistertes Strohfeuer, das bereits in sich zusammensinkt, wenn es draußen mal regnet oder man zu faul ist, im Morgengrauen das warme Bett zu verlassen, um in der Niederung im steigenden Nebel das zu Holze ziehende Rotwildrudel zu beobachten, führt zu nichts.

Andererseits ist es aber auch verfehlt, wenn jetzt jemand begeistert die Haustür hinter sich zuknallt und erwartungsvoll in den Wald eilt, um zu sehen, was es dort Spannendes gibt. Ein bißchen Einstimmung, Vorbereitung und das Wissen um naturgerechtes Verhalten gehören schon dazu. Auch hierzu gibt dies kleine Handbuch Hinweise, wobei es natürlich unmöglich ist, sämtliche Tätigkeiten und Spezialgebiete erschöpfend aufzuzeigen. Dafür ist unser Abenteuer Natur viel zu groß, sind die Interessen des einzelnen zu weit gefächert. Immerhin reichen sie vom umfangreichen Gebiet der reinen »Waldläuferei des Allround-Naturkenners« über die Erforschung der Tier- und Pflanzenwelt in bestimmten Lebensräumen (Biotopen) bis hin zu Spezialgebieten wie beispielsweise dem Beobachten und Erforschen von Lebensabläufen einzelner Insekten. Die Vogelkunde gehört natürlich ebenso dazu wie die Tierfotografie, das Anlegen von Sammlungen aller Art, das Präparieren, Konservieren, das Erforschen der Makro- und Mikrolebewelt, der Bau von Nistgelegenheiten, das Errichten und Betreuen von Kleinbiotopen, das Anlegen künstlicher Teiche, der Bau von Futterstellen, die Hege im weitesten Sinne und vieles mehr.

Trotz der Fülle des Stoffes wird hier von allem die Rede sein, denn die ersten geheimnisvollen Pfade in die großen Wildgründe der Natur wollen wir gemeinsam beschreiten, damit keiner sich verirrt, etwas falsch macht und enttäuscht und unbefriedigt wieder nach Hause geht. Wahrscheinlich aber wird mancher von der einen oder anderen Entdeckung und Möglichkeit so gepackt sein, daß er tiefer in diese spannende Welt eindringen will, genauer forschen, mehr wissen, mehr erleben, mehr tun. Das ist der Augenblick, in dem wir uns trennen werden, denn dann gilt es, nach weiterführenden Spezialbüchern zu greifen, nach Fachliteratur, und wohl auch den Rat von Spezialisten einzuholen.

Aber stets muß bedacht werden, daß man durch das Studium von Büchern zwar theoretisch — das heißt mit dem Verstand — der Natur auf die Spur kommen kann, niemals aber mit dem Herzen. Die erregenden Forscher- und Entdeckerabenteuer offenbart sie nur demjenigen, der sie aufsucht, der in sie eindringt, sie mit eigenen Augen sieht, mit eigenen Gedanken und Gefühlen in des Wortes reinster Bedeutung »erlebt«! Nicht dem blassen Theoretiker mit seinen Bücherweisheiten beschert sie unvergeßliche Erlebnisse, sondern demjenigen, dem es beispielsweise nichts ausmacht, ungeachtet quälender Mückenschwärme mit aufgekrempelten Hosenbeinen in einen Bach hineinzuwaten, um zu beobachten, wie das Stichlingsmännchen in seinem roten Hochzeitskleid unermüdlich seine winzige Brut in dem walnußgroßen Nest am Grunde betreut und todesmutig gegen alle Angreifer verteidigt.

Krempeln also auch wir unsere Hosenbeine auf und beginnen! Doch eines noch zuvor — ein Grundsatz, der nie vergessen werden darf: Wir sind Freunde der Natur und all ihrer Lebewesen! Niemals werden wir in unserer Begeisterung beim Beobachten und Forschen, Tiere in ihrem Wohlbefinden stören, sie ungewollt quälen oder gar aus ihrem Lebensraum vertreiben!

Unser Tun endet stets da, wo die Tier- oder Pflanzenwelt Schaden erleiden könnte!

Die Kunst der Waldläufer

Was ist eigentlich ein Waldläufer? Viele denken da an einen Tippelbruder und Landstreicher oder an einen »Aussteiger«, der sich nun in Wald und Feld herumtreibt. Was einst die »klassischen« Waldläufer im Wilden Westen waren, weiß jeder, der Lederstrumpf, Wildtöter oder den letzten Mohikaner gelesen hat — zähe, wildniserfahrene Kundschafter, die als erste in die unbekannten Wälder des nordamerikanischen Kontinents vordrangen und völlig auf sich selbst gestellt in und mit der Natur lebten; denen dort nichts fremd war und die selbst aus den geringsten Spuren ihre Schlüsse ziehen konnten.

Oder sind hier mit Waldläufer vielleicht die abenteuernden Jungenbanden gemeint, die übermütig in den Wald ziehen, durch Dickungen brechen, das Wild aufscheuchen, sich spannende Kienapfelschlachten liefern, heimlich Laubhütten und Höhlen oder gar Baumburgen in den höchsten Kronen der Wipfel bauen — jene speziellen »Freunde« der Förster?

Natürlich nicht!

Waldläuferei ist für uns die verantwortungsbewußte Fertigkeit, sich waldgerecht in der Natur zu bewegen, in und mit ihr zu leben, sich in sie einzufügen. Also ungefähr so, wie das Coopers Waldläufer vor einigen hundert Jahren auch konnten, wobei unsere Entdeckungen und Beobachtungen kaum weniger spannend sein werden als die Abenteuer jener alten »Scouter« — falls wir genügend Phantasie haben und es richtig anfangen. In diesem Sinne ist Waldläuferei — also die selbsterarbeitete Kenntnis von der Natur und das richtige Verhalten in ihr — auch die »hohe Schule« jener Pfadfindergruppen, Jugendgemeinschaften und Freundeskreise, die in ihren Ferien mit Zelt und Rucksack zu mehrwöchigen Großfahrten in die letzten europäischen Naturreservate aufbrechen, wie z.B. in die einsamen Elchwälder Skandinaviens oder Lapplands Birkentundren jenseits des Polarkreises. Zu solchen großen Abenteuerfahrten sind neben anderem Erfahrungen in der Waldläuferei Voraussetzung. Was sonst noch dazugehört, steht in dem in gleicher Aufmachung erschienenen Handbuch »Fahrten, Ferne, Abenteuer«. Lernen, erproben und vertiefen kann man die Waldläuferei zu Hause, in den Wildgründen der heimatlichen Wälder und Feldfluren. Allerdings gehört Begeisterung dazu, Phantasie und — wie schon gesagt — Ausdauer!

Schon diese Möglichkeit, sich waldgerecht mit der Natur zu beschäftigen, in ihr zu leben und immer vertrauter mit ihr zu werden, ist eine lohnende Aufgabe. Sie ist wohl auch diejenige, die den meisten zunächst zusagen wird. Ohne dabei an die eigentliche Jagd zu denken, hat unsere Waldläuferei viel mit der Tätigkeit der Förster und Jäger gemeinsam, vor allem die Aufgabe der Hege und Betreuung in den Revieren. Voraussetzung hierzu ist dauerndes Beobachten und die Kenntnis von Lebensweise, Lebensräumen und Lebensabläufen aller dort beheimateten Tiere und Pflanzen. Mit Recht pflegen Forstleute diese ihre wichtigste Aufgabe besonders ernst zu nehmen. Deshalb werden sie zunächst wenig erbaut sein, plötzlich in ihren Wäldern störende Unbekannte zu entdecken. Möglicherweise werden sie uns sogar mit Hinweisen auf die bestehenden Wald-, Jagd- und Naturschutzgesetze davonjagen wollen. Doch Waldläufer, wie wir sie verstehen, sollen »gut Freund« mit Förstern, Jagdberechtigten und Landwirten werden, vielleicht sogar deren hochwillkommene Helfer. Wie das am besten zu bewerkstelligen ist, werden wir noch hören.

Unser Waldläufer-Revier

Ein Waldläufer, der es mit seiner Tätigkeit ernst meint, hat seinen bestimmten, in sich abgeschlossenen Forschungs- und Beobachtungsbereich, denn es ist wenig sinnvoll, sprunghaft mal da und mal dort umherzustreifen, um zu sehen, was es vielleicht Interessantes zu entdecken gibt. Auch hier sind Planmäßigkeit und System die Schlüssel zum Erfolg. Schließlich wollen wir ja nicht nur durch Zufall einmal einen Sprung flüchtig abgehender Rehe wahrnehmen, einen davonstreichenden Fasanenhahn erblicken oder mit dem Glas in weiter Ferne einen auf einem Pfahl aufgeblockten Bussard. Unser Ziel ist es, die Verhaltensweise der Tiere in ihrer jeweiligen Umwelt umfassend zu beobachten und verstehen zu lernen, und das nicht nur zu verschiedenen Tagesstunden, sondern über den Wandel der Jahreszeiten oder gar Jahre hinweg. Dabei ist uns das Erforschen des Lebens der Kleintiere, beispielsweise der Haselmaus in ihrem Kugelnest im Brombeergestrüpp, genauso wichtig und interessant wie das des sogenannten jagdbaren Wildes.

Nur ständiges Beobachten derselben Tiere wird uns tiefere Einblicke in die Natur eröffnen und uns neben spannenden Erlebnissen und aufregenden Abenteuern das naturkundliche »Allroundwissen« eines Waldläufers bescheren. Das alles ist nur möglich, wenn wir unseren Forscherdrang sorgfältig auf ein bestimmtes **Revier** konzentrieren, mit dem wir vertraut werden.

Ein solches Revier — es soll übersichtlich und nicht allzu groß sein — auszuwählen und festzulegen ist der erste Schritt unserer Waldläufertätigkeit.

Natürlich kennt jeder die Naturlandschaften seiner Umgebung. Er weiß also ungefähr, wo es für uns interessant sein könnte. Damit ist bereits eine Vorauswahl im Groben getroffen. Nun besorgt man sich eine Karte (am besten im Maßstab 1 : 25 000, d.h. 1 km in der Natur entspricht 4 cm auf der Karte) und beginnt, auf dem Kartenbild das in Aussicht genommene Gelände zu studieren. Man untersucht vor allem, ob dort in etwa die im folgenden genannten Voraussetzungen erfüllt sind:

- Die eine Hälfte eines Waldläufer-Reviers ist ein zusammenhängendes Waldstück oder der Teil eines Forstes, etwa zwei bis drei Quadratkilometer groß. In ihm sollte es Nadel- und Laubhochwaldbestände geben, Unterholz, Schonungen und Dickungen. Je mehr verschiedene Baum-, Busch- und Pflanzenarten dort wachsen, um so besser ist es.
- Eine ebenso große Feldmark mit Wiesen, Weiden, Äckern, Kornfeldern oder Ödland, die in den Waldrand hineinreicht, bildet die zweite Revierhälfte.
- Bäche, Gräben, Tümpel, Teiche oder gar ein kleiner See in der Feldmark sind ebenso vorteilhaft wie entsprechende Gewässer, Sumpf- oder Feuchtstellen im Waldteil.
- Wenn wir nun noch aus der Karte entnehmen, daß es im Waldteil unserer künftigen »Jagdgründe« Bodenerhebungen gibt, alte Steinbrüche, Schluchten, Sandgruben oder Waldwiesen, so haben wir ein fast ideales Waldläuferrevier gefunden, in dem sicherlich viele Wildtiere ihre Lebensräume haben werden.
- Weidendes Vieh oder landwirtschaftliche Arbeiten in der Feldmark stören ebensowenig wie einzelne Bauerngehöfte, Feldscheunen oder Heuschuppen. Daran haben sich die Wild- und Waldtiere längst gewöhnt. In solch alten Feldscheunen und Gemäuern finden sich oft die Jagdreviere von Steinmarder, Iltis, Wiesel, Schleiereulen und Steinkauz.
- Festzustellen wäre noch, ob dieses in Aussicht genommene Revier nicht gerade als »Naherholungswald« von zahlreichen Ausflüglern überschwemmt wird. Am besten, es wäre gar nicht über eine öffentliche Straße zugänglich.

14

- Andererseits müssen wir aber unseren Wald von verschiedenen Seiten über landwirtschaftliche Feldwege erreichen können. Auch soll sein Inneres durch Forstwege, Schneisen und Pfade gut erschlossen und begehbar sein. Es ist nämlich ein großer Irrtum zu glauben, für einen rechten Waldläufer sei es weit unter seiner Ehre, vorhandene Wege zu benutzen, und er würde statt dessen indianermäßig durch Verhaue und Dickungen schleichen. Das beunruhigt die Tiere und vergrämt sie schließlich. Unauffälliger, müheloser und zeitsparender ist das Vorwärtskommen auf vorhandenen Forstwegen, von denen dann wieder kaum sichtbare Jagd- und Pirschpfade in die einzelnen Revierteile hineinführen.

Vom Meßtischblatt zum Revierplan

Für den, der einigermaßen Karten lesen und sich in die dargestellten Landschaften hineindenken kann, ist bereits das Beurteilen und Auswählen seines künftigen Waldläuferreviers eine spannende Sache. Der nächste Schritt wäre die Erkundung an Ort und Stelle. Doch so weit sind wir noch nicht!

Zuvor fertigen wir uns nämlich einen Spezialplan unseres Reviers an und zwar in vierfach größerem Maßstab als die vorhandene Karte. Am einfachsten geht das, wenn wir den betreffenden Kartenausschnitt bei einem Vervielfältigungsinstitut auf das Zweifache vergrößert fotokopieren und diese vergrößerte Kopie dann noch einmal verdoppeln. Falls die Grundlage hierzu eine (in größeren Buchhandlungen erhältliche) amtliche Karte 1 : 25 000 (sogenanntes Meßtischblatt) war, haben wir nun einen Plan im Maßstab 1 : 6 250. Auf diesem Plan beträgt ein Kilometer in der Natur jetzt 16 Zentimeter.

Natürlich sind dadurch nicht mehr Einzelheiten sichtbar geworden, jedoch ist unser künftiges Revier maßstabsgetreu viermal so groß abgebildet als vorher. Da kann man dann erkundete und bedeutsame örtliche Details wie Beobachtungsstellen, Fundorte, Äsungsplätze, Wechsel, Wildäcker, Einstände, Baue, Nester usw. bequem als Ergänzungen einzeichnen.

Über kurz oder lang werden wir außerdem bisher namenlose Örtlichkeiten in unseren »Jagdgründen« mit eigenen Bezeichnungen, wie Hasental, Diebessee, Hoher Tann, Fasanenwald u.ä., versehen, die dann ebenfalls in die Karte eingetragen werden. Eine solche »Geländetaufe« ist besonders vorteilhaft, wenn man zu mehreren Waldläufern ein Revier betreut und dabei nicht aneinander vorbeireden will. Möglicherweise bedienen sich die Forstleute schon von alters her einer solchen internen Namensgebung. Dann wäre es aus den gleichen Gründen zweckmäßig, diese in den eigenen Revierplan zu übernehmen. Doch zunächst haben wir zu Hause anhand einer guten Karte ein bestimmtes Revier in die engere Wahl gezogen, davon einen großmaßstäblichen Spezialplan vorbereitet und wollen nun los, um das Ergebnis unserer Überlegungen zu überprüfen. Schon diese erste Erkundungsstreife muß waldläufergerecht durchgeführt werden. Neben dem richtigen Verhalten in der Wildbahn gehört dazu die zweckmäßige Bekleidung und Ausrüstung, die wir hier als Ganzes vorwegnehmen wollen, auch wenn man anfangs noch nicht alles verfügbar hat und deshalb zunächst improvisieren muß.

Die Waldläuferbekleidung

Wer nun denkt, Waldläuferei sei ein Schönwetter-Hobby, der wird sich wundern. Im Abenddämmern, nachts bei Vollmondschein oder im Morgengrauen, wenn Nebel von den Niederungen heraufzieht und man reglos hinter dem Tarnschirm kauert, kann es verteufelt kalt werden — sogar im Hochsommer! Falls wir dann nicht durch Zähnegeklapper die Wildtiere vertreiben wollen, müssen wir entsprechend angezogen sein.

Deshalb besitzt ein erfahrener Waldläufer eine Bekleidungsausrüstung, die nicht nur bewegungsfreundlich und strapazierfähig ist, sondern auch rasch einem plötzlichen Wetter- oder Temperaturwechsel angepaßt werden kann. Erleichtert wird die Auswahl durch die Erfahrung, daß zwei oder drei übereinandergezogene Baumwollhemden wegen der isolierenden Luftschichten mehr wärmen als ein dicker Rollkragenpullover.

Außerdem sind Zusatzhemden auch platzsparender mitzuführen als ein voluminöser, schwerer »Isländer«. Wichtig ist aber, daß das äußerste Kleidungsstück aus dichtgewebtem, also windundurchlässigem Stoff (Leinen) besteht. Denn es ist vor allem der Windzug, der bis auf die Haut durchdringt und durch

Verdunstung der Körperfeuchtigkeit das Frieren bewirkt. Diese »wärme-physikalische« Erfahrung wollen wir uns merken. Wie sieht es nun im einzelnen aus?

Beginnen wir mit der wärmenden Hülle über der Haut, dem **Unterzeug**. Unterhose und -hemd haben die Aufgabe, für Verdunstung der Körperfeuchtigkeit zu sorgen. Deshalb müssen sie saugfähig sein. Das sind aber nur Stoffe aus Naturfaser — also Wolle, Baumwolle, Leinen. Die modernen Kunstfasergewebe — wie Perlon, Dralon, Trevira, Nylon usw. — gelten zwar als pflegeleicht, saugen aber den Schweiß nicht auf. Das Gewebe wird naß, beginnt zu kleben, und man erkältet sich. Man sollte auch darauf achten, daß das Unterzeug locker sitzt und kein Gummizug einschnürt.

Über der Unterwäsche trägt man ein langärmliges, nichtimprägniertes (wasserdicht gemachtes) **Waldläuferhemd**, das aus den obengenannten Gründen zumindest zu 70% aus Baumwolle oder Leinen bestehen soll. Kurzärmlige Polohemden und ähnliche Freizeithemden scheiden aus. Bei neuen Hemden muß durch Waschen die Appretur herausgespült werden, die sonst zu Wärmestauungen führen kann. Jedem wird einleuchten, daß ein Waldläuferhemd von der Farbe her der Natur angepaßt sein muß. Die sonst so praktischen großkarierten, bunten »Holzfällerhemden« wären ebenso unzweckmäßig wie Hemden in auffälligen hellen Modefarben.

Da die in Jagdausrüstungshäusern angebotenen Jägerhemden teuer sind, kommen für uns vor allem die einfarbigen strapazierfähigen Fahrtenhemden der Pfadfinder in Frage. Sie besitzen zwei Brusttaschen, Knopfleiste von oben bis unten, offenen Kragen und Schulterklappen. Letztere dienen zum Befestigen der Kompaßschnur und verstärken die Schulterpartie beim Tragen des Rucksacks. Natürliche Farben wie olivgrün, jägergrün, braun oder sandfarben sind zweckmäßiger als dunkle Farben, die sich in der Sonne aufheizen, vor allem aber — wie helle Farben — zu auffällig sind. Ein Waldläuferhemd soll bis über den »Allerwertesten« reichen, damit die Nierenpartie gegen Erkältung geschützt wird.

Die **Waldläuferhose** muß nicht nur den empfindlichsten Teil des Menschen, den Unterleib, schützen und zwischen den Beinen für eine gute Ventilierung sorgen — sie muß auch nahezu unverwüstlich sein gegen Dornen, Astsplitter, Felszacken, Stacheldraht usw. Man muß sich mit ihr auf Baumstümpfe, Steine oder auch auf feuchten Erdboden setzen können, ohne gleich einen nassen oder kalten Hintern zu bekommen.

Ideal wäre hier eine lederne Kniebundhose (braun, nicht schwarz!) mit Schlaufen für den Waldläufergürtel. Leider ist sie nicht billig. Aber vielleicht kann man die Eltern von einer solchen Anschaffung überzeugen, wenn man ihnen erklärt, daß eine Naturlederhose mindestens drei bis fünf Stoffhosen überdauert; daß sie um so besser und wasserdichter wird, je mehr fettige Hände sich daran abgewischt haben und daß man so ein »eingefahrenes« Prachtstück dann noch an nachwachsende jüngere Geschwister weitervererben kann!

Die zweitbeste Hose ist eine Kniebundhose aus Kordstoff. Bis auf die Schuhe fallende Hosen können nur dann verwendet werden, wenn die Enden um die Waden verschnürt werden. Beim Streifen durch Gras und niederen Unterwuchs, die oft weit bis in den Tag hinein tropfnaß vom Tau sind, sind auf die Schuhe fallende Hosenbeine unzweckmäßig. Sie erschweren zudem ein lautloses Gehen und Pirschen.

Besonders gewarnt sei noch vor den so beliebten Jeanshosen! Sie engen die Bewegungen ein und sind am Unterrücken zu kurz, so daß beim Bücken die Nierenpartie offen bleibt. Außerdem wärmen sie nicht, sind bei Regen sofort durchfeuchtet und kleben dann unmittelbar auf der Haut. Man kann sich leicht erkälten oder gar eine Nierenentzündung holen, wenn man – und damit muß man bei unserer Waldläuferei immer rechnen – längere Zeit naß herumläuft oder reglos stillsitzt.

Der zur Hose gehörende **Waldläufergürtel** verhindert nicht nur deren Rutschen, sondern dient auch dem Befestigen jener Ausrüstungsteile, die man bei sich haben muß, wenn man den Feldbeutel oder den Ansitzrucksack abgelegt oder zu Hause gelassen hat. Das sollen aber nur sehr wenige sein, denn ein schwer behängter Gürtel zieht einem dauernd die Hose über den Po und erschwert ein lautloses Gehen. Ständig am Gürtel hängt das Waldläufermesser, das links getragen wird, die kleine Pirschtasche (s. S. 30) sowie eine Lederschlaufe mit Karabinerhaken. Daraus wird klar, daß so ein Waldläufergürtel kein dünner Plastikriemen ist, sondern ein stabiles Ausrüstungs-

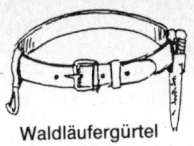

Waldläufergürtel

Geld, Ausweis usw.

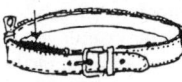

selbstgefertigter
Waldläufergürtel aus
doppeltem Leder mit
Reißverschluß oben

Waldläufer-Bundhose

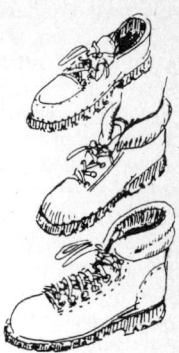

Waldläufer-Schuhe

stück aus mindestens fünf Zentimeter breitem Kernleder mit einer festen Schnalle. Ein zünftiger Waldläufer fertigt sich seinen Gürtel übrigens selbst an. Man muß aber darauf achten, daß der Waldläufergürtel später durch die Hosenschlaufen paßt. Diese sind ohnehin oft zu schmal (oder gar nicht vorhanden) und müssen durch breitere ersetzt werden.

Socken oder Strümpfe sollen dick sein und ebenfalls aus Baumwolle oder Wolle bestehen, denn sie müssen besonders viel Schweiß verdunsten können. Zur Verstärkung dürfen sie 20% Kunstfasergewebe enthalten. Trägt man Kniebundhosen, müssen sie wenigstens bis in die Kniebeuge reichen. Wie die übrige Waldläuferbekleidung muß auch die Farbe der Strümpfe der Natur angepaßt sein, also Grün-, Braun- oder Grautöne. Ein abschließender Gummizug darf nicht drücken, aber auch nicht so locker sein, daß dauernd der Strumpf rutscht.

Ganz besonders wichtig ist die Auswahl des **Schuhwerks**. Es stimmt zwar, daß man mit leichten Schuhen — etwa Turnschuhen — lautlos gehen kann. Doch das gilt nur für offene Wege und Gelände ohne nennenswerten Bewuchs. Waldläufer aber müssen auch mit schwerem Gelände rechnen, mit Brombeerranken, Dornen, Brennesseldickichten, Feuchtstellen, Morast, Bachgeröll und so weiter. Das erfordert festes und wasserdichtes Schuhwerk. Zu bevorzugen sind deshalb halbhohe Wanderstiefel aus Glattleder mit einer starken Profilsohle, durch die man nicht jeden Stein spürt.

Besonders gefährlich sind zu kleine Schuhe, die unweigerlich Druckstellen und Wundlaufen zur Folge haben. Wenn man sich neue Waldläuferschuhe kauft, muß man sie mit dicken Socken anprobieren und dann noch eine halbe Nummer größer wählen. Erfahrene Waldläufer ziehen nämlich aus den bekannten Gründen zwei Paar Wollstrümpfe übereinander an. Der Fuß ist dann wie gepolstert, sitzt fest, und die beiden Wollstrümpfe können eine Menge Schweiß aufnehmen. Neue Stiefel sollte man täglich ein paar Stunden einlaufen, bevor man sie zu einer längeren Tour benutzt. Der eigene Fußschweiß neutralisiert die in neuem Leder enthaltenen Gerbsäurereste, die sonst ein Brennen der Fußhaut bewirken. Durch häufiges Einwalken von Schuhfett mit der Kante der Schuhcremebüchse in das Oberleder macht man die Schuhe geschmeidig und wasserabweisend. Gummistiefel sind für uns unbrauchbar, da sie trotz einiger Ventilationslöcher luftundurchlässig sind und keinen Schweiß verdunsten lassen. Außerdem sind sie sehr empfindlich. Ein spitzer Ast oder Stein reißt seitlich ein Loch, und schon sind sie hin. Beim Gehen sind schlurfende, dumpfe Geräusche unvermeidlich. Eine Ausnahme bilden die halbhohen Gummischnürstiefel der Jäger mit dicken Filzlingen als Einlage. Sie wären ideal, wenn sie nicht — wie leider viele bewährte Jagdausrüstungsstücke — für »arme« Waldläufer zu teuer wären.

Zur Bekleidung gehört auch eine **Kopfbedeckung**, denn ein hell in der Sonne leuchtender Blondschopf ist ein weit sichtbarer Verräter. Außerdem ist es nicht gerade angenehm, stundenlang mit regendurchweichtem Haar herumzulaufen und sich eine Erkältung oder im entgegengesetzten Fall einen Sonnenstich einzufangen. Am zweckmäßigsten ist hier ein knautschbarer brauner, grauer oder grüner »Schlapphut« aus Leinen mit schmalem Rand als »Regentraufe«.

Nun fehlt für die Übergangszeit oder den Winter noch eine feste **Wetterjacke**. Um sich den jeweiligen Temperaturbedürfnissen durch entsprechende Unterbekleidung anpassen zu können, soll sie – z.B. ein Kapuzenanorak – weit geschnitten und wasserdicht imprägniert sein. Ein olivgrüner Militär-Parka mit einknöpfbarem Innenfutter aus Webpelz oder Steppwattierung und vielen Taschen (jedoch ohne Nationalitätenabzeichen) ist ideal. Es sollte jedoch ein Original-Parka sein, den man (gebraucht) über Military-Shops und Pfadfinderausrüstungshäuser preiswert erhalten kann. Nachgeahmte neue Parkas, die zur Zeit »in« sind und die man in Kaufhäusern von der Stange beziehen kann, kommen aus Qualitätsgründen weniger in Frage. Soviel zur Waldläuferbekleidung, wie man sie sich vielleicht allmählich beschaffen könnte. Zunächst aber werden wir aus vorhandenen Kleidungsstücken improvisieren müssen, wobei die wichtigsten Regeln zu beachten sind:

> Die Bekleidung muß farblich der Natur angepaßt und so beschaffen sein, daß sie beim Gehen keine Geräusche verursacht. Sie muß strapazierbar sein und plötzlich umschlagender Witterung angepaßt werden können (Mehrschichtenprinzip).

Die Waldläuferausrüstung
Von Fernrohren, Feldstechern und Spektiven

Für unsere Expeditionen ins Reich der Wald- und Wildtiere ist ein **Fernglas** – auch Feldstecher oder kurz Glas genannt – das wichtigste Ausrüstungsstück. Erst durch die optische Vergrößerung können wir Einzelheiten erkennen und weit Entferntes heranholen, ohne den Tieren selbst zu nahe auf den Pelz zu rücken. Ein Waldläufer ohne Feldstecher ist undenkbar! Wohl also demjenigen, der schon ein Glas besitzt oder sich eines von Eltern oder Freunden leihen kann. Ist das nicht möglich, oder reichen Taschengeld und Sparbuch nicht aus, so sollte auf dem nächsten Wunschzettel ein Fernglas an erster Stelle stehen.

Damit wir diesen Wunsch auch genau bezeichnen können – es gibt viele Arten von Gläsern –, müssen wir mehr davon wissen als nur die bekannte Weisheit, daß ein »galileisches Fernrohr« vorn eine konvexe Linse besitzt, die man **Objektiv** nennt und die das zu beobachtende Objekt im Abstand ihrer

Brennweite vergrößert und umgekehrt (auf dem Kopf stehend) »in der Luft« abbildet; und daß dieses Luftbild dann durch eine konkave Linse, das Okular am Ende des Fernrohres, wieder richtig stehend betrachtet werden kann.

Durch zwei im Strahlengang liegende Glasprismen, die wie Spiegel wirken, wird die durch die Brennweite bedingte Länge des Fernrohrs auf ein handliches Maß verkürzt. Aus dem langen galileischen Fernrohr wird das handliche **Prismenglas**. Heute bestehen Objektiv, Okular und Prismen nicht mehr aus einfachen Linsen, sondern aus komplizierten Systemen präzise geschliffener und vergüteter Linsen aus Spezialgläsern — bei guten Feldstechern bis zu sechzehn Stück an der Zahl! Solche Präzisions-Jagdgläser kosten viele hundert Mark.

Für unsere Zwecke reichen aber die preiswerten Gläser der Kaufhäuser um fünfzig Mark aus. Wir müssen jedoch jene geheimnisvollen optischen Angaben, die uns bisher ein Buch mit sieben Siegeln waren, verstehen lernen, um das für unsere Zwecke brauchbarste Glas auszuwählen.

Vom Vergrößerungsfaktor bis zur Sehfeldgröße

Die für Waldläufer in Frage kommenden Feldstecher tragen die Kenndaten 6 x 30, 8 x 30, 8 x 40, 7 x 50 und 10 x 50.

Die erste Zahl ist stets der **Vergrößerungsfaktor**. Ein 6 x 30-Glas vergrößert also 6fach. Die zweite Zahl ist der **Objektivdurchmesser** in Millimetern. Das Verhältnis der beiden Zahlen zueinander ergibt (neben der Lichtstärke) die für uns sehr wichtige **Dämmerungszahl**. Je größer die Dämmerungszahl, um so mehr Einzelheiten kann der Waldläufer mit seinem Glas in der Dämmerung erkennen. Die Dämmerungszahl ist die Quadratwurzel aus dem Produkt von Vergrößerungsfaktor und Objektivdurchmesser. Bei unseren fünf Gläsern also:

$$6 \text{ mal } 30 = 180; \quad \sqrt{180} = (\text{Dämmerungszahl}) \ 13,4$$
$$8 \text{ mal } 30 = 240; \quad \sqrt{240} = (\text{Dämmerungszahl}) \ 15,4$$
$$8 \text{ mal } 40 = 320; \quad \sqrt{320} = (\text{Dämmerungszahl}) \ 17,8$$
$$7 \text{ mal } 50 = 350; \quad \sqrt{350} = (\text{Dämmerungszahl}) \ 18,7$$
$$10 \text{ mal } 50 = 500; \quad \sqrt{500} = (\text{Dämmerungszahl}) \ 22,3$$

Für die Praxis bedeutet das: Man kann in der Dämmerung ein Wiesel, das man mit dem 6 x 30-Glas (Dämmerungszahl 13,4) auf 134 Meter gerade noch erkennen kann, mit dem 10 x 50-Glas (Dämmerungsfaktor 22,3) bei gleichem Licht noch auf 223 Meter ausmachen. Oder man sieht das mit dem 6 x 30-Glas auf 134 Meter erkannte Wiesel mit dem 10 x 50-Glas auf die gleiche Entfernung fast doppelt so hell (und damit deutlicher). Oder man kann das Wiesel mit einem 10 x 50-Glas auf 134 Meter bei fast doppelt so schlechtem Licht noch erkennen, während man mit dem 6 x 30-Glas gar nichts mehr sieht.

Zusammengefaßt: Durch ein Glas mit höherer Dämmerungszahl kann man bei abnehmendem Licht ein Objekt länger beobachten als durch ein Glas mit niedrigerer Dämmerungszahl.

Bei hellem Tageslicht ist die Dämmerungszahl belanglos. Dafür wird die **Lichtstärke** bedeutsam, die sich aus dem Quadrat aus Objektivdurchmesser geteilt durch den Vergrößerungsfaktor ergibt. Unter Lichtstärke eines Glases versteht man den Grad der Helligkeit, mit dem das vergrößerte Objekt sichtbar ist. Bei unseren Gläsern also:

$$30 : 6 = 5^2 \quad = \text{(Lichtstärke)} \quad 25 \quad \text{beim } 6 \text{ x } 30\text{-Glas}$$
$$30 : 8 = 3{,}75^2 = \text{(Lichtstärke)} \quad 14 \quad \text{beim } 8 \text{ x } 30\text{-Glas}$$
$$40 : 8 = 5^2 \quad = \text{(Lichtstärke)} \quad 25 \quad \text{beim } 8 \text{ x } 40\text{-Glas}$$
$$50 : 7 = 7{,}1^2 \quad = \text{(Lichtstärke)} \quad 50 \quad \text{beim } 7 \text{ x } 50\text{-Glas}$$
$$50 : 10 = 5^2 \quad = \text{(Lichtstärke)} \quad 25 \quad \text{beim } 10 \text{ x } 50\text{-Glas}$$

Hieraus ergibt sich, daß die Lichtstärke (Helligkeit, Deutlichkeit) eines Glases am Tage um so besser ist, je größer der Objektivdurchmesser im Verhältnis zum Vergrößerungsfaktor steht. Oder: Die Optik mit höherer Lichtstärke »schluckt« weniger Licht als die eines Glases von geringerer Lichtstärke.

Wenn wir diese Zusammenhänge begriffen haben, wissen wir schon mehr. Doch welches unserer fünf als brauchbar bezeichneten Gläser nun wirklich das zweckmäßigste ist, dürfte immer noch ein wenig schleierhaft sein.

Überlegen wir also gemeinsam:

● Wir wollen am Tag und in der Dämmerung gleich gut sehen. Dämmerungszahl und Lichtstärke müssen also relativ hoch sein. Und was ist mit der Vergrößerung?

- Dazu müssen wir wissen, daß die Netzhaut des menschlichen Auges Einzelheiten eines kleineren hellen Bildes besser aufnimmt als bei einem größeren, aber dunkleren.
- Außerdem sind Gläser mit einem hohen Vergrößerungsfaktor (ab 8 aufwärts) in der freien Hand kaum still zu halten. Das Bild »verzittert«. Das bedeutet, daß ein Vergrößerungsfaktor über 8 unter Umständen nachteilig ist.

> Waldläufer ziehen Gläser mit den Kenndaten 8 mal 40 oder 7 mal 50 als besonders geeignet vor.

Doch nicht allein die optischen Eigenschaften geben den Ausschlag. Folgendes ist außerdem zu berücksichtigen:
- Unser Glas soll einen **Mitteltrieb** und nicht zwei einzeln einstellbare Okulare an den Fernglashälften haben.
- Die bei den optischen Daten angegebene **Sehfeldgröße** (das ist die Breite des Sehfeldes auf 1 000 Meter Entfernung) sollte nicht unter 100 Meter liegen.
- Das Glas soll möglichst wenig wiegen.
- Die mechanischen Teile sollen präzise gearbeitet und nicht zu leicht- oder zu schwergängig sein.
- Nach Möglichkeit soll das Glas staub- und wasserdicht sein.

Bei den preisgünstigeren Gläsern pflegen sich die Kataloge über die letzten beiden Punkte leider auszuschweigen. Allerdings können wir nicht erwarten, daß diese Gläser die gleiche hohe Qualität haben wie die wertvollen Gläser der Forstleute, die das Zehnfache kosten.

Der Vollständigkeit halber sei hier noch das **Spektiv** aufgeführt. Das ist ein ausziehbares Fernrohr mit sehr begrenztem Sehfeld, kleiner Dämmerungszahl und geringer Lichtstärke. Dafür vergößert es aber 20- bis 30fach! Die erforderliche »Zitterfreiheit« kann nur durch Anstreichen an einem Baum, durch Auflegen oder Montage auf ein Stativ erreicht werden. Spektive sind also nur bei gutem Licht für kleine oder sehr weit entfernte Objekte verwendbar. Sie gehören u.a. zur Spezialausrüstung der Vogelbeobachter und Ornithologen.

Feldstecher und Spektiv

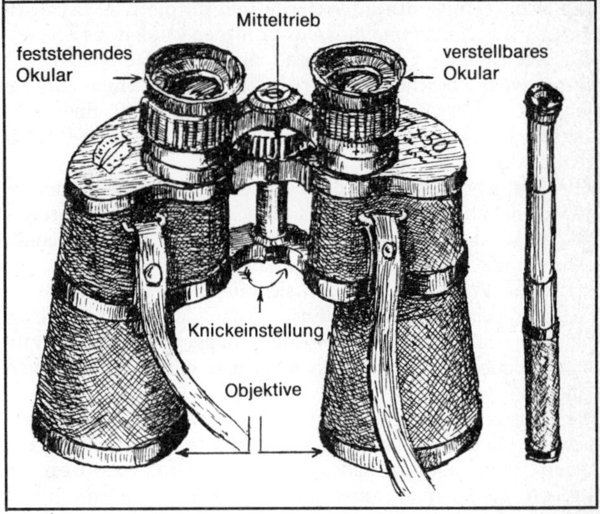

Mitteltrieb

feststehendes Okular →

← **verstellbares Okular**

Knickeinstellung

Objektive

Das Wichtigste über Pflege und Gebrauch von Feldstechern

Selbst die preisgünstigen Gläser sind Präzisionsinstrumente und bedürfen bei der nicht immer sanften Behandlung während unserer Streifen besonderer Pflege, denn wir wollen ja lange Freude an ihnen haben. Wer beobachtet hat, wie sorgfältig Jäger ihre Jagdgläser behandeln, weiß, wovon wir reden!
Deshalb niemals auf der vergüteten (bläulich schillernden) Optik (den Linsen) mit den Fingern oder einem Tuch herumwischen — ganz besonders nicht, wenn das Glas verstaubt ist!
Feldstecher werden behutsam mit einem Haarpinsel gesäubert, wobei darauf zu achten ist, daß Staub und Schmutz auch aus den Trieben der mechanischen Teile entfernt werden. Erst dann dürfen die Gläser (ggf. nach Anhauchen) vorsichtig mit einem speziellen antistatischen Reinigungstuch geputzt werden.

Ein nasses Glas wird mit einem saugfähigen Tuch abgetupft und bei normaler Temperatur (nicht etwa am Ofen) getrocknet. Plötzliche Temperaturunterschiede sind für die Linsensysteme der Optik schädlich und müssen vermieden werden. Es ist sinnlos, beschlagende Gläser dauernd zu putzen. Sie werden sich immer wieder beschlagen, bis sich das Glas der Temperatur angepaßt hat. Deswegen soll man ein Glas nicht mit in einen warmen Raum nehmen, wenn man bald wieder ins »kalte Revier« gehen will.

Bei Nichtgebrauch gehört der Feldstecher in seinen Köcher. In der »Wildbahn« wird das Glas (ohne Köcher!) am Halstrageriemen auf der Brust getragen, wobei die nach oben weisenden Okulare vor Regentropfen zu bewahren sind.

Erfahrene Waldläufer fertigen sich aus wattiertem Stoff oder Leder eine abknüpfbare Hülle an, die das Glas nicht nur wie ein Mantel schützt und unbeabsichtigte Klappergeräusche dämpft, sondern auch ein verräterisches Spiegeln der Lackflächen verhindert.

Ein Feldstecher wird stets mit beiden Händen gehalten, wobei sich die Ellenbogen an der Brust abstützen, um einen »zitterfreien« Durchblick zu haben. – Um ein **Glas exakt einzustellen**, visiert man zuerst durch die nicht verstellbare (meist linke) Feldstecherhälfte ein etwa hundert Meter entferntes Objekt (Maschendrahtzaun) an und stellt das Bild dieser Hälfte durch Drehen am **Mitteltrieb** scharf. Dann wird die andere Hälfte durch Drehen am **Okularring** nachgestellt. Man schaut immer mit beiden Augen durch das Glas! Weil die optischen Achsen der Feldstecherhälften noch nicht unserem Augenabstand angepaßt sind, werden wir jetzt zwei getrennte, sich gegenseitig überlappende Bilder sehen. Durch langsames Einknicken der Hälften läßt man die Konturen der beiden Bilder ineinander gleiten und kann nun – ohne die Augen besonders anzustrengen – plastisch sehen.

Die Feldlupe

Das zweite optische Hilfsmittel, um auch kleine Dinge am Weg deutlich sehen und beobachten zu können, ist die Feldlupe. Hierbei handelt es sich um eine 8 bis 10fach vergrößernde Uni-

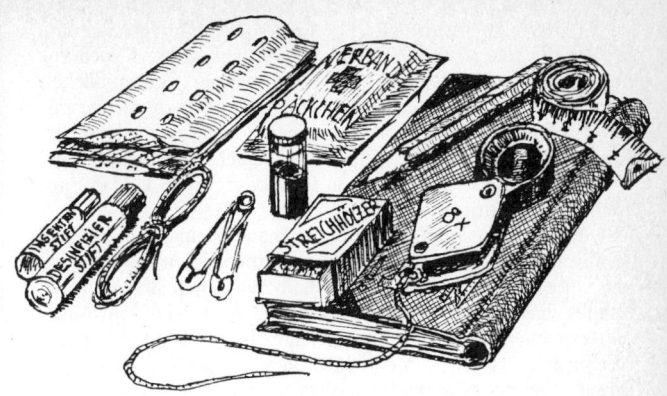

versal-Taschenlupe im Etui oder (besser!) aus einer schützenden Metall- oder Kunststoffassung ausschwenkbar. Die Linse soll aus geschliffenem Glas bestehen und nicht aus gegossenem, kratzempfindlichem Plexi- oder Acrylglas.

Eine Lupe hält man nicht dicht vors Auge, sondern in etwa 5 Zentimeter Abstand. Bei der Betrachtung kleiner Objekte ist es zweckmäßiger, diese vor der Lupe hin und her zu bewegen, als mit Lupe und Kopf — womöglich noch im Liegestütz — »genickstärkende Freiübungen« zu veranstalten. Erfahrene Waldläufer sichern ihre kleine Feldlupe durch eine daran befestigte Kordel in auffälliger Farbe gegen Verlust.

Der Kompaß

Ein weiteres Waldläufer-Ausrüstungsstück ist der Kompaß. Das Feststellen und Festlegen von Himmelsrichtungen, insbesondere Windrichtungen und deren Ablenkung (Küseln) durch Hindernisse wie Waldränder, Lichtungen, Hügel oder Gebäude, ist beim Streifen, Anpirschen und Beobachten sehr wichtig. Zur Feststellung allgemeiner Richtungen im Revier reicht die Kompaßnadel eines einfachen Kompasses aus.

Wer höhere Ansprüche stellt — insbesondere fortgeschrittene Waldläufer, die in den Ferien abenteuerliche Wildnisexpeditionen planen, zum Beispiel, um in Schwedens unermeßlichen Wäldern und Seengebieten den Elchen oder Bibern nachzuspüren —, benötigt einen zuverlässigen flüssigkeitsgedämpften **Marschkompaß** mit Peileinrichtung, Ober- oder Unterspiegel und drehbarer Richtungsskala in Grad oder Strich. Und er muß auch mit ihm umgehen können.

Mit einem schlechten Kompaß ist man in einsamer Wildnis ziemlich aufgeschmissen, denn in extremen Fällen kann das Leben vom Kompaß abhängen. Deshalb kauft man sich nicht ein billiges Plastikding, das manchmal im Military-Look in Kaufhäusern angeboten wird und sogar alle oben genannten Einrichtungen hat, dessen Kompaßnadel aber oft klemmt und wegen unzureichender oder rasch nachlassender Magnetisierung in alle Richtungen zeigt, nur nicht nach Norden! Für einen brauchbaren Marschkompaß, den man in Fachgeschäften, Pfadfinderrüsthäusern oder beim Optiker erhält, muß man mindestens 30 DM anlegen.

Es würde den Umfang dieses Waldläufer-Handbuches sprengen, nun sämtliche Möglichkeiten der Kompaßarbeit aufzuführen. Deshalb sei für Interessierte auch hier auf das in gleicher Aufmachung erschienene Handbuch »Fahrten, Ferne, Abenteuer« verwiesen.

Das Waldläufermesser

Als wir vom Waldläufergürtel sprachen, war schon einmal von solch einem Messer die Rede. Weil ein Waldläufer aber kaum in die Lage kommt, Wildtiere »abzufangen« (zu töten), wäre die Anschaffung eines »Hirschfängers« — wie man die »blanke Waffe« des Jägers nennt — genauso ein Unsinn, als wenn jemand auf den Gedanken käme, sich ein Bowieknife oder einen Malayendolch umzuschnallen.

Wir benötigen ein stabiles scharfes Messer, um vielleicht einmal Zweige für den Bau eines Beobachtungsschirms zu kappen, einen Ast anzuspitzen, eine Kerbe zu schneiden, Holz zu spalten — und für unzählige andere kleine Zwecke, zu denen nicht zuletzt das Schneiden von Brot oder eines Stückes Hartwurst

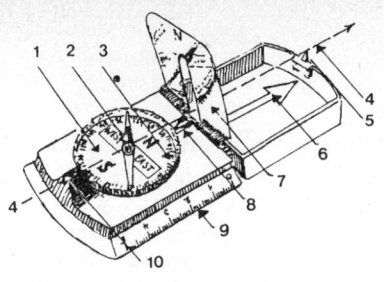

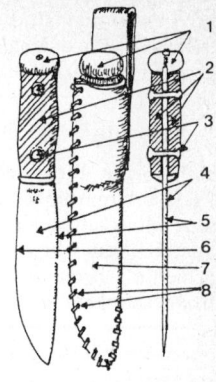

Marschkompaß: 1 = Kompaßdose, 2 = Magnetnadel, 3 =Skala, 4 = Visierlinie, 5 = Korn, 6 = Richtungspfeil, 7 = Spiegel, 8 = Feste Marke, 9 = Anlegekante, 10 = Kimme.

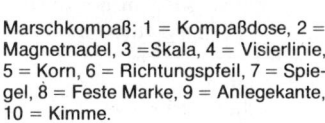

Waldläufer-Messer: 1 = Knauf, 2 = Griffschalen (bilden zusammen das Heft), 3 = Niete, 4 = Klinge (muß in ganzer Länge durch das Heft gehen), 5 = Rücken (breit, abgerundet), 6 = Schneide, 7 = Lederscheide, 8 = Metalldraht.

gehören. Ein einfaches, zweckmäßiges Allround-Messer also, ohne verspielte Kinkerlitzchen.

Ein Waldläufermesser besteht aus einer zehn Zentimeter langen Klinge mit abgerundetem Rücken, nicht zu schmal, nicht zu breit, ohne Schnickschnack, jedoch scharf wie ein Rasiermesser. Der Klingenstahl soll sich in ganzer Breite in das Heft (Griff) hinein fortsetzen, das aus zwei mit Nieten zusammengefügten Griffschalen aus Hartholz oder Hirschhorn besteht.

Die Messerscheide soll aus Kernleder (keine Kunststoff- oder Metallscheide!) gefertigt und an den Kanten mit Metalldraht zusammengenäht sein, denn eine einfache Garnnaht würde beim Herausziehen der Klinge von innen aufgeschnitten werden. Das Messer muß so fest in dieser Scheide stecken, daß es nicht versehentlich herausrutschen kann. Es ist kein Spielzeug, mit dem man Monogramme in die Bäume schneidet oder wie Tarzan Zielwerfen übt. Das tut ohnehin kein Waldläufer, der ja spätestens dann alle Regeln und Vorsichtsmaßnahmen im Umgang mit Messern beachtet, wenn er sich das erstemal ordentlich geschnitten hat. Er weiß, daß ein gutgepflegtes Messer der Stolz jedes Waldläufers ist. Er hält es scharf und blank, ölt Klinge und Hartholzheft und beseitigt sofort Flugrost und Schmutz.

Pirschtasche, Feldbeutel und Ansitzrucksack

Die **Kleine Pirschtasche** ist eine mit Schlaufen über den Waldläufergürtel geschobene und »nach Maß« selbst angefertigte Mini-Tasche, die all das aufnimmt, was ein Waldläufer auf kurzen Streifen benötigt. Für diesen Zweck eignet sich eine ausgediente Patronentasche, die man (wie so manches andere Brauchbare) für wenige Groschen in Military-Shops erhält.

In die **Kleine Pirschtasche** gehören:

Feldlupe	Sicherheitsnadeln
Notizkladde	Streichhölzer
Bleistift	Leukoplast
Bindfaden	Verbandspäckchen
Asche-Röhrchen (s. S. 34)	Desinfizierstift
Zentimetermaß	Insektenstift

Einen **Feldbeutel** führt man zusätzlich auf längeren mehrstündigen Streifen mit sich. Er wird mit Umhängeriemen über der Schulter getragen und hängt dann hinter der linken Hüfte, wo er am wenigsten hindert. Als Feldbeutel eignet sich ein in Ausrüstungshäusern oder Campingabteilungen erhältlicher naturfarbener »Wander-Brotbeutel« oder eine sogenannte »Kleine Kampftasche«, die man ebenfalls preiswert in Military-Shops ersteht. Sie ist noch robuster, besitzt separate Seitentaschen, Schlaufen und eine bessere Innenaufteilung.

Im **Feldbeutel** befinden sich:

Plastikbeutel zur Aufnahme von Kleinfunden	Toilettenpapier
Streifenbuch	Unterziehhemd
Revierplan	Handschuhe
evtl. Bestimmungsbücher	Mückenöl
Marschproviant	Mückenschleier
	evtl. Taschenlampe

Kleine
Pirschtasche

BW-Kampftasche Wanderbrotbeutel
als Feldbeutel

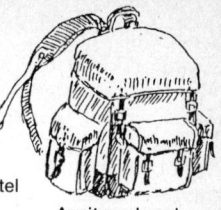

Ansitzrucksack

Im **Ansitz-Rucksack** werden Dinge mitgeführt, die ein Wald-läufer benötigt, wenn er längere Zeit an einer Stelle im Revier verweilen will, z.B. bei allgemeinen Biotop-Beobachtungen, Verhaltensbeobachtungen von Wildtieren vom Tarnschirm, Ansitz oder Hochsitz aus, in den Abendstunden, bei Vollmond, im Morgengrauen oder in den kühlen Herbstnächten während der Rothirschbrunft. Diese Tätigkeiten faßt der Waidmann unter dem Begriff »Ansitzen« zusammen.

Ein Ansitzrucksack ist kein Riesending, wie das, in dem ein Wanderer seine gesamten Habseligkeiten für einen mehrwöchi-gen »Aktivurlaub« mit sich trägt, schon gar nicht einer dieser hohen Gestellrucksäcke mit den weithin leuchtenden Schock-farben! Ein kleiner, farblich geeigneter, möglichst schmaler und robuster Segeltuchrucksack, den man kaum auf dem Rük-ken spürt, ist am besten geeignet. Gut überlappende, wasserab-weisende Deckellaschen sollen seinen Inhalt, wie auch das Inne-re von zwei separaten Seitentaschen, vor Feuchtigkeit schüt-zen. Ein an den Rändern hochgezogener Plastik- oder Kunstlederbo-den gestattet sein Abstellen in regen- oder taunassem Gras. So-lide Dornschnallen sind klirrenden und klickenden Karabiner-hakenverschlüssen vorzuziehen.

Im **Ansitzrucksack** wird der Inhalt des Feldbeutels (der dann zu Hause bleibt) so verstaut, daß alles leicht zugäng-lich ist. Zusätzlich werden eingepackt:

Feldschlafsack	Poncho oder Zeltbahn
Weitere wärmende	Thermobehälter
Bekleidung	ggf. Jagdstock (s. S. 35)
	ggf. Schneehemd (s. S. 34)

Vom Feld-Schlafsack bis zum Jagdstock

Es gibt noch weitere Ausrüstungsstücke, die ein Waldläufer eines Tages benötigen wird. Beginnen wir mit dem **Feld-Schlafsack**. Früher oder später werden wir vor der Notwendigkeit stehen, im Revier zu übernachten, vielleicht in einer Jagd- oder Schutzhütte, unter einem rasch gebauten Laubdach, unter tief herabhängenden Zweigen einer Schirmfichte oder sonstwo. Ein Waldläufer ist da erfindungsreich. Das Leben in der Natur und die Einsamkeit der nächtlichen Wildnis mit ihren geheimnisvollen Stimmen schrecken ihn nicht. Im Gegenteil!

Er benötigt deshalb einen strapazierfähigen Schlafsack, der nicht nur die Feuchtigkeit und Kälte von unten abhält, sondern auch Tau und Regen von oben. Und wie oft wird es vorkommen, daß er bei kühler Witterung irgendwo reglos zur Beobachtung ansitzt, im Herbst, Frühling oder im Winter! Wie unangenehm ist es dann, wenn von unten die Kälte in den Beinen aufsteigt. Auch da hilft ein Schlafsack — allerdings nicht jeder! Einen gibt es, der alle genannten Bedingungen erfüllt und sogar noch ein paar mehr. Und das beste: Er ist ebenfalls preiswert in Military-Shops und Ausrüstungshäusern zu haben, nämlich ein gebrauchter, aber noch voll verwendungsfähiger Bundeswehr-Schlafsack. Er besitzt ringsum eine wirklich wasserdichte Außenhaut, innen eine wärmende Diolenfüllung, eine wetterfeste Doppelkapuze, gefütterte Ärmel und in Kniehöhe einen Querreißverschluß. Wenn man dort von innen seine Beine hindurchsteckt und das Unterteil des Schlafsacks nach hinten klappt und befestigt, kann man darin gehen und ihn bei klirrendem Frost mit übergezogener Kapuze als Parka verwenden. Die Arme — durch die Ärmel gesteckt — hat man frei. Das ist beim Ansitzen zum Halten des Feldstechers von Vorteil.

Noch zwei Tips: Beim Schlafen darf man seine Arme nicht durch die Ärmel stecken, sondern muß sie am Körper behalten. Das wärmt besser! Morgens soll man den Schlafsack umstülpen und eine Viertelstunde lüften, damit die in der Füllung angesammelte Körperfeuchtigkeit verdunsten kann.

Und da wir gerade vom Frieren gesprochen haben: Ein oder zwei Schichten **Zeitungspapier** unter Hemd, Hose und Strümpfen wirken Wunder.

Als Nässeschutz bei Dauerregen oder bei jenem stundenlangen feinen Nieseln, das bekanntlich auch die bestimprägnierten Anoraks und Parkas durchdringt, verwenden Waldläufer einen wasserdichten **Poncho**. Das ist eine aus beschichtetem Kunstfasergewebe bestehende Plane mit Kopfschlitz und einer angenähten Kapuze.

Unter solch einem Poncho bleibt alles trocken, die Bekleidung, Rucksack oder Feldbeutel, der umgehängte Feldstecher — alles! Auch hier sind wieder die ausgesonderten Militärponchos wegen ihrer olivgrünen Farbe (und der Preiswürdigkeit) empfehlenswerter als die teureren und meist nicht so haltbaren Ponchos in Modefarben. Man muß aber darauf achten, daß der Poncho möglichst weich und geschmeidig ist. Bei älteren, schlecht gepflegten Stücken verhärtet oft die Kunststoffbeschichtung, so daß sie beim Gehen wie steifes Packpapier knistert und prasselt. (Sie soll ab und zu mit Glyzerinwasser 1 : 20 oder Talkumpuder abgerieben werden — das gilt auch für die gummierte Außenhülle der Schlafsäcke.)

Aus Militärponchos kann man ein kleines Schutzzelt bauen. Auch als Abdeckung für ein undichtes Kanzel- oder Laubhüttendach ist ein Poncho nicht zu verachten.

Den gleichen Zweck erfüllt eine Dreieck- oder Viereck-**Zeltbahn** mit Kopfschlitz, die man in Pfadfinder-Rüsthäusern erhält. Noch besser sind Zeltbahnen in »Mimikri-Dekor«. Das ist eine Tarnfärbung aus ineinanderlaufenden Farbflächen, die im Gelände kaum zu erkennen ist. Zum Bau von Beobachtungsschirmen sind solche Zeltbahnen ideal.

Und nun müssen wir noch über **Handschuhe** reden. Nicht etwa, weil man an den Händen frieren könnte — gemeint sind nicht die dicken Fäustlinge für den Winter!

Viele Wildtiere werden besonders durch unbekannte helle Dinge, die sich bewegen, vergrämt. Wenn wir uns auf Streife, Pirsch oder Ansitz befinden, ist zwar unsere gesamte Bekleidung farblich gut der Natur angepaßt. Sie wird kaum wahrgenommen — wohl aber Hände und Gesicht, die als helle, sich bewegende Flecken sofort auffallen und uns, z.B. beim Hochnehmen des Feldstechers, verraten. Deshalb führt ein erfahrener Waldläufer in seinem Feldbeutel stets ein Paar dünne, farblich angepaßte Fingerhandschuhe mit sich.

Und wie machen wir unser helles Gesicht unsichtbar? Ganz einfach: Für diesen Zweck steckt im Feldbeutel der **Mückenschleier.**

Das ist ein sackähnlicher, über Hut und Kopf stülpbarer Schleier aus grünem Tüllstoff. Die Sicht wird kaum behindert, weil die kleinen Maschen dicht vor den Pupillen nicht auf der Netzhaut des Auges abgebildet werden.

Und wenn wir an einem schwülen Sommerabend in Sumpfgebieten, an Tümpeln und Teichufern herumforschen — oder später auf Wildnisexpedition in die lappische Birkentundra eindringen — und uns Wolken blutgieriger Mücken umschwirren, werden wir nicht nur den Mückenschleier, sondern auch die zuvor empfohlenen Handschuhe hoch zu schätzen wissen.

Dem »Unsichtbarmachen« im weißen Winter dient auch das fast bis auf die Füße fallende **Schneehemd** mit Kapuze, das man sich aus alten Bettlaken selbst zusammennäht.

Nun werden wir gewiß noch die Erklärung für ein rätselhaftes Waldläufer-Ausrüstungsstück suchen, über das wir schon beim Studieren des Inhalts der Kleinen Feldtasche gestolpert sind: das **Asche-Röhrchen.**

Wir sprachen davon, wie gut Wildtiere »wahrnehmen« (sehen) können. Viele von ihnen vermögen noch besser zu »wittern« (riechen). Sie halten deshalb verdächtige Geländeteile oder solche, die ihnen die Sicht auf einen möglichen »Feind« versperren, stets »unter Wind«, das heißt, daß ihnen der Wind von dort entgegenkommt und die Witterung eines verdächtigen Wesens verrät. Falls das ein unerfahrener anpirschender Waldläufer ist, wird er bestenfalls noch hinter den flüchtenden Wildtieren herschauen können.

Wir bemühen uns daher, immer **gegen** den Wind oder mit **halbem Wind** (Seitenwind) zu streifen oder zu pirschen. Natürlich kann man dabei die Windrichtung leicht mit dem Kompaß feststellen und seinen weiteren Weg danach richten. Aber leider weht der Wind nicht überall in die gleiche Richtung. Waldränder, Bodenerhebungen, Lichtungen, unterschiedliche Baumhöhen, Wasserflächen, besonnte Geländeteile lenken ihn ab, lassen ihn »küseln« (sich drehen) und sogar in Gegenrichtung wehen. Dabei ist der Luftzug oft so gering, daß man ihn gar nicht spürt — wohl aber die Wildtiere!

Es kommt also darauf an, die Richtung selbst schwächster Luftbewegungen zu erkennen. Dazu dient unser Asche-Röhrchen, das aus nichts anderem besteht als aus einem leeren Tablettenglas, gefüllt mit fein zerriebener Papier- oder Hartholzasche. Eine winzige Prise davon in der Luft zerkrümeln, und die Richtung selbst des kleinsten Hauchs bleibt beim Dahinschweben der Asche-Partikelchen nicht verborgen.

Zum Schluß wollen wir noch wissen, was ein **Jagdstock** ist. Wohl jeder hat ihn schon gesehen, weiß aber nicht, wie man so ein Ding nennt. Ein Jagdstock ist ein platzsparender, ineinanderschraubbarer, einbeiniger Feldstuhl. Er wird mit der Spitze in den Boden gesteckt, während sein auseinanderspreizbares Oberteil eine dreieckige Sitzfläche aus starkem Leder hält. Auf die Dauer ist das Ausharren auf einem Jagdstock nicht gerade bequem, aber doch viel besser als stundenlanges Kauern auf dem nassen oder kalten Erdboden. Ein Jagdstock, den man in Jagdbedarfsgeschäften erhält, dient also dem Ansitz (hinter einem Schirm) auf Stellen, wo kein ausgebauter Erdsitz, Leiter- oder Kanzelsitz vorhanden ist.

Auf zur ersten Streife!

»Was? So viele Ausrüstungsstücke muß ein Waldläufer haben?« höre ich nun entsetzt fragen. »Wo soll ich denn das alles herbekommen? Das schaffe ich nie!«

Langsam! So, wie noch nie ein Meister vom Himmel gefallen ist, hat auch noch nie jemand gleich alles beisammen gehabt, was er für eine ernsthafte Liebhaberei benötigt. Wer aber ein wenig nachdenkt, seinen Kleiderschrank durchforstet, in der Rumpelkammer und vielleicht auch einmal auf dem Boden umherstöbert, Flohmärkte und Trödler besucht und Onkel Emil fragt, der wird gewiß auf den einen oder anderen wertvollen Fund stoßen, auf Kleidungs- und Ausrüstungsstücke, die ganz brauchbar sind oder die man mit ein wenig Geschick für unsere Zwecke umfunktionieren kann. Damit wir das aber richtig beurteilen können, haben wir uns vorab so eingehend mit diesen Dingen beschäftigt.

Weil wir Waldläufer meist wenig Geld haben, müssen wir toll improvisieren können und uns vieles selbst anfertigen. Selbstverständlich müssen wir auch Zeitungsinserate studieren und die preiswertesten Bezugsquellen kennen. Das, was wir schließlich kaufen, muß zweckmäßig und brauchbar sein.

Wer sich also umschaut und bemüht, wird rasch dieses und jenes zusammenbekommen. Eine kleine Schublade wird sich füllen, vielleicht ein kleiner Schrank, den man für sich alleine hat und der als »Waldläuferschrank« die allmählich vollständiger werdende Ausrüstung aufnimmt — gut geordnet und gepflegt. Nichts ist nämlich schlimmer, als vor jeder Streife die Sachen aus allen möglichen Winkeln zusammenzusuchen und dabei festzustellen, daß die durchweichten Pirschstiefel noch ungeputzt im Keller stehen und inzwischen steinhart getrocknet sind, daß der naß weggehängte Feldbeutel Schimmel angesetzt hat und auf dem kostbaren Feldstecher festgebackener Lehm klebt. Also, so nicht!

Doch nun wollen wir wirklich los, denn es ist ja schon eine Ewigkeit her, seit wir auf der Karte unser künftiges Beobachtungsrevier ausgesucht und einen Revierplan angefertigt haben. Nun gilt es, an Ort und Stelle zu sehen, ob wir alles richtig beurteilt haben, ob das in Aussicht genommene Revier für unsere Waldläuferei geeignet ist.

Zünftig angezogen sind wir auch, jedenfalls soweit es geht. Handfeste Bekleidung, derbes Schuhzeug und das alles in naturangepaßten Farben. Knarren, quietschen und klappern tut auch nichts! Da wir heute Westwind haben, werden wir also unsere erste Streife vom Ostrand unserer »Jagdgründe« aus beginnen. Unser Fahrrad können wir am besten hinter dem Schuppen des Erlenhofes parken. Da ist es sicher.

Gespannt und erwartungsvoll macht man die ersten Waldläuferschritte in den Wald hinein, beispielsweise auf einem Holzabfuhrweg. Schon ist alles ganz anders als sonst! Unsere Augen sehen viel mehr als früher, als wir »nur so« durch den Wald gewandert sind. Wir treten sogar wie von selbst leise mit ganzer Sohle auf, nicht mit dem Hacken oder, unnötig schleichend, mit den Fußspitzen. Automatisch weicht man Steinen und trockenen Zweigen aus, vermeidet jedes Geräusch, Schnaufen, Niesen, Husten. Man atmet fast lautlos und macht sich, wenn man zu zweien ist, nur durch verstohlene Kopfzeichen auf besondere Beobachtungen aufmerksam.

Staunend erkennt man plötzlich die Vielfalt, sieht das Große, das Kleine und das Unscheinbarste. Viel bewußter werden Hochwaldbestände, Stangengehölz, eine Dickung gemustert. (Vielleicht hat dort Wild seine Einstände?) Hier Laubwald, dort Nadelwald, undurchdringliches Brombeergeheck. (Was hat dort eben so geräuschelt? Ein kleines braunes Tier?) Vielseitiger Bodenbewuchs überall (wenn man nur wüßte, was das alles für Pflanzen sind), dort eine Lichtung, fast eine Wiese. (Ob dort abends Rehwild zur Äsung heraustritt?) Am Waldrand ein Kanzelhochsitz. (Stopp! Der muß in den Revierplan eingezeichnet werden.)

Und da hinten, am anderen Ende der Waldwiese? Was soll denn in dieser Abgeschiedenheit das kleine Feld mit Lupinen, Mais und Kohl? Ist das gar ein Wildacker?

Dann die Vögel! Überall hört man ihre feinen Stimmen. Früher hat man das gar nicht beachtet, glatt überhört. Und jetzt entdecken wir sie auch, die kleinen unscheinbaren oder bunten Waldsänger, wie sie in Bodennähe umherhuschen oder oben im Gezweig der Bäume. Wenn man sie nur kennen würde und genauer betrachten könnte! Beim nächstenmal muß das Vogelbestimmungsbuch mit und ein Fernglas!

Das ferne »Rätsch-rätsch« war ein Eichelhäher, der seine Umgebung vor etwas Verdächtigem warnt. Und dort, jener kleine braungraue Federball mit der roten Brust, der da so lebhaft sein helles »Tschick-tschick« schmettert? Das ist ein Rotkehlchen. Einige der Vögel kennt man ja zum Glück schon.

Wirklich? Wäre man ein wenig fortgeschrittener in der Waldläuferei, besäße man schon ein Glas und ein Bestimmungsbuch und hätte die Geduld, diesen kleinen Vogel eine Weile zu beobachten und mit den Abbildungen im Bestimmungsbuch zu vergleichen, dann würde man wegen der auffallend weißen seitlichen Schwanzflecke herausbekommen, daß das kein Rotkehlchen, sondern ein in unseren Breiten seltener Zwergschnäpper sein muß, ein Männchen. Und die Entdeckung wäre Grund genug, wiederzukommen, um festzustellen, ob er hier vielleicht mit weiteren Artgenossen seinen Lebensraum hat. Man könnte sein Lebensverhalten erforschen, im Frühjahr vielleicht sogar die Brutpflege der Zwergschnäpper beobachten – eine richtige, in sich abgerundete Waldläuferaufgabe.

Halt! Wo kommt denn dieser Bach her? Den hatte man ja früher noch nie bemerkt! Lag das vielleicht daran, daß er so klein ist, fast nur ein Rinnsal? Aber dort im Schlamm? Tatsächlich! Das sind Spuren von größeren Tieren! Aber von was für welchen? Reh, Damhirsch, Rothirsch oder gar Wildschwein?

Nun, ein erfahrener Waldläufer hätte von einer »Fährte« gesprochen, die aus drei sich deutlich abzeichnenden »Trittsiegeln« besteht. Er hätte gewußt, daß hier in der Frühe (weil die Trittränder noch so gut erhalten sind) ein einzelnes Stück Rehwild (in dieser Jahreszeit wahrscheinlich ein älterer Bock) langsam von Ost nach West das Rinnsal überquert hat, also wohl von seinem Äsungsplatz am Wildacker zu seinem Tageseinstand in die vorausliegenden Dickungen gezogen ist.

An dieser Stelle, wo wir die unbekannte Spur entdeckt haben, wollen wir unsere erste Erkundungsstreife für kurze Zeit unterbrechen. Zwar ist es schon ein großer Schritt nach vorn, wenn wir die Natur jetzt mit aufmerksameren Augen sehen, uns weitgehend richtig verhalten und allerlei bemerken, was uns früher bestimmt entgangen wäre. Aber unzusammenhängende Einzeleindrücke und Beobachtungen — so interessant und spannend sie auch sein mögen — nützen uns nicht viel. Wir wollten doch zunächst unser ausgewähltes Revier daraufhin untersuchen, ob dort Wildtiere ihren Lebensraum haben und von welcher Stelle aus wir ihr Verhalten beobachten können. So, wie wir das angefangen haben, bringt es nichts, denn kaum eines dieser Wildtiere, die jetzt in ihren Tageseinständen ruhen, wird sich gerade dann blicken lassen, wenn wir am hellichten Tag durchs Revier streifen. Man wird — weil man nichts sieht — befürchten, hier gäbe es gar keine Wildtiere. Und doch sind sie abends, nachts und in den frühen Morgenstunden alle unterwegs, hinterlassen trotz ihrer Vorsicht mehr oder weniger erkennbare Spuren.

Wir würden also besser daran tun zu überlegen, wo wir diese Spuren entdecken könnten. Einmal natürlich — wie wir eben durch Zufall gesehen haben — auf weichem, feuchten Grund, also da, wo Wasser ist. Wasserstellen suchen Tiere in der Nacht zum »Schöpfen« oder »Tränken« auf. Sichere Fundstellen wären also die Ufer von Bächen, Tümpeln und Seen. Es gibt aber noch andere Spuren als nur Fährten und Trittsiegel. Da sind zum Beispiel Losung und Kot, Verbißstellen, Wühl- und Scharrstellen im Waldboden, Wechsel und Pässe (ständige Pfade des Wildes), Schlammlöcher, in denen sich Rotwild und Sauen (Wildschweine) suhlen (ein Schlammbad nehmen), Malbäume (an denen sie sich scheuern), Fraßreste, Rupfungen, Gewölle usw. Und mit diesen Dingen, die Waldläufer zusammenfassend mit dem Begriff »Verräter« bezeichnen, wollen wir uns jetzt erst einmal beschäftigen.

Von der Fährtenkunde und den Verrätern

Ein Waldläufer, der bei einem einigermaßen deutlichen Trittsiegel im Boden nicht sagen kann, welches Tier hier vorübergezogen ist, verdient seinen Namen nicht!
Das will sagen: Fährtenkunde und die Kenntnis der übrigen Verräter gehören zu den wichtigsten Fertigkeiten der Waldläuferei. Das Aussehen der Fährten, Spuren und Geläufe (Spuren des Federwildes) kann man sich durch sorgfältiges Studieren der Fährtenbilder in Büchern (wie diesem) einprägen und, durch Vergleichen, auch die Unterscheidungsmerkmale zu ähnlichen Fährten anderer Tiere.
Sicherheit und Meisterschaft aber gewinnt man nur durch die Praxis in der freien Wildbahn. Man muß sich daher bei jeder Gelegenheit die Zeit nehmen, ein entdecktes Trittsiegel zu bestimmen. Immer seltener wird man dann sein Bestimmungsbuch aus der Tasche ziehen müssen.

Der »weiße Verräter«

Es gibt eine Jahreszeit, in der man die Fährtenkunde besonders gut betreiben kann: Das ist im Winter bei Neuschnee. Dann liegt dem Kundigen das ganze nächtliche Treiben der Tierwelt wie ein gut lesbares Buch zu Füßen. Ein Waldläufer kann dann nicht nur erkennen, »wer« hier entlanggeschlichen ist, sondern durch Verfolgen der Spur alles herausbekommen, was dieser Heimlichtuer in der Nacht getrieben hat. Wenn man zum Beispiel eine Fuchsspur verfolgt, wird das eine äußerst spannende Streife. Bei genügend Ausdauer findet man schließlich nicht nur Meister Reineckes Tagesversteck oder seinen Bau, sondern kann alle nächtlichen Abenteuer des Rotrocks nacherleben. Der weiße Verräter Schnee verschweigt nichts!

Dieses Verfahren nennt man **eine Spur ausneuen** (von Neuschnee). Beachten muß man, daß die Trittsiegel im Pulverschnee größer wirken, als die Läufe, Pfoten oder Branten in Wirklichkeit sind. Anfänger halten vielleicht den Tritt eines Rehs für das Siegel eines kapitalen Hirsches und den eines streunenden Hundes für den Abdruck eines grimmigen Wolfes.

Es gibt noch eine interessante Waldläufertätigkeit, die sich mit den Trittsiegeln befaßt: Das **Ausgießen mit Gips**. Wer sich auf diese Weise allmählich eine komplette Sammlung von Trittsiegeln aller Wildtiere seines Beobachtungsreviers zulegt, wird zu einem Meister auf diesem Spezialgebiet.

Einen naturgetreuen **Gipsabdruck** stellt man folgendermaßen her: Die nächste Umgebung eines deutlichen und möglichst tiefen Trittsiegels wird vorsichtig von herumliegenden Fremdkörpern gesäubert (ohne den eigentlichen Abdruck zu beschädigen) und mit einem zum Kreis gebogenen, in den Boden gedrückten Pappstreifen »eingeschalt«. Die sich überlappenden Enden des Pappstreifens werden durch eine Büroklammer zusammengehalten. Dann verrührt man Wasser und Gipspulver zu einem dünnen Brei und gießt damit den Abdruck aus. Wenn der Gips nach etwa 30 Minuten abgebunden hat, wird der Block samt Papprand und daran haftender Erde herausgenommen, gesäubert und mit einem entsprechenden Informationsetikett versehen. Man besitzt dann einen **Negativabdruck**, der der äußeren Form der »Tiersohle« entspricht.

Will man einen **Positivabdruck** haben, der dem eingedrückten Original-Trittsiegel entspricht, muß man das Verfahren wiederholen, indem man nun den Negativ-Abdruck einschalt, mit einem Lackspray isoliert (sonst bekommt man später Negativ- und Positivabdruck nicht auseinander) und erneut angerührten Gips eingießt. Eine Sammlung von Positiv-Trittsiegeln, deren Einzelstücke sich durch Verwendung derselben Holzverschalung in gleicher Größe herstellen lassen, ist eine

besonders feine Sache. Vor allem wenn man sie dann noch aus-
malt und mit sauber beschrifteten Etiketten versieht.

Nun zu den Trittsiegeln und Spurenbildern selbst. Wir wollen
hier — der Vergleichbarkeit wegen — die Wild-Säugetiere (der
Jäger spricht vom Haarwild) in zwei Gruppen einteilen:

- in Paarhufer, also Tiere, die auf harten Hufschalen laufen
  (der Jäger bezeichnet sie als Schalenwild),
- und solche, die sich mittels Pfoten oder Branten fortbewegen.

Den Einzelabdruck nennt man **Tritt**, ein besonders deutlicher
Abdruck heißt **Trittsiegel**. Bei mehreren Tritten oder Trittsiegeln desselben Tieres spricht man

- beim Schalenwild von einer **Fährte**,
- beim übrigen Haarwild von einer **Spur**,
- beim Federwild (Vögel) vom **Geläuf**.

Die Unterscheidung zwischen Tritten oder Trittsiegeln von
Schalenwild, dem übrigen Haarwild und Federwild ist natürlich
einfach. Wir wollen in unseren weiteren Untersuchungen ähnliche und verwechselbare Trittsiegel, Fährten und Spuren grup-
penweise nebeneinander untersuchen, um die wichtigsten Unterschiede (Erkennungsmerkmale) herauszustellen.

Fährten des Schalenwildes

Erste Merkregel: Beim Schalenwild kann man die Fährte von
ruhig »ziehenden« und »flüchtig abgehenden« Stücken gut unterscheiden.

- Bei **flüchtigen** Stücken sind die Tritte der (schwächeren)
  Hinterläufe **vor** den (stärkeren) Vorderläufen sichtbar.
- Die Schalen drücken sich bei **flüchtigem** Wild gespreizt ab.
- Bei **flüchtigem** Schalenwild drückt sich das »Geäfter« (die
  höher sitzenden Afterklauen) mit ab — bei **ruhig ziehen-
  dem** Wild (außer Schwarzwild) nicht.

Zweite Merkregel: Trittsiegel von Rot-, Schwarz-, Dam-,
Reh- und anderem Schalenwild unterscheiden sich in der Größe
und der Schrittweite der Fährte (Abstand der Tritte). Man muß
allerdings beachten, daß die Maße bei weiblichen und jungen
Tieren geringer sind als bei männlichen.

Unterscheidung der Trittsiegel bei

Rotwild: Groß (6-9 cm), längliche Bügeleisenform, Spitze abgerundet. Ballenabdruck rund und 1/3 der Gesamtlänge des Trittsiegels.

Damwild: Schmaler, 5-8 cm lang, Spitze der Bügeleisenform ausgeprägt. Ballenabdruck länglich oval und 1/2 der Gesamtlänge des Trittsiegels.

Rehwild: Zierlicher, schmaler (4 cm). Ballenabdruck länglich, eiförmig, meist nur schwach abgedrückt.

Schwarzwild: Breit, kurz (5-7 cm), rundlicher als Damwild. Ballenabdruck dreieckig, deutlicher Geäfterabdruck als Hauptkennzeichen.

Unterscheidung der Fährten vom ziehenden

Rotwild: Trittsiegel leicht verschoben und doppelt, da jeweils mit Hinterlauf in den Tritt des Vorderlaufs setzend. Trittsiegel der Fährte nach außen geschränkt. Schrittweite 80-150 cm.

Damwild: Trittsiegel einzeln und regelmäßig, nicht nach außen geschränkt und nahezu parallel. Schrittweite 60-120 cm.

Rehwild: Trittsiegel einzeln und regelmäßig, Schalenachse nach außen abgewinkelt. Schrittweite 60-90 cm.

Schwarzwild: Fährte stark, plump, innere Schalenspitze kürzer als äußere. Geäfterabdruck länglich und doppelt. Schrittweite 40-50 cm.

Unterscheidung der Fährten vom flüchtigen

Rotwild: Trittsiegel mit gespreizten Schalen und runden Geäfterabdrücken in Vierergruppe in Halbkreisform. Sprunglänge 2-2,5 Meter.

Damwild: Ähnlich Rotwild, Halbkreis enger, gespreizte Schalen zangenförmig. Sprunglänge 2 Meter.

Rehwild: Ähnlich Rotwild, zierlicher. Vierergruppen in doppeltem Abstand. Sprunglänge 2-4 Meter.

Schwarzwild: Trittsiegel an der Spitze tief eingedrückt, Hinterrand flach, kaum sichtbar. Spitzer Geäfterabdruck. Trittsiegel in Vierergruppen: 2 voraus versetzt, 2 achsengleich dahinter. Beim nächsten Sprung wechselnd.

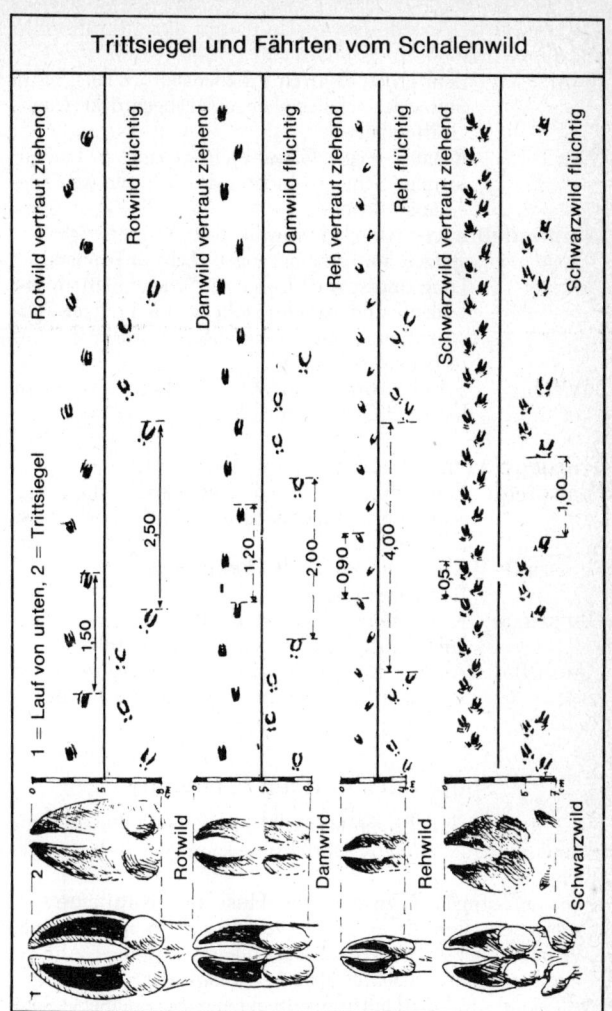

Trittsiegel und Fährten vom Schalenwild

1 = Lauf von unten, 2 = Trittsiegel

Rotwild vertraut ziehend

Rotwild flüchtig

Damwild vertraut ziehend

Damwild flüchtig

Reh vertraut ziehend

Reh flüchtig

Schwarzwild vertraut ziehend

Schwarzwild flüchtig

1,50

2,50

1,20

2,00

0,90

4,00

0,5

1,00

1 2

Rotwild

Damwild

Rehwild

Schwarzwild

43

Trittsiegel des nordeuropäischen und alpenländischen Schalenwilds:

Elch: Sehr groß (13-16 cm). Ballenabdruck lang, bis in Spitze der Schalen aber selten abgedrückt. Jedoch Geäfterabdruck.

Ren: Rund (7-9 cm). Gleich breit wie lang, halbmondförmige Schalen. Geäfter deutlich und weit auseinanderliegend.

Weißwedelhirsch: Ähnelt Damwild. Jedoch innere Schalenspitzen konkav eingezogen. Lebt in Finnland.

Gemse: Lang und schmal (5-6 cm). Schalenhälften sehr schlank und parallel stehend mit breitem Zwischenraum, kein Ballen. Geäfter drückt sich nur in hohem Schnee ab.

Mufflon: Schalen vorn gespreizt, kantig (5 cm). Kein Ballen- und Geäfterabdruck.

Trittsiegel vom Klauenvieh (zum Vergleich):

Hauspferd: Einschalig, groß, rund, hinten keilförmig eingeschnitten. Hufeisenabdruck. Größe nach Rasse schwankend.

Hausrind: Rund und breit (10-12 cm). Kein Geäfter- und Ballenabdruck.

Hausziege: Klauenspitzen vorn stark abgerundet, kein Ballenabdruck. Größe nach Rasse schwankend.

Hausschaf: Ähnlich Reh (4-5 cm), jedoch langgezogene und vorn deutlich nach innen gebogene Schalen.

Spuren des übrigen Haarwildes

Die Trittsiegel des übrigen Haarwildes — das auf »Pfoten« läuft — sind typischer. Mit etwas Erfahrung kann man sie kaum verwechseln.

● Die eiförmigen Trittsiegel von **Hase** und **Kaninchen** — sonst sehr ähnlich — unterscheiden sich in ihrer Größe. Während der Abdruck eines Hasenlaufes etwa die Fläche einer Streichholzschachtel abdeckt, kommt der eines Kaninchenlaufes mit der Hälfte aus. In der stets regelmäßigen Spur

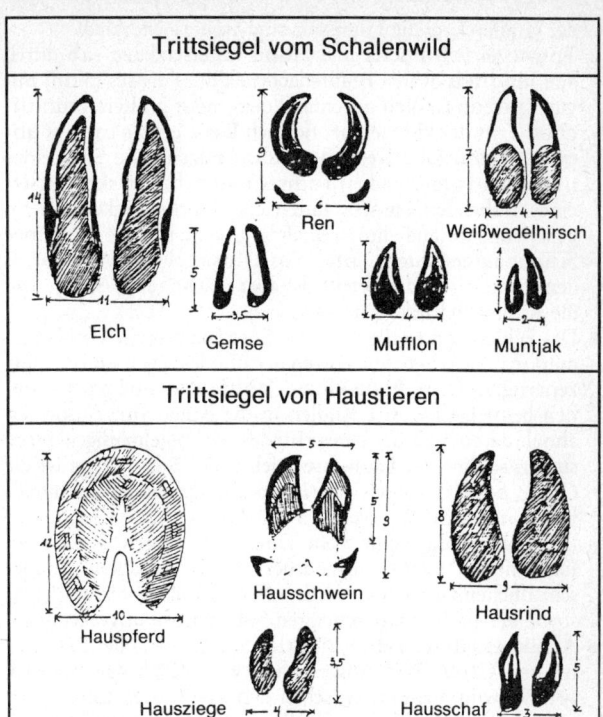

Trittsiegel vom Schalenwild

Elch
14
11
5

Ren
9
6

Weißwedelhirsch
7
4

Gemse
3,5

Mufflon
5
4

Muntjak
3
2

Trittsiegel von Haustieren

Hauspferd
12
10

Hausschwein
5
9

Hausrind
8
9

Hausziege
4,5
4

Hausschaf
5
3

stehen die beiden länglichen Abdrücke der vierzehigen Hinterläufe immer nebeneinander **vor** den hintereinander abgedrückten fünfzehigen Vorderläufen, weil beim Hoppeln oder Flüchtigwerden die starken hinteren Sprungläufe vor die beiden schwächeren Stützläufe greifen. Die Abstände der Spurgruppen beim Kaninchen sind kürzer als beim Hasen.

● Trittsiegel der **Eichhörnchen** sind am Größenunterschied des doppelt so großen fünfzehigen Hinterlaufes zum (ebenfalls in der Spur nachstehenden) vierzehigen Vorderlaufs zu erkennen. Stark gespreizte Zehen, deutliche Abdrücke

45

der Krallen und die Hüpfspur sind weitere Merkmale.

- Trittsiegel von **Fuchs** und **Hund** unterscheiden sich durch den **länglich** ovalen Brantenabdruck des Fuchses (5 cm) mit vier **spitzen** Krallen gegenüber dem meist größeren **rundlichen** Tritt der Hundepfote (je nach Rasse etwa 6 cm) mit **abgerundeten** (abgewetzten) Krallenspitzen. Die Spur eines trabenden (schnürenden) Fuchses unterscheidet sich von der eines trabenden Hundes durch die Regelmäßigkeit der im gleichen Abstand hintereinandergesetzten (wie an einer Schnur aufgereihten) Tritte. Das Trittsiegel vom **Wolf** ähnelt dem rundlichen Hundetritt, ist aber mächtiger (8-9 cm), und die Krallenabdrücke sind spitz.
- Das Fehlen von Krallenabdrücken ist Hauptunterscheidungsmerkmal zwischen den Tritten der hundeartigen und der katzenartigen Tiere. **Hauskatze**, **Wildkatze** und **Luchs** ziehen beim Laufen ihre Krallen in die Ballen ein. Ansonsten ähnelt deren Spur der eines Hundes. Die regelmäßigen Tritte stehen seitlich der Laufachse. Neben der Schrittweite ist die Größe des Trittsiegels das Hauptunterscheidungsmerkmal: Hauskatze 4 cm, Wildkatze 5 cm, Luchs 8 cm.
- Die Sohlengängerspur vom **Dachs** ist wegen der langen fünfzehigen Grabklauenabdrücke, der auffallend unterschiedlichen Größe von Vorder- (8 cm) und Hinterfuß (5 cm) sowie der nach innen geneigten Sohlenachse unverkennbar.
- Ähnliches gilt für **Biber**, **Nutria** (Sumpfbiber oder Biberratte) und **Otter**. Ihre Anwesenheit wird durch den Abdruck von Schwimmhäuten zwischen den gespreizten fünf Zehen verraten. Während der auffallende Größenunterschied von Vorder- und Hinterfuß (Biber 7 cm zu 14 cm; Nutria 6 cm zu 12 cm) sowie die langen spitzen Krallen die beiden ersteren vom Otter unterscheiden, ist das Trittsiegel des letzteren an dem flächigen Abdruck des hinteren Ballens, der kurzen Krallen und des rundlichen Tritts zu erkennen.
- Beim marderartigen Raubwild sind Trittsiegel vom **Baummarder** (Edelmarder) und **Steinmarder** (Hausmarder) nur an der Größe des Abdrucks (Baummarder 3,5 cm, Steinmarder 3 cm) zu erkennen. Jedoch findet man die Spur eines Baummarders ausschließlich in zusammenhängenden Waldgebieten, die des Steinmarders meist in der Nähe oder inner-

Trittsiegel und Spuren Pfotentiere 1

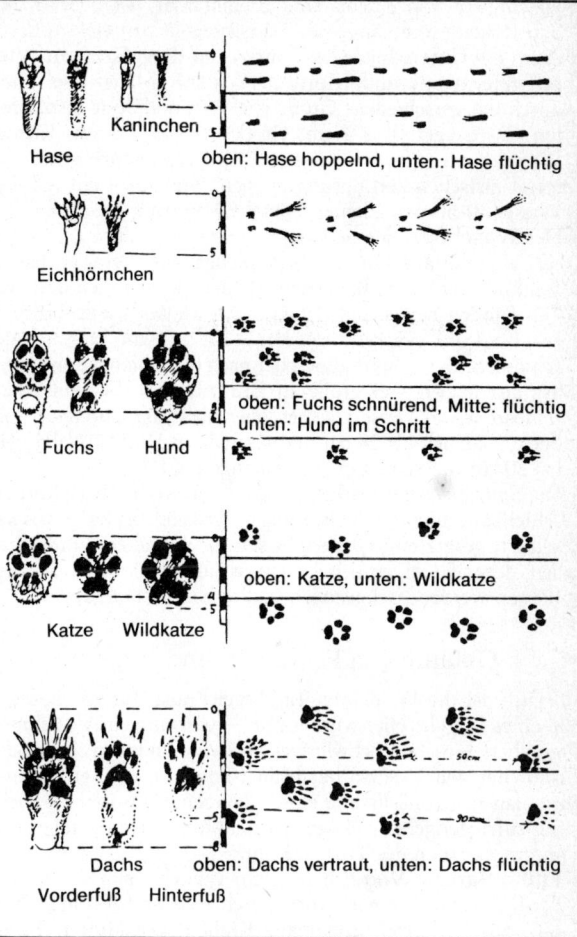

Hase Kaninchen
oben: Hase hoppelnd, unten: Hase flüchtig

Eichhörnchen

Fuchs Hund
oben: Fuchs schnürend, Mitte: flüchtig
unten: Hund im Schritt

Katze Wildkatze
oben: Katze, unten: Wildkatze

Dachs oben: Dachs vertraut, unten: Dachs flüchtig
Vorderfuß Hinterfuß

halb menschlicher Ansiedlungen. Die Spur des **Vielfraßes** (eines in Skandinavien lebenden marderartigen Raubwildes) gleicht der von Baum- und Steinmarder, ist aber in der Schrittweite und Länge des Trittsiegels (8 cm) viel größer.

- Auch die Unterschiede der Spuren von **Iltis**, **Großem Wiesel** (Hermelin) und **Kleinem Wiesel** (Mauswiesel) sind durch die verschiedene Größe von Tritt und Spur festzustellen. Trittsiegel: Iltis 4 cm, Großes Wiesel 2,5 cm, Kleines Wiesel 2 cm. Alle drei bewegen sich fast nur springend. Abstand zwischen den Sprunggruppen: Iltis 50-60 cm, Großes Wiesel 30-50 cm, Kleines Wiesel 20-30 cm.

- Der **Waschbär**, der sich mehr und mehr in Europa ausbreitet, ist (wie alle Bären) ein Sohlengänger. Sein Trittsiegel zeigt den typischen Ballenabdruck der mit 5 langen und großen Krallen bewehrten Zehen. Abdruck des Vorderfußes (7 cm) breit und gespreizt, des Hinterfußes (9 cm) lang und geschlossen. Seine Spur ähnelt der nach innen geneigten Gangart des jedoch viel größeren **Braunbären** (Skandinavien, Südosteuropa), dessen breiter, aber nicht so gespreizter Vorderfußabdruck bis 28 cm und schmalerer Hinterfußabdruck bis 30 cm messen kann. Schrittlänge bis 150 cm.

- Die Spur des **Seehundes** ist eine unverwechselbare Körperschleifspur mit den keilförmigen Trittsiegeln der paarweise seitlich gesetzten und nach außen geschränkten Vorderflossen, deren 5 Krallen sich im nassen Sand abzeichnen. Hinterflossen werden nachgezogen (außer bei der Flucht).

Geläufe von Federwild und Vögeln

»Geläuf« ist die Waldläufer-Fachbezeichnung für das Spurenbild eines Vogels. Hier wird es nun — von einigen Ausnahmen abgesehen — schon schwieriger, vom gefundenen Tritt oder Geläuf her den Verursacher beim Namen zu nennen. Häufig wird man sich zunächst mit einer allgemeinen Gruppenbezeichnung zufriedengeben müssen, die man unschwer aus folgenden Hauptmerkmalen des Tritts erkennt:

- **Hühnerartige Vögel** haben sehr typische, starkknorpelige Lauffüße mit drei nach vorn gerichteten Zehen und stumpfen, zum Scharren geeigneten Krallen. Die Hinterzehe ist

Trittsiegel und Spuren Pfotentiere 2

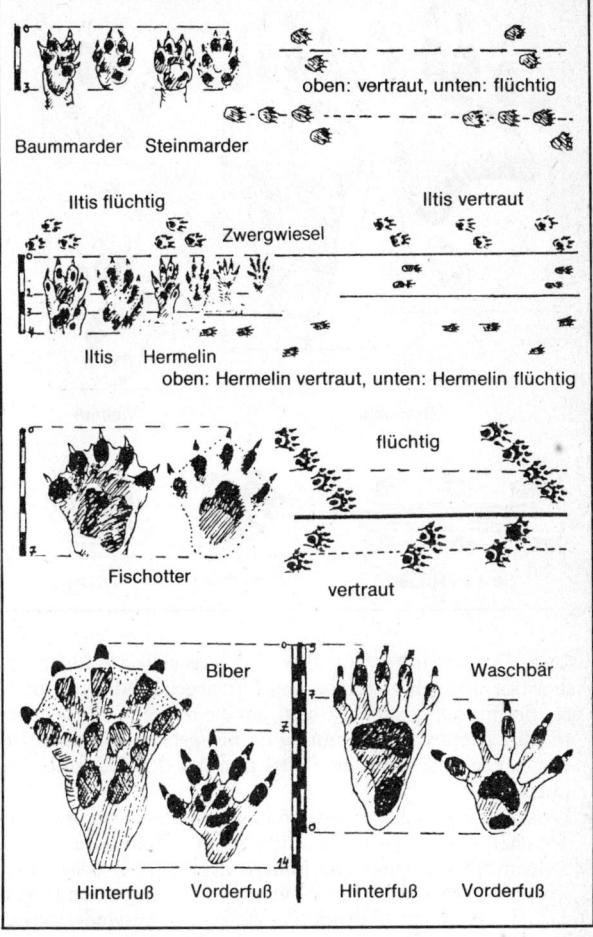

oben: vertraut, unten: flüchtig

Baummarder Steinmarder

Iltis flüchtig

Zwergwiesel

Iltis vertraut

Iltis Hermelin

oben: Hermelin vertraut, unten: Hermelin flüchtig

flüchtig

Fischotter

vertraut

Biber

Waschbär

Hinterfuß Vorderfuß

Hinterfuß Vorderfuß

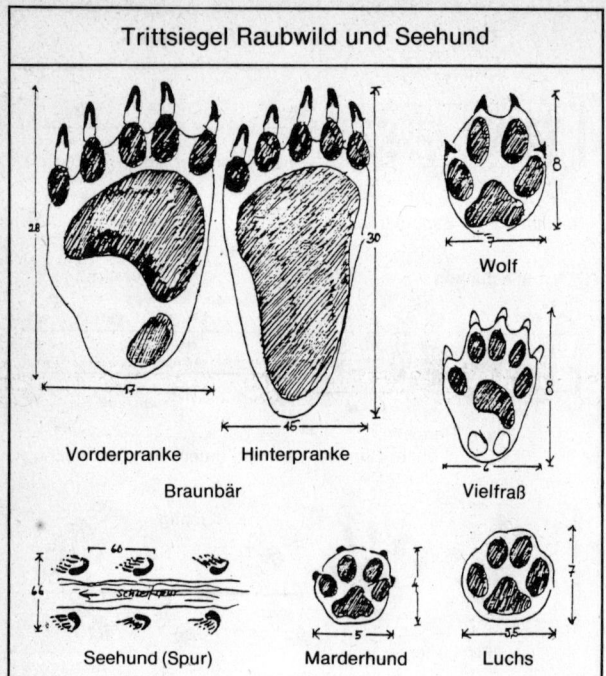

Trittsiegel Raubwild und Seehund

Vorderpranke   Hinterpranke

Braunbär

Wolf

Vielfraß

Seehund (Spur)

Marderhund

Luchs

kurz. Da die Hinterzehe aller Hühnervögel nach innen gedreht ist, handelt es sich bei den Trittsiegelabbildungen unserer Bestimmungstafel also stets um die rechten Füße der Tiere. Zur weiteren Bestimmung ist maßgeblich: **Ausmessen von Länge und Breite des Tritts** und **Art des Gesamt-Geläufs**.

- **Wasservögel** haben Schwimmhäute zwischen den drei Vorderzehen oder (wie bei Bläßhuhn, Teichhuhn u.a.) Schwimmhautlappen. Die hintere Zehe ist nur selten und schwach abgedrückt. Tauch- und Schwimmenten kann man nach der Form des Abdrucks der Hinterzehe auseinderhalten.

Trittsiegel Vögel

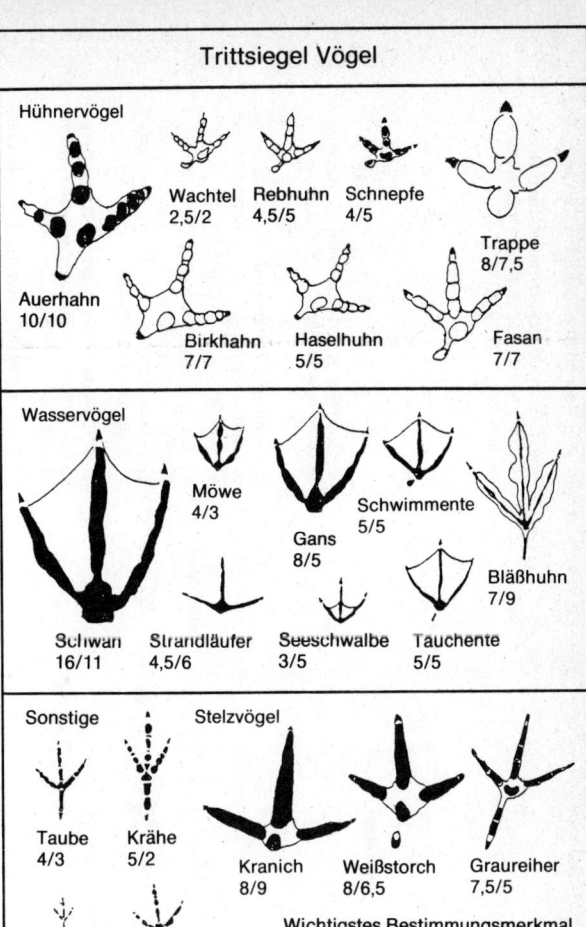

Hühnervögel

Wachtel 2,5/2
Rebhuhn 4,5/5
Schnepfe 4/5
Trappe 8/7,5
Auerhahn 10/10
Birkhahn 7/7
Haselhuhn 5/5
Fasan 7/7

Wasservögel

Möwe 4/3
Gans 8/5
Schwimmente 5/5
Bläßhuhn 7/9
Schwan 16/11
Strandläufer 4,5/6
Seeschwalbe 3/5
Tauchente 5/5

Sonstige

Taube 4/3
Krähe 5/2
Sperling 2/1
Elster 4/3

Stelzvögel

Kranich 8/9
Weißstorch 8/6,5
Graureiher 7,5/5

Wichtigstes Bestimmungsmerkmal für die Trittsiegel der Vögel sind neben der Form die Maße. Angabe: Länge/Breite in cm.

Geläufe der Vögel

V = Vorkommen, B = Besonderheiten, LB = Länge/Breite

Auerhuhn
V: Große Waldgebiete mit saurem Boden. B: Tritte nicht ganz in einer Linie, Mittelzehe einwärts. LB: 10/10 cm.

Birkhuhn
V: Moor, Heide. B: Zehen bilden fast rechten Winkel. LB:7/7 cm.

Haselhuhn
V: Buschwald. B: Hinterzehe deutlich, Seitenzehe spitzer Winkel. LB:5/5 cm.

Fasan
V: Auen und Buschwald. B: Vorderzehen auf schnurgerader Linie, Hinterzehe rund. LB: 7/7 cm.

Rebhuhn (1), Wachtel (2), Waldschnepfe (3)
V: 1 + 2 Wiesen, Felder, Brachgelände, 3 Wälder mit Schneisen. B: Meist mehrere Geläufe durcheinander. LB: 1 = 4,5/3 cm, 2 = 2,5/2 cm, 3 = 4/5 cm.

Krähe (1), Elster (2)
V: 1 = Felder, 2 = Wald. B: Seitenzehen spitzer Winkel, Hinterzehe ganz abgedrückt. LB: 1 = 5/2 cm, 2 = 4/3 cm.

Taube
V: Wald und Waldränder. B: Hinterzehe bildet mit Außenzehe gerade Linie. LB: 4/3 cm.

Abbildungen der Geläufe sind nicht verhältnisgleich.

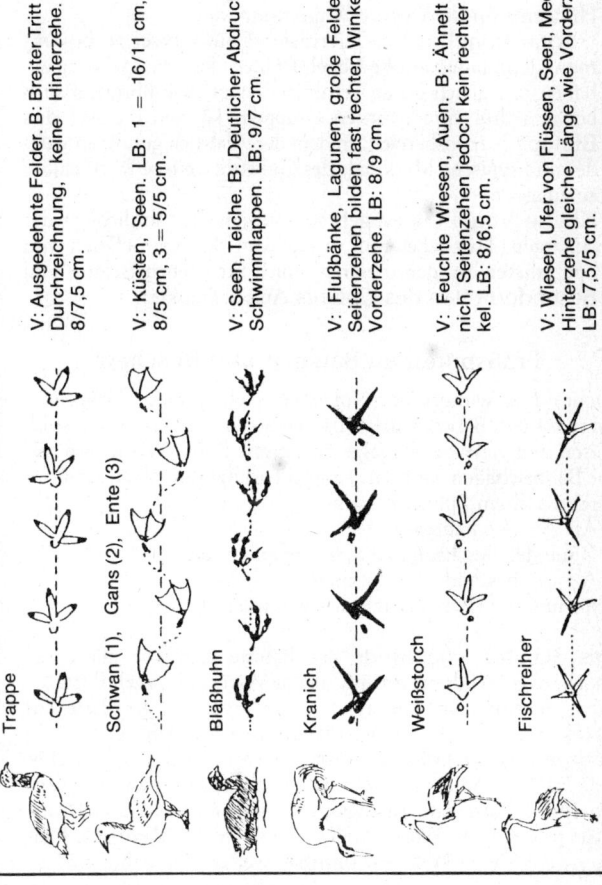

Trappe

V: Ausgedehnte Felder. B: Breiter Tritt ohne Durchzeichnung, keine Hinterzehe. LB: 8/7,5 cm.

Schwan (1), Gans (2), Ente (3)

V: Küsten, Seen. LB: 1 = 16/11 cm, 2 = 8/5 cm, 3 = 5/5 cm.

Bläßhuhn

V: Seen, Teiche. B: Deutlicher Abdruck der Schwimmlappen. LB: 9/7 cm.

Kranich

V: Flußbänke, Lagunen, große Felder. B: Seitenzehen bilden fast rechten Winkel zur Vorderzehe. LB: 8/9 cm.

Weißstorch

V: Feuchte Wiesen, Auen. B: Ähnelt Kranich, Seitenzehen jedoch kein rechter Winkel. LB: 8/6,5 cm.

Fischreiher

V: Wiesen, Ufer von Flüssen, Seen, Meer. B: Hinterzehe gleiche Länge wie Vorderzehe. LB: 7,5/5 cm.

53

Auch bei den Wasservögeln ist das **Ausmessen** des Trittsiegels sowie die **Art des Geläufs** wichtig.

- **Stelzvögel** sind (im Unterschied zu den Hühnervögeln) an den wenig gezeichneten, sehr langen Stützzehen kenntlich. Das **Ausmessen** des Tritts und die **Art des Geläufs** sind Hinweise für die weitere Artbestimmung.
- **Übrige Vögel** sind nach Trittsiegel nur schwer zu bestimmen, denn taubengroße Vögel (Krähen, Elstern, Häher usw.) haben fast gleich große Trittbilder. Hier (wie übrigens auch bei den drei vorgenannten Gruppen) können die **Art des Biotops** (Lebensbereich, in dem der Abdruck gefunden wurde) und typische Merkmale des **Geläufs** weitere Rückschlüsse zulassen.
- **Kleine Vögel** (Singvögel) sind wegen der Ähnlichkeit der winzigen Trittsiegel nur in wenigen Ausnahmefällen von Spezialisten zu identifizieren. Auch hier geben **Biotop** und **Besonderheiten des Geläufs** Anhaltspunkte.

Fraßspuren an Bäumen und Büschen

Nicht nur in winterlichen Notzeiten spielen Rinde, Zweige und Knospen von Bäumen und Büschen als Futter für Schalenwild, Hasen und viele kleine Nager eine große Rolle. Wenn man solche Baumschäden entdeckt, kann ein erfahrener Waldläufer mit detektivischem Spürsinn nach
- Art der Beschädigung,
- Höhe der Beschädigung vom Erdboden und
- Art des beschädigten Baumes
den mutmaßlichen Verursacher entlarven.

Das Schälen von Rinde der Bäume geht vor allem auf hirschartige Wildtiere zurück, deren Wiederkäuergebiß (starke Schneidezähne im Unterkiefer, verhornte Gegenplatte im Oberkiefer) typische Rindenschälungen verursacht.
Begrenzte entrindete Stellen (Durchmesser ca 15-30 cm) in 0,70 bis 1,80 Meter Höhe mit tiefen Schabespuren im freigelegten festen Holz sind Äsungsspuren von **Rotwild** und **Damwild** (sowie Elch, Sika-, Weißwedelhirsch und Muntjak). Man bezeichnet sie als **Winterschälung**, weil die Tiere die im Win-

ter sehr fest am Holz sitzende Rinde mit ihren starken Schneidezähnen im Unterkiefer von unten her regelrecht abhobeln. **Lang abgezogene Stellen** sind dagegen Zeugen der **Sommerschälung.** Hier hat das Wild die (durch die aufsteigenden Baumsäfte locker sitzende) weiche Rinde mit seinen Schneidezähnen in Wurzelnähe angeschnitten und in langen Fladen nach oben abgerissen, ohne das darunterliegende Holz durch Zahnspuren zu beschädigen. Am oberen Ende der Beschädigung hängen die Reste der Baumrinde zerfasert herab (Abrißstelle). **Mufflon, Schaf** und **Ziege** schälen im Winter ebenfalls, jedoch kann man deren Schälstellen an den quer zur Wuchsrichtung der Bäume verlaufenden »Hobelspuren« erkennen. **Rehe** schälen selten, **Rentiere** niemals.

Umlaufende Nagespuren am unteren Stammteil (bis zu 60 cm hoch) stammen von **Hasen** und **Kaninchen.** Bei genauer Betrachtung unterscheiden sie sich (durch Verbleib eines schmalen Rindestreifens in der durch die oberen Nagezähne geschnittenen Längsfurche) von der **feineren Nagespur am unteren Stammteil** der **Schermaus** (Wasserratte). Hierbei handelt es sich um 20 cm hohe Ringentrindungen an Laubbäumen (vorzugsweise Eschen). Ihrer geringeren Größe entsprechend, reichen die ähnlichen Ringentrindungen der **Erdmaus** nur 10 cm hoch und betreffen meist nur 2-3 cm starke Jungbuchen und Jungeichen. Dafür setzen sie sich aber unterirdisch in den Wurzelbereich fort.

Entrindete Stellen in den oberen Baumbereichen sind Winterfraßspuren der gut kletternden **Rötelmaus.** Deren Nagen beginnt in den Astwinkeln (guter Sitzplatz). Bevorzugt werden Holunder und andere weichrindige Bäume. Die Rötelmaus kann ganze Astpartien entrinden. Um an die nahrhafte Wachstumsschicht (das Kambrium) der Bäume heranzukommen, schälen **Eichhörnchen** im Frühjahr häufig Rindenstreifen ab, die sie aber nicht fressen, sondern herunterfallen lassen. **Entrindete Stellen im Wurzelbereich** junger Bäume sind Winterfraßspuren der **Erdmaus.** Insbesondere durch das Durchnagen der Wurzeln gehen junge Bäume oft (scheinbar grundlos) ein. Die Erdmaus wird deshalb von Forstleuten häufig als »Waldfeind Nummer eins« bezeichnet. Nicht weniger intensiv benagt im Winter die **Schermaus** das Wurzelwerk größerer Laubbäume. Insbesondere durch Wegnagen der Mittelteile des Wurzelsystems können die davon betroffenen Bäume in den Frühjahrsstürmen überraschend umstürzen.

Grobe und tief eingenagte ringförmige Furchen in 50 cm Höhe an Laubbäumen (insbesondere Eschen, Erlen, Weiden und Birken) sowie die darum herumliegenden Späne kennzeichnen den Holzfällerplatz des **Bibers**. Durch diese tiefen Einkerbungen fällt er im Sommer die Bäume, zerlegt sie durch weiteres Benagen in meterlange transportable Stücke und bevorratet sie wegen ihrer Rinde (Hauptnahrung des Tieres) an einem in Wassernähe liegenden Futterplatz. Im Frühjahr werden die abgenagten Stamm- und Aststücke (die sogenannten Biberstöcke) als Baumaterial für Dämme und Burgen verwendet.

Entrindete Aststückchen von 10 cm Länge in kleinen Haufen in Himbeer- und Brombeerschlägen sind die Reste einer ähnlichen Winterbevorratung der **Erdmaus**. Es handelt sich um eine Art Kleinausgabe der Biberstöcke, die nach Abnagen allerdings nicht für weitere »Bauzwecke« verwendet werden.

Soweit zu den Schäl- und Nagespuren-Verrätern. In Zweifelsfällen kann ein Waldläufer den Verursacher durch genaue Messung der Breite der Zahnspuren (zu Hause mit Lupe und Schublehre) nach folgender Tabelle ermitteln:

Breitentabelle von Zahnmarken

Rötelmaus	1,5-2 mm
Erdmaus	2,5 mm
Eichhörnchen	3 mm
Kaninchen	3,5 mm
Hase	4,5 mm
Schermaus	3,5-4,9 mm
Biber	8 mm

Neben den Schäl- und Nagespuren an Borke und Rinde findet ein Waldläufer, der mit offenen Augen sein Revier durchstreift, noch zahlreiche andere mehr oder weniger auffällige Verräter an den Bäumen.

Unter **Verbißstellen** versteht er (im Gegensatz zu den Beschädigungen der Rinde durch Tierfraß) das »Verbeißen« (Abbeißen) von Zweigen, Trieben und Knospen.

Fraßspuren an Waldfrüchten, Bäumen und Büschen

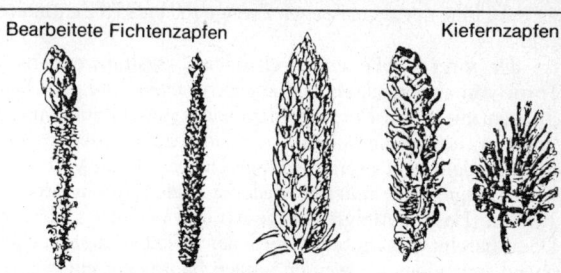

Bearbeitete Fichtenzapfen   Kiefernzapfen

Eichhörnchen   Maus   Kreuzschnabel   Buntspecht

Bearbeitete Haselnüsse

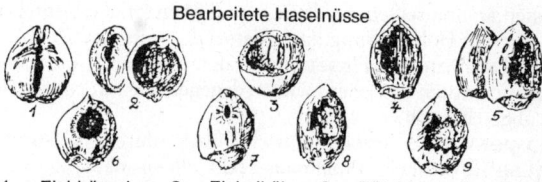

1 = Eichhörnchen, 2 = Eichelhäher, 3 = Rötelmaus, 4 = Schermaus, 5 = Specht, 6 = Waldmaus, 7 = Kohlmeise, 8 = Kleiber, 9 = Elster.

Rindenschälungen

Winterschälung/Sommers.   Mufflon,   Hase,   Schermaus
von Rotwild und Damwild   Schaf, Ziege   Kanin.   Erdmaus

Rötelmaus   Waldmaus, Schermaus   Biber

Die **Verbißstellen der Hirschartigen** (jetzt einschließlich der Rehe und Rentiere) erkennt man

● an der Höhe der abgebissenen Zweige (60 bis 170 Zentimeter) und

● an der ihrer Größe entsprechenden Gewaltanwendung in Form von abgeknickten und angebrochenen Zweigen. Elche pflegen mit ihrem Körpergewicht sogar junge Bäume umzudrücken, um an die hohen Triebe heranzukommen.

● Ein untrügliches Unterscheidungszeichen, ob ein Verbiß von hirschartigen und anderen wiederkäuenden Tieren oder von Nagern (Hasen) erfolgte, ist die Art und Weise des Abbisses. Dem bereits erwähnten Gebiß der Wiederkäuer entsprechend, schneiden diese einen jungen Baum oder einen Zweig mit ihren unteren Schneidezähnen von unten nach schräg oben an und reißen ihn dann — an diesem letzten Drittel eine splittrige Holzfaserung zurücklassend — mit Gewalt ab.

Verbißstellen von Hasen und anderen Nagern (mit Schneidezähnen unten und oben) wirken dagegen wie mit einem Messer abgeschnitten.

Knospenverbiß erfolgt ausschließlich durch **kletternde Mäuse** (Rötelmaus, Waldmaus und Gelbhalsmaus). Kennzeichen sind die durch ein seitlich genagtes Loch ausgehöhlten leeren Knospenhüllen. Auch ein vollständiges Abnagen der gesamten Knospe — unter Zurücklassen der untersten Knospenschale — geht auf das Konto kletternder Mäuse.

Größere Mengen glatt abgebissener Neutriebe unter Nadelbäumen (vor allem Rottannen) gehen zu Lasten der **Eichhörnchen**, die hier den unter diesen Neutrieben befindlichen Kranz männlicher Blütenknospen abgenagt haben.

Weitere Verräter an Bäumen und Bodenbewuchs sind:
entrindete Stammpartien biegsamer **Jungbäume** bis zu anderthalb Meter Höhe, von denen der **Rindenbast in Fetzen herabhängt** und deren Geäst zerbrochen ist. Diese Bäumchen werden als **Fegestellen von Hirschen und Rehböcken** zum Abstreifen des eingetrockneten »Bastes« ihrer nun hart ausgewachsenen Geweihe bzw. Gehörne benutzt.
Hirsche fegen zwischen Juli und September, Rehböcke zwischen April und Juni.

Einen ähnlichen Schaden richten Hirsche in der Brunftzeit (September/Oktober) durch »Schlagen« mit dem Geweih im Unterholz an. Hier spricht man von **Schlagschäden**, während man als **Himmelszeichen** Spuren des Hirsches oberhalb des Erdbodens versteht, die er in Form von geknickten Zweigen und abgestreiften Blättern durch sein Geweih hinterläßt. **Wimpelschlagen** endlich nennen die Jäger die Zerstörung von Ameisenhaufen durch Hineinschlagen mit dem Geweih.

Eine **Suhle** ist eine häufig besuchte Schlammstelle, in der **Rot- oder Schwarzwild** ihre Schlammbäder (gegen Hautungeziefer) nehmen. Falls es die Trittsiegel nicht ohnehin verraten, erkennt der Waldläufer an den im Schlamm zurückgelassenen Haaren, wer von beiden der »Inhaber« dieses Moorbades ist.

Ein **Malbaum**, kenntlich an seinem abgewetzten Stamm, ist ein Baum an einer Schlammstelle, an dem sich das **Schwarzwild** nach Verlassen der Suhle die Schwarte scheuert.

Plätzstellen sind von **Reh- oder Damwild** mit den Vorderläufen aufgeschlagener Bodenbewuchs. Kein Stück Rehwild tut sich nieder (legt sich zum Ruhen hin), ohne vorher zu plätzen. Eine vom **Schwarzwild** nach Mast (Nahrung) durchwühlte Stelle im Waldboden nennt man ein **Gebräch**.

Durch **Rot- oder Rehwild** ausgetretene schmale Trampelpfade nennt der Waldläufer **Wechsel**. Wechsel führen von den Einständen (versteckten Schlafplätzen) zu den Äsungsplätzen und Schöpfstellen (Tränken). Neben Hauptwechseln gibt es Nebenwechsel, die das Wild bei ungünstiger Windrichtung (es zieht am liebsten mit halbem Wind) benutzt. Entsprechende Pfade von **Füchsen**, **Hasen** und **Kaninchen** nennt man **Paß**. Die ins Gras gedrückte Schlafmulde der Hasen heißt **Sasse**.

Von zahlreichen großen Vogelkrallen **aufgescharrter Bodenbewuchs** in Wald und Flur sind die **Huderstellen** von gesellig lebenden Wildhühnervölkern (Rebhühner, Haselhühner usw.), die dort regelmäßig nach Nahrung suchen.

Spuren an Waldfrüchten:

Selbst ein Anfänger in der Waldläuferei weiß, daß sich bestimmte Kleinnager und viele Vögel weitgehend von den Früchten des Waldes — insbesondere von Nüssen und den Samen der Bäume — ernähren. Überall kann man deren Reste finden, wenn man sich mit »wissenden« Augen umschaut. Diese Überbleibsel sind nicht nur Verräter, die uns über die Anwesenheit bestimmter Tiere, über ihren Lebensraum und ihre Fraßgewohnheiten berichten, sondern auch hervorragende Sammelobjekte — ja sie können für fortgeschrittene Waldläufer zu einem interessanten Spezial-Forschungsgebiet werden.

Bearbeitete Tannenzapfen:

Beginnen wir mit dem, was der Laie allgemein als »Tannenzapfen« bezeichnet, jenen kompakten Fruchtständen von Fichten, Tannen, Kiefern und Lärchen, deren geflügelte Samenkörnchen unter dem Schutz der harten Deckschuppen heranreifen. Diese nahrhaften Samen bilden die Hauptnahrung für viele Tiere. Und jedes Tier geht ihrer harten Verpackung in der ihm eigenen Art zu Leibe, was an den gefundenen Überresten der Zapfen deutlich zu erkennen ist. Die wichtigsten Merkmale wollen wir hier untersuchen.

Bei den auf dem Erdboden liegenden **abgenagten Spindeln** der länglichen **Fichten- und Rottannenzapfen** haben Mäuse oder Eichhörnchen die harten Deckschuppen bis auf einen kleinen Rest an der Spitze abgebissen. Hat die abgenagte Spindel ein **zerfasertes** Aussehen — vor allem an der unteren Basis der Zapfenachse — war ein **Eichhörnchen** am Werk. Solche Zapfenspindeln liegen meist zu mehreren unter einem Baum oder um einen erhöhten Platz und verraten somit den Futterplatz dieses kleinen Waldkobolds. Ist die Spindel jedoch **glatt abgenagt** und das untere Ende fein gerundet, und liegen die Zapfenreste versteckt unter einem Busch, Reisighaufen oder einer anderen Deckung, so hat man den verborgenen Freßplatz von **Mäusen** gefunden. Spezialisten können nach Betrachtung mit der Lupe unterscheiden, ob es sich um eine Rötel-, Wald- oder Gelbhalsmaus gehandelt hat. Von Mäusen behandelte Zapfen sind seltener zu finden als die von Eichhörnchen.

Ein **scheinbar unbeschädigter** Zapfen erweist sich als **leer**. Bei näherer Betrachtung entdeckt man, daß die harten **Deckschuppen** alle gleichmäßig **in der Längsrichtung** aufgeschnitten sind. Das war dann das Werk eines für diesen Zweck geradezu ideal gebauten und wie eine Schere wirkenden Vogelschnabels, dessen Besitzer deshalb **Fichtenkreuzschnabel** heißt. Mit seiner klebrigen Zunge holt er nach Aufspalten der Deckschuppen die darunterliegenden Samen heraus.

Ein ebenfalls noch **voll erscheinender**, aber seltsam **zerzaust** aussehender Zapfen, der mit weiteren um einen grobrindigen Baum (z.B. eine Eiche) herumliegt, deutet auf eine sogenannte Spechtschmiede hin. Der **Große Buntspecht** pflegt nämlich einen abgehackten Zapfen geschickt in eine Borkenspalte zu verkeilen und hackt dann von oben die Samen heraus, »daß die Späne fliegen«.

Wenn man die Zapfenbearbeitungsweise der bisher genannten Nager und Vögel kennt, kann man deren »Handschrift« auch an den bearbeiteten Spindeln der anders aussehenden Kiefer-, Lärchen-, Arven- und Weißtannenzapfen wiederfinden.

Die Liebhaber von Samen der weichen **Beerenzapfen der Eibenbäume** sind:

- **Drosseln** (verzehren nur den roten Fruchtmantel, lassen die harten Samen herunterfallen);
- **Kernbeißer** (verzehren nur den Samen, lassen Samenschalen und roten Fruchtmantel fallen);
- **Kleiber** (Spechtmeise; keilt Eibenzapfen ähnlich wie der Buntspecht in einer Spalte fest und bearbeitet ihn);
- **Sumpfmeise** (fliegt mit dem Samen auf einen Ast, drückt den Samen aus dem klebrigen Samenmantel, der häufig am Ast haften bleibt, und läßt die leere Schale zu Boden fallen).

Bearbeitete Nüsse, größere Baumfrüchte und Körner:

Viele Nagetiere und Vögel interessieren sich für die nußartigen Früchte der Laubbäume (also Haselnüsse, Walnüsse, Buchekkern, Eicheln, Kastanien, Schlehen, Wildobstkerne usw.). Die Spuren ihrer Werkzeuge zum Öffnen der harten Schalen sind überall ähnlich. Sie sollen hier an den häufig zu findenden Resten der Haselnüsse aufgezeigt werden.

Gespaltene Haselnüsse (Nußhälften) wurden vom **Eichhörnchen** bearbeitet, das quer über die Spitze ein Loch hineinnagt, dann die unteren Nagezähne hineinsteckt und die Nuß aufbricht. Sind an den Nußschalenhälften **keine Nagespuren** zu entdecken, dann war der Täter ein **Eichelhäher**.

Von der Spitze her **schüsselartig abgenagte untere Schalenhälften** stammen meist von der **Rötelmaus**, während

bei den seitlich grob aufgenagten Nüssen die Schermaus der Verursacher ist. Ganz ähnliche Löcher schlägt auch der Specht, jedoch sind hier stets die Einschlagstellen vorbeigezielter Hiebe zu erkennen.
Feine runde Löcher im oberen Drittel der Schale stammen von den Zähnen der Waldmaus. Ein ganz kleines ovales Loch schlägt der Schnabel der Kohlmeise, während große Löcher mit zersplitterten Rändern auf Kleiber oder Elster hindeuten.

Zum Abschluß dieses Kapitels soll noch betont werden, daß sich die in ihrer Vielfalt so interessanten Fundobjekte zum Anlegen einer Spezialsammlung und damit für eine Spezialbetätigung eignen. Für den, der sich dafür interessiert, einige Ratschläge zur Präparierung und Aufbewahrung:
Besonders typische Fundstücke werden mit einem feinen Tuschpinsel gereinigt, getrocknet und mit einem farblosen Mattlack-Spray überzogen. Dieser Überzug schützt alle Feinheiten, verhindert weiteres Austrocknen (was bei Weichfrüchten, z.B. Kastanien, wichtig ist) und läßt die Farben leuchtend hervortreten.
Wohin nun mit diesen Sammelstücken? Wer sie lose in einem Karton aufbewahrt, wird bald keine Freude mehr an seiner Sammlung haben. Auch hier sollten Nägel mit Köpfen gemacht werden. Da ein rechter Waldläufer meist nicht nur ein guter Bastler, sondern auch findig ist, sind entsprechenden Einfällen und Umbauten von geeigneten Behältern keine Grenzen gesetzt.

Schaukasten für eine Waldläufersammlung:
Besonders bewährt hat sich für eine solche oder ähnliche Sammlung der Selbstbau nicht allzu großer Schaukästen aus Sperrholz etwa in den Maßen 40 x 30 x 9 cm, deren Deckel in eingeleimten Leisten verschiebbare Glasplatten bilden. Im sauber ausgemalten oder mit Stoff ausgeklebten Innern werden die Fundstücke mit Nadeln gegen Verrutschen fixiert und mit eingeklebten erklärenden Etiketten versehen. Solche Schaukästen kann man aufhängen, in Ausstellungen zeigen oder sie raumsparend in einem (nach den Maßen geeigneten) Schrank oder

einer Kommode übereinander aufbewahren, wobei an den Schrankinnenwänden Führungsleisten als Halterungen angebracht werden. Natürlich kann man sich solche Schaukästen auch kaufen. Aber welcher Waldläufer hat dafür schon Geld? Außerdem macht das Selbstherstellen einer solchen »Sammelkastenbatterie« Spaß!

Das Wichtigste über
Losung, Gestüber und Gewölle

Jetzt wird es wohl für etliche Leser ein wenig »anrüchig«! Aber ein echter Waldläufer ekelt sich nicht vor Dingen, die ihm als Spurenzeichen weiterhelfen und ganz besonders sichere Aufschlüsse über das Vorkommen bestimmter Wildtiere und deren Ernährungsgewohnheiten geben. Keines der bisher aufgezeigten Spuren-, Verbiß-, Schäl- und Fraßmerkmale läßt so eindeutig eine Identifizierung der Tiere zu wie deren Losung, die man so häufig in Wald und Flur findet, ohne jedoch zu wissen, wer sich hier »erleichtert« hat.

Schalenwild (Paarhufer):
Bis auf das Schwarzwild sind sie alle Wiederkäuer, müssen wegen des geringen Nährwertes ihrer Pflanzenäsung viel Nahrung zu sich nehmen und haben daher auch viel Losung. Von außen sind diese »Bohnen«, »Beeren«, »Pillen« usw. glatt. Ihr Inneres enthält zerfaserte Pflanzenteile. Frische Losung erscheint glänzend und schwarz, ältere Losung trocken und bräunlich.
Rotwild: Eichelförmige Kotbohnen, 20-25 mm lang, 12-18 mm dick, beim Hirsch mit Spitze und »Näpfchen«, beim Tier (weiblicher Hirsch) beidendig abgerundet. Im Winter fest, im Sommer weich zerfließend.
Damwild: Dunkle zylindrische Walzen, 10-15 mm lang, 8-12 mm dick. Bei Hirsch und Tier gleich, sonst wie Rotwild.
Rehwild: Kugelförmige Bohnen, 10-14 mm lang, 7-10 mm dick. Am Ende schwach gespitzt, anderes Ende abgerundet.
Elch: Gelbe bis dunkelbraune längliche Walzen, 20-30 mm lang, 15-20 mm dick. Ende schwach gespitzt, anderes Ende napfförmig. Im Winter hell und trocken, im Sommer dunkel, weich und geklumpt.

Ren: Schwarze eiförmige Pillen mit Spitze, 12-15 mm lang, 7-10 mm dick. Im Sommer gelbbraun, breiig.

Mufflon: Schwarze dreiseitig eingedrückte Kugeln mit Spitze, 8-20 mm Durchmesser, in Klumpen zusammengeklebt.

Gemse: Dunkelbraune Kugeln, 8-10 mm Durchmesser, oft zusammengedrückt und zu flachen Pillen gepreßt.

Hausziege: Braune längliche Walzen mit Spitze, 12 mm lang, 10 mm dick, in kleinen Haufen.

Hausschaf: Ähnlich Mufflon.

Schwarzwild: (Kein Wiederkäuer!) Schwarze, wurstartige Klumpen aus unregelmäßigen Kotkugeln, 40-70 mm dick.

Hasen, Nager und Insektenfresser:

Was Hasen und Nagetiere sind, weiß jeder. Unter »Insektenfresser« wollen wir hier die Säugetiere zusammenfassen, die sich vorwiegend von Insekten ernähren, weil dies in ihrem Kot deutlich zu erkennen ist und sie dadurch leichter zu identifizieren sind als beispielsweise an ihren Trittspuren.

Hase: Diese Losung hat wohl jeder schon gesehen. Runde, feste, hell- bis gelbbraune ovale Kügelchen von 15-20 mm Durchmesser, stets in Haufen auf den Äsungsplätzen, bei der Sasse (Schlafkuhle) oder verstreut auf den »Pässen«.

Kaninchen: Wie Hase, jedoch kleiner und rundere Kügelchen. Durchmesser 10 mm. Wird oft in erheblichen Mengen auf erhöhten Plätzen (Erdhügel, Maulwurfshaufen) abgesetzt.

Eichhörnchen: Dunkelbraun und noch kleiner als Kaninchen, Durchmesser 5 mm, Außenhaut warzig. Im Sommer selten zu finden. Im Schnee deutlich durch »Einschlagstellen« und gelbliche Verfärbung der Umgebung zu erkennen.

Biber: Hellbraune längliche Ovale mit auffallend vielen splittrigen Pflanzenresten, 40 mm lang, 18 mm dick. Nur selten am Ufer zu finden, da der Biber seine Losung im Wasser absetzt.

Nutria (Sumpfbiber): Längliche, gefurchte Wurst mit spitzem Ende, 20-30 mm lang, 10 mm dick. In der Nähe von Ufern.

Ratten und Mäuse: Allgemein längliche, relativ feste bräunliche Kotkörner, die in großen Mengen an Freßstellen und Pässen liegen. Unterscheidung nur durch Vergleich der Größen:

● **Wanderratte**: 17 mm lang, 6 mm dick.
● **Bisamratte**: 12-14 mm lang, 5 mm dick.

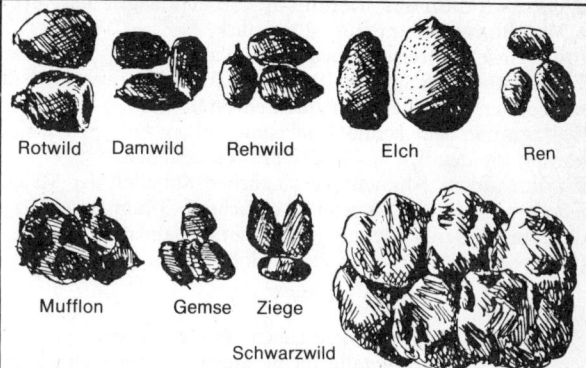

Losung des Schalenwildes (Paarhufer)

Rotwild   Damwild   Rehwild   Elch   Ren

Mufflon   Gemse   Ziege

Schwarzwild

Losung der Hasen, Nagetiere und »Insektenfresser«

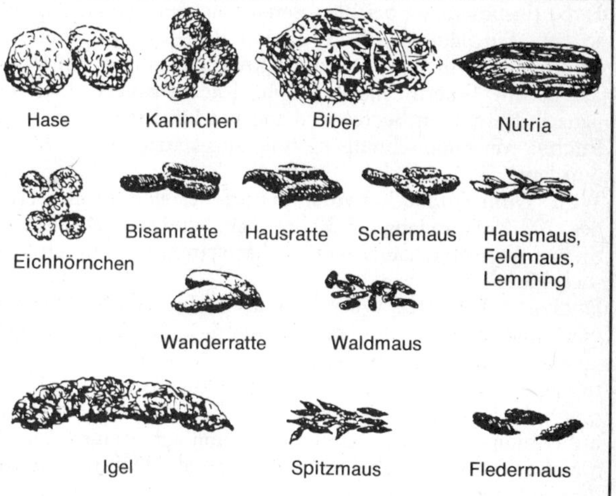

Hase   Kaninchen   Biber   Nutria

Eichhörnchen   Bisamratte   Hausratte   Schermaus   Hausmaus, Feldmaus, Lemming

Wanderratte   Waldmaus

Igel   Spitzmaus   Fledermaus

- **Hausratte:** 10 mm lang, 2 mm dick.
- **Schermaus** (Wasserratte): 7-10 mm lang, 4 mm dick.
- **Haus-, Feldmaus, Lemming:** 5-6 mm lang, 2 mm dick.
- **Waldmaus:** 4 mm lang, 2 mm dick.

Igel: (Insektenfresser!) Schwarze, walzenförmig zugespitzte Wurst, 30-40 mm lang, 8-10 mm dick. Unverkennbar durch die zahlreichen Chitinteile der Insektenreste.

Spitzmaus: Sehr kleine, dunkelbraune, am Ende spitze Kotkörner, die deutlich aus Insektenresten bestehen.

Fledermäuse: Ähnlich den länglichen Kotpillen der Mäuse, jedoch poröser und warzige Oberfläche, 6-8 mm lang, 3 mm dick. In größeren Mengen unter den Schlafplätzen der Tiere (Dachböden, Keller, Felsspalten, Höhlen, Baumlöcher).

Raubtiere:

Die europäischen Raubtiere haben als Fleischfresser eine Losung, die, sehr grob verallgemeinert, dem Hundekot ähnelt und — mit Ausnahme des Bären — an den sehr lang, faserig und spitz ausgezogenen Enden kenntlich ist. Die Farbe ist bräunlich. Da sie in der Regel auch Beerenliebhaber sind, kann sich deren Farbe (insbesondere bei Blaubeeren) auch auf die Losung auswirken. Ein häufig weißlich-poröser Belag ist eine Phosphatausscheidung, die von verdauten Knochen stammt. Im Innern der Losung Federn, Haare, Zähne, Knochenstücke, Insektenpanzer, Kerne von Beeren und anderen Früchten.

Fuchs: Am Ende schraubenförmig zugespitzte Wurst, 80-100 mm lang, 20 mm dick.

Wolf: Dunkelgraue Kotwurst, ähnlich der eines großen Hundes, 100-150 mm lang, 25-30 mm dick. Wird an hochgelegenen Stellen abgesetzt, dabei meist Scharrspuren der Hinterpfoten (vgl. Hund).

Dachs: Zylindrische Wurst, ähnlich Fuchs, jedoch Oberfläche faltig und rauh, 80 mm lang, 20 mm dick. Losung findet man gesammelt in »Latrinenplätzen« in der Nähe des Baues (10 cm tief gescharrtes Loch, das nicht wieder zugescharrt wird).

Fischotter: Schwarze, teerartige, stark tranig riechende Wurst mit Schuppen, Gräten, Krebsschalen und dgl. 30 mm lang, 10 mm dick. Meist auf erhöhten Stellen, die als »Duftmarken« zur Revierabgrenzung dienen.

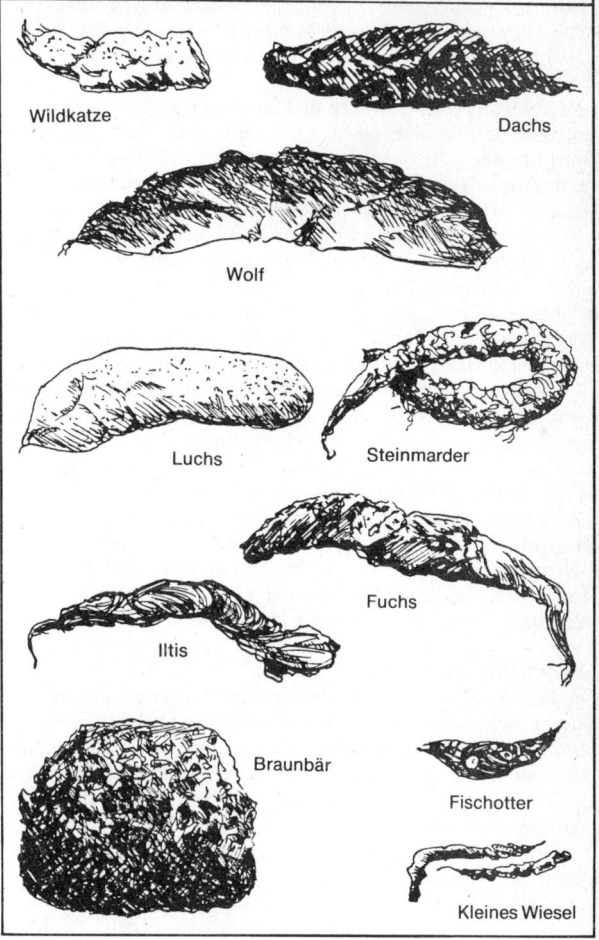

Losung der europäischen Raubtiere

Wildkatze

Dachs

Wolf

Luchs

Steinmarder

Fuchs

Iltis

Braunbär

Fischotter

Kleines Wiesel

Baum- und Steinmarder: Dunkelgraue bis schwarze stark gekrümmte Wurst, 80-100 mm lang, 12 mm dick. Besteht aus Haaren, Knochenresten, Federn, Kirschkernen, Beerenkernen usw. Unterscheidung (neben Fundort) nur durch Geruch.
● Baummarder: nicht unangenehmer Moschusgeruch.
● Steinmarder: übel stinkend.
Iltis, Nerz: Feste, gedrehte und zu langer Spitze ausgezogene grünschwarze Wurst, 60-80 mm lang, 9 mm dick. Inhalt wie beim Marder. Oft weich bis flüssig, mit durchdringendem Geruch. Ähnlich Dachs auf bestimmten »Latrinenplätzen«.
Großes Wiesel (Hermelin) und Kleines Wiesel: Ähnlich Iltis, jedoch kleiner. Wird meist auf Geländeerhöhungen abgesetzt (Duftmarke zur Revierabgrenzung).
● Großes Wiesel: 45 mm lang, 5 mm dick.
● Kleines Wiesel: 30 mm lang, 4 mm dick.
Wildkatze und Luchs: Losung ähnelt dem wurstförmigen Kot der Hauskatze, ist jedoch größer. Wird innerhalb des Reviers mit den Vorderpfoten verscharrt, an den Grenzen aber nicht und dient dort als Markierungsmal. Inhalt: Federn, Krallen, Knochen und andere Beutetierreste.
● Luchs: 70-80 mm lang, 20 mm dick.
● Wildkatze: 50-60 mm lang, 10 mm dick.
● Hauskatze: 40 mm lang, 6 mm dick.
Braunbär: In großen Haufen abgesetzte, zylinderförmige, mehrmals gebrochene Wurst, bis 70 mm dick. Enthält Haare, Knochenstücke, Insektenreste und viele Pflanzenteile. In der Beerenzeit ist die Losung weich bis flüssig.

Federwild und Vögel:

Bei den Vögeln verlassen die verdauten Nahrungsreste den Körper nicht auf zwei getrennten Wegen wie bei den Säugetieren in Form von Kot (aus dem Darm) und Harn (aus den Nieren), sondern gemeinsam als weißliche halbflüssige Substanz durch die sogenannte **Kloake**. Diese flüssige Substanz nennt man **Geschmeiß**. Bei einer Reihe größerer Vögel werden Harn und Kot nicht gemischt durch die Kloake abgesetzt, sondern getrennt. Der festere wurstartige Teil wird als **Gestüber** bezeichnet. Andere Vögel, z. B. Eulen und Greifvögel, würgen die unverdaulichen Teile ihrer Beutetiere (Knochen, Federn,

Haare) in Form von kleinen gepreßten Ballen wieder aus dem Schnabel heraus, die man **Gewölle** nennt.

Während das halbflüssige Geschmeiß kaum Rückschlüsse auf die Art des Vogels zuläßt (es sei denn durch Fundort und Menge), sind in den festen Teilen, dem Gestüber, häufig nichtverdaute Nahrungsreste zu finden, die in Zusammenhang mit der Form des Gestübers eine Identifizierung zulassen. Nahezu unbestechliche Hinweise liefern die zuletzt genannten Gewölle, auf die wir später besonders eingehen wollen.

Gestüber des Federwildes (Hühnervögel):

Auerhahn: Grüngelbe, später gräulich anlaufende, leicht gekrümmte Wurst; bis 70 mm lang, 12 mm dick. Besteht aus deutlich sichtbaren Kiefernnadeln.

Birkhuhn: Hellgelbe, später bräunlich werdende Gestüberwurst; 40 mm lang, 8 mm dick. Reste von Birkenknospen in der apfelsinenhautähnlichen Wandung erkennbar.

Fasan: Braungrünliches Gestüber mit weißem Ende; 25 mm lang, 4 mm dick. Gleichmäßig weiche Masse.

Haselhuhn: Dem Gestüber des Birkhuhns ähnlich, jedoch 15 mm lang, 6 mm dick. Besteht aus Resten von Birken-, Hasel-, Weiden- oder Erlenkätzchen.

Rebhuhn: Spiralförmiges Gestüber mit Spitze; 20 mm lang, 2-3 mm dick. Sonst wie Fasan.

Schwäne, Gänse, Enten: Grünliches bis grauschwarzes, langgezogenes, festes Gestüber, meist aus gepreßtem Gras oder anderen Pflanzen. Auf Feldern und an Ufern.

● Höckerschwan: Bis 130 mm lang, 20 mm dick
● Graugans: 50-80 mm lang, 10-12 mm dick
● Schwimmente: 25 mm lang, 6-8 mm dick

Gewölle:

Gewölle werden von Greifvögeln, Eulen, Rabenvögeln, Möwen, Reihern und Störchen als zusammengepreßte Ballen aus den unverdaulichen Nahrungsteilen ausgewürgt, sind bezüglich ihres Inhalts vielseitig und verraten, welche Nahrung der betreffende Vogel aufgenommen hat. Gewölle werden durch den Schnabel ausgeschieden, sind kein Verdauungsprodukt, also kein Kot! In der Regel wirft ein Vogel zweimal am Tag ein Gewölle aus. Bei der Identifizierung der Gewölle, die meist zu mehreren beisammenliegen, spielt der Fundplatz eine Rolle.

Greifvögel: Im Gegensatz zu den Eulen löst der Magensaft der Greifvögel Knochenteile auf, so daß der Inhalt der Greifvogel-Gewölle meist nur aus Haaren, Federn, Chitinteilen von Insekten und den **Hornteilen** von Krallen und Schnäbeln besteht. Ein sicheres Bestimmungsmerkmal, denn letztere findet man in Eulengewöllen nicht. Sie werden verdaut. Greifvogelgewölle werden an den Horsten und Kröpfplätzen ausgeschieden. Sie unterscheiden sich in der Größe.

- **Mäusebussard**: Grau mit runden Enden; 60-70 mm lang, 30 mm dick. Inhalt: Verfilzte Haare kleiner Nager. Unter Pfählen und Bäumen.
- **Sperber**: Grau, eiförmig; 20-35 mm lang, 15 mm dick. Inhalt: Verfilzte Mäusehaare, kleine Federn. Waldrand.
- **Habicht**: Ähnlich Sperber, jedoch 60-70 mm lang, 20-25 mm dick. Inhalt: Haare, Federn größerer Beutetiere. Unter Einzelbäumen.
- **Turmfalke**: Ähnlich Sperber, jedoch am Ende spitz; 35 mm lang, 20-25 mm dick. Inhalt: Mäusehaare, kleine Federn, Insektenreste.

Krähenvögel: Die Gewölle der Krähenvögel sind meist eiförmig, gelblich, locker. Sie enthalten Pflanzenteile und **Steinchen**, die die Tiere zu Verdauungszwecken schlucken.

- **Rabenkrähe**: Am Horst, an Ufern und auf Feldern; 40-45 mm lang, 20 mm dick. Inhalt: Häufig Reste von Mäusen.
- **Saatkrähe**: Auf Feldern und unter Horstkolonien; 30-35 mm lang, 20 mm dick. Inhalt: Überwiegend Pflanzenreste.
- **Dohle**: Vor allem unter Nistplätzen; 30 mm lang, 10-15 mm dick. Inhalt: Pflanzenreste.
- **Elster**: Unter Niststätten, gedreht mit Spitze; 30-35 mm lang, 20 mm dick. Inhalt: Häufig Haare von Kleinnagern.

Möwenvögel: In den kugeligen, meist gespitzten Gewöllen der Möwen ist am »vielseitigen« Inhalt die »Freßgier« dieser Vögel zu erkennen. Neben pflanzlichen und tierischen Nahrungsresten, die in ihrer Zusammensetzung auf den Lebensraum der betreffenden Art hindeuten, findet man häufig so **ausgefallene Dinge** wie Scherben, Gummiringe, Papier, Plastik, kleine Metallteile und ähnliches (Erkennungsmerkmal!).

Gestüber des Federwildes

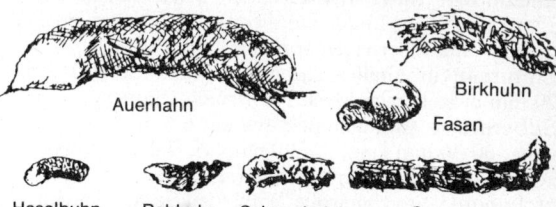

Auerhahn

Birkhuhn

Fasan

Haselhuhn   Rebhuhn   Schneehuhn   Graugans

Gewölle der Greifvögel

Mäusebussard   Turmfalke   Sperber

Gewölle der Eulen

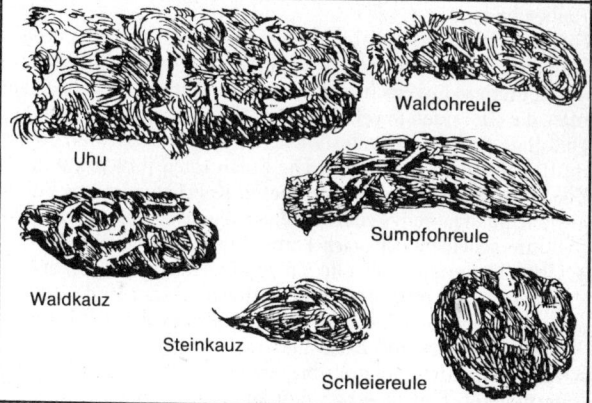

Waldohreule

Uhu

Sumpfohreule

Waldkauz

Steinkauz

Schleiereule

71

Möwengewölle sind locker und zerfallen rasch. Ihr Inhalt ist meist nur als kleines Häufchen zu finden. Als Beispiele:

- **Lachmöwe**: Unter Nistplätzen, am Strand und auf Feldern; 25-40 mm lang, 15-20 mm dick. Inhalt: Neben Pflanzen-, Beeren- und Käferresten vor allem Fischgräten.
- **Sturmmöwe**: Ähnlich Lachmöwe, jedoch 50-80 mm lang, 20 mm dick. Inhalt: Meist Fischgräten.
- **Silbermöwe**: Brutkolonien und auf Schlafplätzen in Ufernähe; 30-40 mm lang, 25-30 mm dick. Inhalt: Krabbenpanzer, Muscheln, Wasserschnecken, Gräten.

Storchvögel: Storchgewölle enthalten **Sand** (Erkennungsmerkmal!), der mit den Regenwürmern in die Mägen der Tiere kommt. Wie bei den Greifvögeln werden Knochen verdaut. Sie sind deshalb nicht in den Gewöllen enthalten. Storchgewölle haben einen penetranten süßlichen Geruch.

- **Weißstorch**: Unter den Nestern, seltener auf sumpfigen Wiesen und Feldern; 40-55 mm lang, 25-40 mm dick. Inhalt: Mäusehaare, Federn, Insektenteile.

Reiher: Struktur der Gewölle teils rund, teils oval, aus zusammengepreßten Haarballen bestehend; 50 mm lang, 25 mm dick (**Graureiher**). Inhalt: Reste von Erdmäusen, Maulwürfen, Spitzmäusen, Schermäusen, Jungvögeln und Insekten. Fischgräten findet man nie, obwohl Fische die Hauptnahrung der Reiher bilden.

Eulen: Eulengewölle bilden die interessantesten Untersuchungsobjekte, weil in ihnen selbst die feinsten Knöchelchen der Beutetiere unversehrt erhalten sind. Mit etwas Geduld kann man die Teile der jeweiligen Mini-Skelette zusammenfinden. Daß hier und da einer der winzigen Schädel zertrümmert ist, muß man in Kauf nehmen. Die Eulen töten ihre Beute durch Biß in den Hinterkopf. Außer diesen Knochen bestehen Eulengewölle aus Haaren, Federn und den Flügeldecken von Käfern. Sie unterscheiden sich nach Form, Inhalt und Fundstelle.

- **Uhu**: Hellgraues Gewölle, an den Enden abgeplattet; bis 120 mm lang, 40 mm breit. Inhalt: Reste kleiner und mittlerer Nager, aber auch von Feldhasen und Federwild. Auf Felsen in großen Forsten und Bergwäldern.
- **Waldohreule**: Hellgrau bis schwarz, walzenförmig mit abgerundeten Enden; 40-75 mm lang, 20-30 mm dick. Inhalt:

Gewölle der Rabenvögel

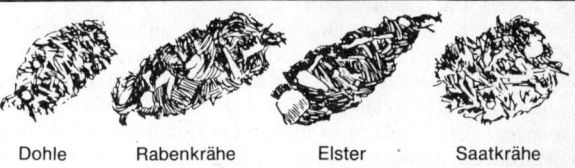

| Dohle | Rabenkrähe | Elster | Saatkrähe |

Gewölle der Möwenvögel

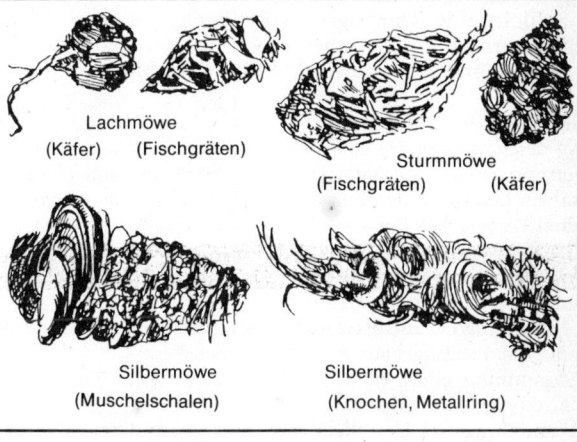

Lachmöwe
(Käfer) (Fischgräten)

Sturmmöwe
(Fischgräten) (Käfer)

Silbermöwe
(Muschelschalen)

Silbermöwe
(Knochen, Metallring)

Gewölle der Reiher und Storchvögel

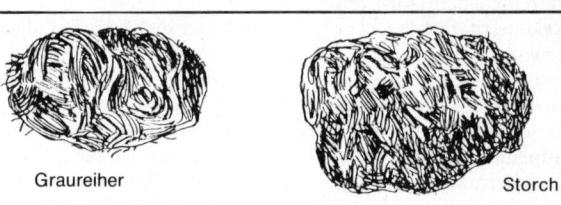

Graureiher

Storch

Hauptsächlich Mäuse, in geringerer Zahl kleine Vögel. In der Brutzeit auch Drosseln und Tauben. Unter »Eulenbäumen« in Nadel- und Laubwäldern.

- **Waldkauz**: Grau, walzenförmig, mit rauher Oberfläche; 40-60 mm lang, 20-30 mm dick. Sonst wie Waldohreule.
- **Sumpfohreule**: Ähnlich Waldohreule, jedoch mit Spitze und nur bis 60 mm lang, 15 mm dick. Inhalt: Reste von Feldmäusen. Auf Erhebungen in flachem (Sumpf-)Gelände.
- **Steinkauz**: Hellgrau, an einem Ende lang ausgefranst; 20-50 mm lang, 15 mm dick. Inhalt: Reste von Insekten, Sand von Regenwürmern sowie Reste von Mäusen und Kleinvögeln. Baumhöhlen, Kirchtürme, Ruinen.
- **Schleiereule**: Dunkelgrau, kugelförmig, mit glatter Oberflächenrinde; Durchmesser 30-40 mm. Inhalt: Reste von Mäusen und Spitzmäusen. In Ruinen, Kirchtürmen usw.

Gewöllesammlungen:

Die Beschäftigung mit Gewöllen, ihre Untersuchung und Auswertung, ist eines der interessantesten Spezialgebiete. Wer einmal ein Eulengewölle untersucht hat, wird kaum an einem anderen vorbeigehen können, ohne es aufzubrechen und nachzuschauen.

Vor allem bietet es sich an, eine Sammlung mit einem der folgenden Schwerpunkte anzulegen:

- Sammlung der unaufgebrochenen Gewölle aller Vogelarten in einem selbstgebauten Sammelkasten;
- Sammlung einer einzelnen Vogelgruppe (nur Eulen, nur Greifvögel, nur Möwen);
- Sammlung der Gewölleinhalte einer bestimmten Vogelart hinsichtlich der Änderung ihres »Magenfahrplans« in den verschiedenen Jahreszeiten;
- Rekonstruktion der Skeletteile eines oder mehrerer in Eulengewöllen gefundener Tiere durch Aufkleben auf eine Tafel.

So ist es beispielsweise einem Waldläufer aus Schleswig-Holstein über den Umweg von Waldohreulengewöllen gelungen, eine Schädelsammlung aller in seinem Beobachtungsrevier vorkommenden Kleinnager zu erhalten. Sie umfaßt die Schädel von Schermaus, Wanderratte, Waldmaus, Rötelmaus, Erdmaus, Hausmaus, Zwergmaus, ferner von Waldspitzmaus,

Wasserspitzmaus und Mauswiesel. Die drei letztgenannten sind bekanntlich keine Nager, sondern »Kleinräuber«.

Konservierungsrezept für empfindliche Funde:
Für eine solche Sammlung muß man die geschlossenen Gewölle vollständig trocknen. Damit sie ihre Form behalten, wickelt man sie (ohne sie zu beschädigen) fest in Seidenpapier. Da sie aus dem Filz von Haaren und Federn bestehen, muß man sie nicht nur vor Ungeziefer (Milben) schützen, sondern auch dafür sorgen, daß sie ihre Festigkeit behalten. Hierfür gibt es ein praktisches Konservierungsrezept, bei dem man »zwei Fliegen mit einer Klappe schlägt«. Es ist auch zum Konservieren und Verfestigen anderer empfindlicher Objekte geeignet:
In einem verschlossenen Glasgefäß wird eine so große Portion von farblosem Zelluloid (kein Plexiglas!) in Azeton (Nagellackentferner) aufgelöst, daß das Gemisch noch flüssig bleibt. Das Gewölle wird dann in die in eine Tasse gegebene Mischung getaucht und an der Luft getrocknet. Die Zelluloid-Azetonmischung gießt man in den Behälter zurück und bewahrt sie gut verschlossen auf.
Das Gewölle wird rasch trocken sein, weil das Azeton an der Luft sofort verfliegt. Zurück bleibt ein dünner, kaum sichtbarer Zelluloid-Überzug, der selbst das feinste Härchen ummantelt und schützt. Man sollte diese Prozedur wiederholen, damit das Präparat noch fester wird. Das Objekt — in unserem Fall das Gewölle — erhält durch den Überzug ein farbkräftiges Aussehen, als wäre es gerade »ausgewürgt« worden. Feste Teile, z.B. Knochen, können mit einem farblosen Mattlackspray überzogen werden. Das geht schneller.

Auf Streife, Pirsch und Ansitz

Wir erinnern uns doch? Wir stehen noch immer an jener Stelle unseres Beobachtungsreviers, wo wir im feuchten Bachgrund die unbekannten Trittsiegel entdeckt hatten. Hier mußten wir unsere Erkundungsstreife unterbrechen, um uns mit diesen und den zahlreichen anderen Verrätern zu beschäftigen! Inzwischen haben wir eine Menge Neues erfahren und vor allem ge-

sehen, wie vielseitig allein schon dieses Spezialgebiet der Waldläuferei ist.

Gewiß: Hätte man dieses Buch mit den Bestimmungstafeln bereits in der Tasche gehabt, würde man selbst herausbekommen
haben, welches Tier dort über das moorige Rinnsal gezogen
war. Und nachdem wir nun all die feinen Unterschiede der
Trittsiegel und anderen Verräter studiert haben, wissen wir
auch, wie wichtig es ist, in unserer Pirschtasche so ausgefallene
Dinge wie Zentimetermaß und Lupe bei uns zu haben.

Nur eines ist noch unklar: Wieso hätte der »erfahrene Waldläufer« vermutet, daß es sich bei der Rehfährte um einen älteren
Bock gehandelt habe? Ganz einfach! Er weiß einiges mehr von
dem jahreszeitlich gebundenen Leben der Wildtiere. Und das ist
noch wichtiger, als nur aus Trittsiegeln, Fraßspuren oder Gewöllen seine Schlüsse zu ziehen. Doch damit werden wir uns
später beschäftigen. Hier wollen wir uns erst über die obengenannten waldläuferischen Tätigkeiten, die so viel Ähnlichkeit
mit der Jägerei haben, einig werden.

Die Streife:

Wenn ein Waldläufer ein Gebiet oder sein Beobachtungsrevier
durchstreift, geht es ihm um das **Erkunden und Entdecken
von etwas Neuem**. Eine spannende Sache also, wobei weder
die Tagesstunde noch die überhaupt zur Verfügung stehende
Zeit bzw. die Entfernung ausschlaggebend sind. Selbst in unmittelbarer Nachbarschaft gibt es Flächen, die nicht mit Asphalt
oder Pflaster überzogen sind. Überall lebt und webt die Natur.
Es kommt nur darauf an, auch das Kleinste wichtig zu nehmen.
Wie oft ist einmal eine Stunde übrig. Dann gehen wir doch
eben hinüber auf das brachliegende Grundstück, um die große
Brennessel- und Distelwildnis zu durchforschen, den nahen
Tümpel oder jene Brombeerhecke, die die Gärtnerei von der
Kleingartensiedlung abtrennt. Ist es etwa nichts, wenn wir dort
einen nach Nahrung umherstöbernden Igel entdecken, den Bau
einer Waldpitzmaus in einer verlassenen Maulwurfshöhle oder
gar auf einem Zweig ein unbekanntes braunes Tier mit rotgel-
bem Bauch und langem Quastenschwanz – einen Gartenschläfer, wie wir dann in unserem Bestimmungsbuch feststellen?
Steht mehr Zeit zur Verfügung, ein ganzer Nachmittag oder

gar der ganze Sonntag, dann zieht's uns natürlich hinaus in die Wildmarken, in unser Forschungs- und Beobachtungsrevier, in die Einsamkeit der Wälder oder einen Bach entlang von der Quelle bis zur Mündung — in waldläufergerechter Kleidung und Ausrüstung, versteht sich! Oder es geht ans Flußufer, ins Moor, in zerfallene Gebäude, in die Schilfdickichte des Sees, in eine Bergschlucht, an den Strand.

Wenn wir nur unsere Augen und Ohren wirklich offen halten, uns waldläufermäßig benehmen und auch das Kleinste und Unbedeutendste beachten, werden wir uns wundern, was es dort überall Geheimnisvolles zu sehen und zu entdecken gibt.

Für Gruppen, wie etwa Pfadfindersippen, sei hier noch gesagt, daß es unzweckmäßig ist, zu zahlreich auf Streife zu gehen. Zwei bis drei Jungen oder Mädchen sind gerade richtig. Der Erfahrenste soll die Streife führen. Wenn es mehr sind, trennt man sich in zwei oder drei Gruppen. Jüngere und Neulinge müssen mit einem älteren Waldläufer zusammen gehen. Streng soll dieser darauf achten, daß die Gesetze der Streife (Lautlosigkeit und waldgerechtes Verhalten) beachtet werden. Er muß ihnen immer wieder die vielen Kleinigkeiten am Rande des Wildpfades zeigen, damit sich ihr Blick weitet und sie den Sinn der Streife verstehen. Keine Aufgabe ist dankbarer, als Jüngere in das große Abenteuer der Waldläuferei einzuführen. In jeder Gruppe soll es zur Regel werden, daß sich die daran Interessierten zu einer bestimmten Zeit verabreden und für ein paar Stunden auf Streife gehen. Jede Fahrt oder Großfahrt soll täglich eine Streife durch die Natur des unbekannten Landstrichs auf dem Programm haben.

Nach dem bisher Gesagten hat sicherlich jeder gemerkt, daß Streife ein spannendes Forschungs- und Entdeckungsunternehmen ist. Eine Streife kann eine Stunde dauern oder einen ganzen Tag. Sie kann einen großen Wald zum Ziel haben oder auch nur ein Kleinbiotop, wie zum Beispiel einen Tümpel, eine Naturhecke, ja sogar einen Straßengraben.

Die Pirsch:

Im Gegensatz zur Streife hat die Pirsch den Zweck, **ein bestimmtes Wildtier** — groß oder klein, ein Hirschrudel oder einen bestimmten Vogel — **zu suchen, um es zu beobach-**

ten. Hierbei muß vorausgesetzt werden, daß der Waldläufer etwa weiß, wo sich dieses Tier wann aufhalten wird. Diese Kenntnis hat er von früheren Streifen, durch das Auffinden von Verrätern an bestimmten Stellen oder durch sein Wissen um die Lebensgewohnheiten des betreffenden Tieres.

Die Pirsch verlangt mehr Erfahrung und Vorbereitung als die Streife. Dabei ist es ein Unterschied, ob man eine Wiedehopf-Nesthöhle anpirscht, um zu sehen, ob die Jungen schon geschlüpft sind, oder ob man in einer kalten Oktobernacht mitten im dunklen Forst die Waldwiese anpirscht, um das Orgeln (Brunftruf) des Platzhirsches zu hören oder im ziehenden Nebel dessen Kampf mit einem Nebenbuhler um den Besitz des Rudels der Tiere (weibliche Hirsche) zu beobachten.

Während man bei der Streife die Erlebnisse mehr dem Zufall überläßt, erfordert eine Pirsch Vorausüberlegungen und Vorbereitungen. Hierzu gehören das Feststellen der allgemeinen Windrichtung, die Wahl des geeignetsten Annäherungsweges (gegen oder besser mit »halbem« Wind), das lautlose Gehen, die zweckmäßige Ausrüstung und das Wissen um die Verhaltensgewohnheiten des betreffenden Tieres. Pirschen erfordert also mehr waldläuferische Kenntnisse, als bei der Streife zunächst notwendig sind.

Der Ansitz:

Während die Pirsch also die Kunst ist, ein bestimmtes Tier zu finden, sich ihm zu nähern (ohne von ihm entdeckt zu werden) und es zu beobachten, gilt der **Ansitz** der **Beobachtung eines Tieres aus einer Tarnung heraus**. Ansitzen heißt, sich unter Beachtung der Windrichtung, der eigenen Bekleidung usw. an einem ausgewählten Platz so zu verstecken, daß man das erwartete Wildtier für längere Zeit beobachten kann.

Es ist auch möglich, sich in den Nachmittagsstunden an einer Lichtung anzusetzen, um zu sehen, wer da so alles zum Äsen heraustritt. Da das Ergebnis dem Zufall überlassen bleibt, hat der Ansitz in diesem Fall mehr mit der Streife zu tun, also mit allgemeiner Erkundung.

Ein Ansitzen ist sorgfältig vorzubereiten:

Der **Ansitzplatz** muß **vorher bekannt** sein. Man muß wissen, ob sich dort bereits eine Beobachtungseinrichtung (z.B. ei-

Ansitze

Erdansitz

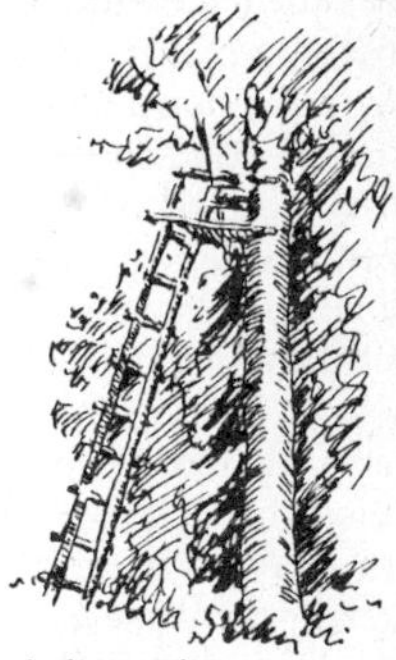

Leiteransitz

Erdlochansitz

Kanzelansitz

Ansitz mit Jagdstock

ne Kanzel, ein Erdansitz) befindet. Wenn nicht, muß man sich spätestens am Vortage etwas Entsprechendes bauen.

Die **Windrichtung** ist sorgfältig zu prüfen. Steht der Wind von hinten über das zu beobachtende Gelände hinweg, muß man sich einen anderen Platz suchen. Auch Wind von vorne ist nicht günstig, da die sich annähernden Wildtiere meist gegen den Wind ziehen und dann — von hinten kommend — den ansitzenden Waldläufer »winden« (riechen). Am besten ist es mit halbem (seitlichem) Wind. Auch der örtliche Wind ist zu prüfen (Asche-Röhrchen!). Es kann sein, daß er durch Hindernisse »küselt« und anders weht als der allgemeine Wind. Bei sehr starkem Wind ist ein Ansitz zwecklos, da das Wild dann mißtrauisch ist und seine Einstände nicht verläßt.

Dem eigenen **Annäherungsweg** ist besondere Aufmerksamkeit zu schenken. Er muß gut begehbar und ohne »Geknäck« sein. Auch darf er die vermutete Herkunftsrichtung des Wildtiers nicht kreuzen. Das Wildtier wittert die neue Menschenspur sofort und erscheint nicht.

Ein Ansitz **dauert meist länger, als man denkt**, denn kein echter Waldläufer wird — wenn er genug gesehen hat — rücksichtslos von seinem Hochsitz »abbaumen« und dabei das Wild erschrecken. Er wartet geduldig auf eine günstige Gelegenheit! Auf dieses Warten muß er hinsichtlich Bekleidung, Ausrüstung und Verpflegung eingestellt sein (z.B. kein knisterndes Butterbrotpapier, sondern Schnitten in einem Tuch mitnehmen; Thermosflasche mit warmem Getränk usw.). Geduld ist die wichtigste Eigenschaft eines Waldläufers beim Ansitz. Er wird dabei aber durch interessante Beobachtungen unerwarteter anderer Tiere entschädigt werden.

Die Krönung dieser Beobachtungsweise ist der Ansitz vor den Bauen besonders scheuer Tiere (z.B. Fuchsbau, Dachsbau, Horste bestimmter Greifvögel oder Nester von Bodenbrütern). Hier gilt es, will man Erfolg haben, außerordentlich vorsichtig zu sein und unter Umständen schon Tage oder Wochen vorher einen entsprechenden Beobachtungsstand vorzubereiten.

Bau eines Ansitzes

Wohl nur selten wird ein Waldläufer auf seinem ausgewählten Ansitzplatz eine jagdliche Einrichtung (z.B. eine Leiter oder eine Kanzel) vorfinden, denn er geht von anderen Voraussetzungen aus als der Jäger. Für beide gilt aber **gutes Sichtfeld** nötig. Und für beide gilt, daß man mehrere Stunden reglos in seinem Versteck zubringen muß. Wer da glaubt, eine so lange Zeit auf dem bloßen Erdboden hockend, auf einem Stein oder Baumstumpf kauernd oder gar auf einer Astgabel im Baum sitzend verbringen zu können, der irrt und mutet seinem Gesäß Unmenschliches zu! Ein Beobachtungsversteck muß für den Benutzer leidlich bequem sein und neben einem Brett in Sitzhöhe und einer Anlehnungsmöglichkeit vor allem genügend Platz für die Beine haben.

Ein **Erdansitz** an einer gut ausgewählten Stelle wird in Form einer primitiven Bank gebaut, zumal wenn man den Waldläuferansitz häufiger benutzen will. Dazu gehört eine **Tarnung** in Form eines Schirms aus vorgesteckten Zweigen, falls man nicht einen geeigneten Busch in die Anlage einbeziehen kann. Weitere Voraussetzung ist ein dunkler Hintergrund, damit das Wildtier Eigenbewegungen nicht erkennt.

Die gleichen Bedingungen gelten für den **Ansitz auf dem Jagdstock**. Da dieses Ansitzen meist spontan erfolgt, kann man sich in Deckung eines Busches, eines Holzstoßes oder einer anderen natürlichen Tarnung setzen. Auf jeden Fall ist längeres Sitzen auf einem über zwei Pfähle genagelten Brett bequemer als auf der kleinen Lederfläche des Jagdstocks.

Hat man die Absicht, ein Geländestück häufig zu beobachten — auch bei ungünstiger Witterung, im Herbst, Winter, Frühjahr —, so baut man sich in Erdloch, das man komfortabel ausgestalten kann. Dabei muß der frische Erdaushub besonders gut getarnt werden. Ein **Erdloch-Ansitz** hat nicht nur den Vorteil, daß man aus Sicht des Wildes buchstäblich vom Erdboden verschwunden ist, daß ein ungünstiger Wind nicht so viel Eigenwitterung mitnimmt, daß Eigengeräusche gedämpft werden, sondern daß man mit einer darübergespannten Zeltbahn ein Dach über dem Kopf hat, was nicht nur bei Regen von Wert ist, sondern auch bei Kälte. In der Erde ist es wesentlich wärmer und geschützter als auf oder gar über dem Boden, hoch oben in der zugigen Kanzel.

Vor dem Bau eines festen Erdansitzes oder Erdloch-Ansitzes sollte man das Einverständnis des Försters oder Waldbesitzers einholen. Es ist selbstverständlich, daß man Erdansitze, die nicht mehr genutzt werden, wieder beseitigt, und zwar spurlos!

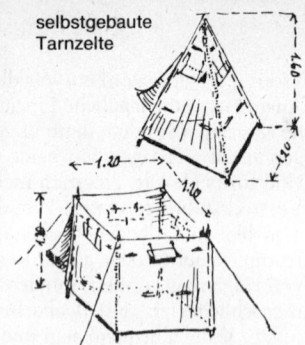

selbstgebaute Tarnzelte

Bau eines Tarnzeltes

Im übrigen wird sich ein Waldläufer irgendwann sein eigenes Beobachtungszelt anschaffen oder selbst bauen. Damit wäre er von allen Ansitzanlagen unabhängig. Ein solches Beobachtungszelt wird vor allem von Tierfotografen benötigt, die für ihre umfangreiche Ausrüstung und die damit verbundenen Handhabungen mehr Platz benötigen als die nur mit dem Feldstecher »bewaffneten« Waldläufer.

Dem Erfindungsreichtum eines »Bastlers auf Mutters Nähmaschine« (oder mit der Hand) sind hinsichtlich Konstruktion, Form und Größe keine Grenzen gesetzt. Das Tarnzelt sollte ringsum geschlossen und die Farbe der Natur angepaßt sein. Man kann Rupfen (Sackleinwand) verwenden oder — falls das Tarnzelt wetterfest werden soll — Zeltstoff, der später mit dunklen Farbtupfen noch unauffälliger bemalt wird. Nach allen Seiten sind verschließbare Beobachtungsluken einzunähen und an den Außenseiten Schlaufen, um Zweige zur Tarnung einstecken zu können.

Das Zelt muß so hoch geplant werden, daß man in ihm sitzen kann, also etwa 1,10 bis 1,20 Meter. Um mit dem Zelt wirklich unabhängig zu sein, genügt es nicht, eine Aufhängevorrichtung für einen Ast vorzusehen. Gewöhnlich ist nämlich dort, wo man ihn zum Aufhängen der Zeltspitze benötigt, weit und breit keiner zu finden. Man muß sich schon ein einfaches zusammensteckbares Gestänge basteln.

82

Wildtierkunde

Es wäre eine ziemliche Blamage, wenn ein angehender Waldläufer ein Damtier wegen seiner Rückenflecken für ein Rot-
hirschkalb, ein Bläßhuhn für eine Wildente oder einen am
Waldrand entlangstreichenden Habicht für einen Mäusebussard
halten würde. Die Kenntnis vom Aussehen der Wildtiere, ihrer
Verhaltens- und Lebensweise ist nicht nur für den Allround-
Waldläufer eine Ehrensache, sondern ganz besonders für den
»Spezialisten«, das heißt für den Liebhaber eines jener Sonder-
gebiete, auf die wir später eingehen wollen.

Im Unterschied zu den Jägern verstehen wir in der Waldläuferei
unter »Wildtiere« nicht nur das jagdbare Wild, sondern alle
freilebenden Tiere — also auch Kleinnager, Vögel, Fische usw.
Das sind recht viele, und es würde den Rahmen unseres Wald-
läufer-Taschenbuchs sprengen, wollten wir sie hier alle abhan-
deln. Wer also von dem einen oder anderen Tier mehr wissen
will — und das gilt wiederum für die Spezialisten, die sich für
eine bestimmte Tierart (z.B. Singvögel oder Lurche) besonders
interessieren —, muß weiterführende Fachbücher studieren.

In diesem Abschnitt wollen wir aber doch möglichst viele Tierarten so weit beschreiben, daß ein Waldläufer sie bestimmen
und sich ihre Verhaltensweisen erklären kann. Mit anderen
Worten: Mit den Angaben dieses Buches sollte es möglich sein,
die Tiere zu erkennen und über ihr Vorkommen, ihr Leben und
ihre Lebensgewohnheiten das Wichtigste zu erfahren.

Vorweg noch eines: Wir haben uns schon die ganze Zeit schwer
getan, die Tiere, ihre Sinnesorgane, Gliedmaßen, Lebensäuße-
rungen usw. richtig, das heißt waldläufergerecht zu bezeichnen. Gemeint ist hier die **Jägersprache**.

Über die Ausdrucksweise der Forstleute wird sich mancher oft
gewundert und vielleicht (wegen ihrer Unverständlichkeit) ge-
ärgert haben. Da machen — so wird er gedacht haben — diese
Jäger aus ihrer ganz verständlichen Tätigkeit wieder eine Ge-
heimwissenschaft, damit ein Laie nichts mehr davon versteht.
Nun, eine solche Absicht mag für viele andere Wissensgebiete
vielleicht zutreffen, nicht aber für die Jägerei! Die Sprache des
Waidmannes ist uralt und meist aus dem Altdeutschen über-
kommen. Sie ist in ihrer Ausdrucksweise so schön und treffend,

daß sie mit Worten unserer Alltagssprache gar nicht ersetzt werden kann. Wieviel anschaulicher, knapper und bildhafter klingt es beispielsweise, wenn man hört: »Eine Rotte Sauen steht im Gebräch«, anstatt: »Mehrere Wildschweine wühlen mit ihren Schnauzen im Waldboden nach Nahrung.«

Das ist der Hauptgrund, warum die Jägersprache auch die der Waldläufer ist. Wir sollten uns bemühen, sie richtig anzuwenden, ohne indessen ins Extreme zu fallen und zu übertreiben, wie das manche Jäger tun. Deshalb müssen wir uns mit den wichtigsten Ausdrücken der Jägersprache vertraut machen.

Schalenwild

Zum Schalenwild zählen alle Wildtiere, die auf Schalen (Klauen) laufen. In der Biologie bezeichnet man sie als Paarhufer. Diese unterteilen sich in **nicht-wiederkäuendes Schalenwild**, z.B. Schwarzwild (Wildschweine), und **wiederkäuendes Schalenwild**, z.B. Hirsche.

Beim wiederkäuenden Schalenwild unterscheidet man die **geweihtragenden Hirsche** (deren aus Knochensubstanz gebildetes Geweih oder Gehörn nur von männlichen Tieren, Ausnahme Ren, getragen, jährlich abgeworfen und neu gebildet wird) vom **hörnertragenden Schalenwild** (deren »Kopfwaffen« aus innen hohlen Hornschalen gebildet sind, von beiden Geschlechtern getragen und nicht abgeworfen werden).

Zu den Hirschen gehören: Elch, Rothirsch, Damhirsch, Sikahirsch, Weißwedelhirsch, Muntjak, Rentier und Reh. Zum hörnertragenden Schalenwild gehören: Wisent, Moschusochse, Mufflon, Gemse und Steinbock.

Elch:

Lebensraum dieser größten europäischen Hirschart sind die Bruchwälder Skandinaviens mit ihren Mooren, Tundren, zahllosen Seen und endlosen Forsten. Allein in Schweden schätzt man den Elchbestand auf über 250 000 Stück, von denen jährlich 20 000 erlegt werden müssen.

Die urige Gestalt der Elche ist gekennzeichnet durch den hohen Widerrist (bis 2,30 Meter), den nach hinten abgesenkten Rücken, das massige Haupt mit den langen Lauschern (Ohren), die

Europäische Hirsche

Elch

Sikahirsch

Rothirsch

Damhirsch

Weißwedel-
hirsch

Muntjak

Ramsnase, das Schaufelgeweih der männlichen Tiere, deren behaarten Kehlsack (Bart) sowie den Kontrast zwischen dem Grauweiß der Bauchpartie und der Läufe und dem Braun bis Schwarzgrau der übrigen grobhaarigen Decke (Fell).

Das männliche Tier heißt »Schaufler«, das weibliche »Elchtier«, das Jungtier »Elchkalb«. Elche halten sich paarweise einzeln. Dennoch werden in der Brunftzeit (August bis Okober) unter den Schauflern häufig schwere Rivalenkämpfe ausgetragen. Nach einer Tragezeit von 9 Monaten setzt das Elchtier meist zwei Kälber, die sie gegen alle Angreifer (auch vermeintliche) mit ihren hart schlagenden Hinterläufen verteidigt und dabei selbst Menschen angreift. Die Kälber sind rotbraun und nach drei Jahren ausgewachsen. Im Oktober-November wirft der Schaufler sein Geweih ab. Er benötigt 8 Monate bis zur »Fegezeit« (Anfang Juli), um ein neues Geweih zu entwickeln.

Das Elchwild hat seine Einstände in schwer zugänglichen Waldungen und vagabundiert weit umher. Es äst auf Wiesen, Kahlschlägen, feuchtem Ödland, an Seeufern und (mit Vorliebe bis zum Bauch im Wasser stehend) in verwachsenen Sumpfseen. Hauptnahrung sind Zweige, Blätter, Rinden von Weichhölzern (Erlen, Espen, Birken), Kräuter, Feldfrüchte, Getreide und als Leckerbissen Unterwasserpflanzen. Selbst größere Seen durchrinnen (durchschwimmen) Elche und ziehen in einer Nacht bis zu 50 Kilometer weit. Als vorsichtige Dämmerungstiere sind sie nur dort, wo sie sich sicher fühlen, auch tagsüber auf den Läufen. Bei gutem Gehör und Witterungsvermögen äugen (sehen) sie nur mittelmäßig.

Zum **Beobachten von Elchen** sind Streife und Pirsch ungeeignet, da die Tiere keine bestimmten Äsungsplätze und Wechsel einhalten. Lediglich eine Streife in der Dämmerungszeit, im langsam fahrenden geschlossenen Kraftfahrzeug ohne Licht, die einsamen Forst- und Holzabfuhrwege entlang, kann Erfolg haben, da Elche vor Autos nicht scheuen. Man darf aber weder aussteigen, noch die Scheiben herunterkurbeln!

Am zweckmäßigsten ist **Ansitz** bei günstigem Wind an einem verkrauteten Seeufer, wo frische Trittsiegel und andere Verräter auf einen häufig besuchten Wasseräsungsplatz hindeuten. Dabei sollte man Mückenschleier, »Dschungelöl« und eine moskitoschützende Vermummung nicht vergessen. Große, für uns erreichbare Elchreviere gibt es in Schweden schon zwischen und beiderseits des Vättern- und Vänernsees, vor allem aber in den nördlich angrenzenden Provinzen Värmland und Dalarna. Weiteres s. S. 44 (Trittsiegel), 54 (Schälungen), 58 (Verbißstellen), 63 (Losung).

Rothirsch

Rotwild:

Große Forste mit Laubwaldbeständen, ausgedehnten Dickungen und Waldwiesen sind der Lebensraum des Rotwildes.

Mit einer Widerristhöhe von 1,50 Meter und 2,50 Meter Länge ist der Rothirsch die größte in Deutschland lebende Hirschart. Sein kräftiger, rotbraun schimmernder Körper (Winterdecke graubraun und wollig) und das mächtige Haupt mit der vielsprossigen Geweihkrone über der dunkleren Halsmähne (Kragen) machen ihn zum edelsten Tier der »Hohen Jagd«.

Das männliche Rotwild heißt Hirsch. Ein Junghirsch mit zweisprossigem Geweih wird Spießer, mit viersprossigem Geweih Gabler, dann Sechsender, Achtender, Zehnender usw. genannt. Ein ungerader Zehnender ist ein Hirsch, dessen eine Geweihstange 5 Enden und die andere nur 4 Enden zählt. Entsprechendes gilt für ungerade Zwölfender usw. Vom Zwanzigender ab wird ein Hirsch als Kapitalhirsch bezeichnet.

Im Februar (daher die altdeutsche Monatsbezeichnung Hornung) wirft der Hirsch sein Geweih ab und beginnt ein neues, meist stärkeres nachzuschieben. Dieses ist anfangs empfindlich und wird durch den Bast (eine dicke, von Blutadern durchzogene Fellhaut) geschützt. In diesem Zustand lebt der Hirsch in Dickungen. Man bezeichnet ihn als Kolbenhirsch. Später in der Fegezeit (Juli bis September) wird der inzwischen eingetrocknete Bast durch Geweihschlagen an jungen Bäumen und Büschen abgestreift (gefegt). Die Zahl der Geweihsprossen hängt nicht vom Alter ab, sondern von Veranlagung und Ernährung. Ab etwa dem 12. Lebensjahr beginnt das Geweih, sich zurückzubilden. Sehr alte Hirsche, die dann nur noch gefährliche Geweihspieße schieben, werden zu Schad- oder Mörderhirschen, weil sie jüngeren Hirschen während der Brunftkämpfe durch Forkeln tödliche Verletzungen beibringen können.

Das weibliche Rotwild heißt Tier (nicht Hirschkuh!). Es wird zunächst als Schmaltier, dann — wenn es zum erstenmal gesetzt hat (ein Junges bekommen hat) — als Alttier und später — wenn es nicht mehr setzt — als Gelttier bezeichnet. Das Tier ist kleiner als der Hirsch. Nach viermonatiger Tragezeit setzt es im Juni ein bis zwei Kälber (männlich: Hirschkalb, weiblich: Wildkalb), mit denen es zunächst sehr heimlich lebt, später aber mit anderen führenden Tieren sowie Junghirschen zum Rudel zusammenfindet, das von einem erfahrenen Leittier (das stets selbst ein Kalb hat) angeführt wird.

Stärkere Hirsche schließen sich ebenfalls zu Trupps zusammen. Nur sehr starke Hirsche bleiben Einzelgänger. Während der Brunft (September, Oktober) verteidigt der Platzhirsch das Rudel seiner Tiere gegen Rivalen. Diese Zweikämpfe enden selten mit ernsthaften Verletzungen, sondern meist mit der Flucht des Unterlegenen. In dieser Zeit dröhnt abends und nachts das Knören, Mahnen und Orgeln der brünftigen Hirsche von nah und fern durch die Hochwildreviere.

Rotwild pflegt tags in Dickungen zu ruhen, abends zu Felde und frühmorgens zurück in seine Tageseinstände, zu Holze, zu ziehen. Kräuter, Gras, Blätter, junge Triebe und Wildfrüchte bilden die Hauptnahrung. Durch das Schälen der Rinde junger Bäume und das Äsen in Getreide-, Klee- und Kartoffelfeldern kann erheblicher Schaden entstehen, der durch Anlegen sogenannter Wildäcker (mit Klee, Seradella, Luzerne, Lupinen, Mais usw.) und Zusatz-Winterfütterung (Rauhfutter, Silage, Rüben, Kastanien, Eicheln, Mais) in Grenzen gehalten wird.

Beobachtungsmöglichkeiten bieten sich dem Waldläufer durch Pirsch und Ansitz an den Äsungswiesen (Wildäckern), an den Hauptwechseln oder im Winter an den Raufen der Fütterungsplätze. Niemals angepirscht wird ruhendes Wild in seinen Einständen! Ein unvergeßliches Erlebnis im September-Oktober ist die nächtliche Hirschbrunft auf den Waldwiesen. Weiteres s. S. 42 (Trittsiegel, Fährten), 54 (Schälstellen), 58 (Verbißstellen), 59 (Fegestellen, Schlagstellen, Suhle, Wechsel), 63 (Losung).

Damwild:

In einer kultivierten Landschaft mit ausgewogenen Waldbe-
ständen aus Mischholz, Strauchflora sowie Feldern, Äckern und
Wiesen fühlt sich das bei uns seit dem frühen Mittelalter aus
Kleinasien eingebürgerte Damwild vor allem in den feuchten,
mastreichen Niederungen Norddeutschlands wohl.

In seiner Größe (Widerristhöhe ca. 1 Meter) steht es zwischen
dem Rot- und dem Rehwild. Die Färbung des Sommerfells ist
rostrot mit weißen Flecken und dunklem Rückenstreifen.
Bauchfell, Spiegel und die Innenseiten der Läufe sind weiß. Die
graubraune Winterdecke zeigt die weißen Stellen verwasche-
ner. Es gibt zahlreiche Farbmutationen. Schwarze, gelbliche, ja
sogar weiße Stücke sind nicht selten. Charakteristisch sind die
langen Wedel (Schwänze), die in ständiger Bewegung sind, sowie die Schaufelgeweihe der männlichen Tiere, die allerdings
erst im 6. Lebensjahr voll ausgebildet werden.

Der Damhirsch wird nicht nach der Zahl der Enden seines Geweihs bezeichnet, sondern nach der Form seiner Schaufelausbil-
dung. Man unterscheidet den Damspießer und Löffler, dann
den Halbschaufler, den Knieper, den Guten Schaufler und den
Kapitalschaufler. Ab dem 10. Lebensjahr geht die Entwicklung
der Schaufeln zurück. Im April-Mai werden sie abgeworfen und
die neugebildeten Schaufeln im August-September gefegt.

Die Bezeichnung der weiblichen Tiere (Kahlwild) ist ähnlich wie
beim Rotwild: Damkalb, Damschmaltier und Damtier. Im Gegensatz zum Rotwild lebt das Damwild — einschließlich der
Schaufler — gesellig im Rudel, das in großen Revieren bis zu
hundert Stück betragen kann. Häufig treten diese Rudel Wanderungen an und erscheinen dann in Revieren, in denen sie
vorher nicht heimisch waren. Im Gegensatz zum Rotwild werden die Rudel stets vom stärksten Schaufler geführt. Im Juli
ziehen sich beschlagene Tiere nach siebenmonatiger Tragezeit
zurück und setzen ein bis zwei Damkälber.

Zu Beginn der Brunft (Mitte Oktober) bereiten die älteren
Schaufler — die künftigen Platzhirsche — ihre Brunftplätze
durch Schlagen (mit den Läufen) von Brunftkuhlen (Vertiefungen) vor, in denen sie sich nach Nässen niedertun und das Kahlwild zu rufen beginnen (an- und abschwellendes rasselndes Rol-
len). Die Tiere ziehen dann allmählich zum Schaufler. Im Ge-

gensatz zum Rotwild findet die Brunft auch am Tage statt. Die Rivalenkämpfe werden allerdings nicht so heftig geführt.

Gesichtssinn, Gehör und Witterungsvermögen sind beim Damwild besonders gut entwickelt. Äsung ähnlich wie beim Rotwild. Im Gegensatz zu diesem suhlt Damwild nicht.

Beobachtungsmöglichkeit bietet Ansitz an den Äsungsplätzen. Pirsch ist wegen des guten Wahrnehmungsvermögens schwierig. Das gleiche gilt für das Anpirschen des schreienden Platzschauflers, da rings um die Brunftplätze Kahlwild und geringere Schaufler stehen. Weiteres s. S. 42 (Trittsiegel, Fährten), 54 (Schälstellen), 58 (Verbißstellen), 59 (Fege- und Plätzstellen), 63 (Losung).

Sikahirsch:

In einem ähnlich mastreichen Flachlandbiotop wie beim Damwild fühlt sich der aus Ostasien eingebürgerte Sikahirsch zu Hause. Er ist im Weserbergland, im Sauerland, in Schleswig-Holstein und Baden als Standwild heimisch.

In Körperform und Geweihbildung ähnelt er mehr dem Rot- als dem Damwild, ist jedoch deutlich kleiner. Lebensweise und waidmännische Bezeichnungen wie beim Rotwild. Wie das Damwild wandert Sikawild gerne. Bei Gefahr schart es sich zum Rudel zusammen.

Die dunkelbraune Sommerdecke ist hell gefleckt, im Winter schwarz mit weißem Spiegel, das Haupt dunkel und der Wedel kürzer als beim Damwild. Die Geweihbildung des Hirsches kommt nur selten über acht Enden hinaus. Im Juni setzen die Tiere meist zwei Kälber. Brunft im Oktober-November. Brunftschrei der Hirsche ähnelt einem hohen schrillen Pfeifen.

Weißwedelhirsch:

Der aus den südlichen USA in Finnland und Ostschweden eingebürgerte Weißwedelhirsch ist ein Waldbewohner und liebt nahe Gewässer. Mit seiner einfarbig fahlbraunen Decke, dem hellen Wedel und Spiegel ist er mit 1,10 Meter hohem Widerrist kleiner als das Rotwild, dem er sonst in Körperbau und Lebensweise ähnelt. Seine Geweihausbildung ist mit 80 cm Stangenlänge und bis zu 24 Enden ausgesprochen stark. Weiteres s. S. 44 (Trittsiegel).

Entwicklung von Schaufeln und Geweih

Damspießer

Spießer

Löffler

Gabler

Hauptschaufler

Sechser

Achter

Muntjak:

Wie der Sikahirsch stammt der Muntjakhirsch aus Ostasien und ist in Laubwäldern Frankreichs und Englands heimisch geworden. Mit seiner Widerristhöhe von nur 50 cm ist er noch kleiner als unser Rehwild. In seinem Körperbau ähnelt er einem Miniatur-Rothirsch, besitzt als »Waffen« aber hauerartige Eckzähne im Oberkiefer. Sein geringes, gegabeltes Geweih wächst aus zehn Zentimeter langen Rosenstöcken. Weiteres s. Bestimmungstafel S. 45 (Trittsiegel).

Rentier:

Das Rentier (nicht Renntier!) ist die Hirschart des hohen Nordens und die einzige Hirschart, die (seit 4000 v.Chr.) vom Menschen zum Herdentier gezähmt wurde. Noch um die Jahrhundertwende lebten nordische Völkerschaften (z.B. die Lappen oder Samen) ausschließlich von ihren Rentierherden. Das ganze Tier wurde als »Rohstoff« verwertet. Das Fleisch wurde gegessen, die Milch getrunken, Knochen und Geweih zu Gerätschaften verarbeitet, die Decke zu Bekleidung, Sehnen und Därme zu Riemen, Schnüren und Nähgarn, der Magen zum wasserdichten Behälter, die Haut der Blasen zu »Fensterscheiben«, ja selbst der Mageninhalt (Wiederkäuer!) wurde als Gemüse gegessen und die Tiere zu Reit- und Schlittenzugtieren abgerichtet. Noch heute besitzen die Lappen im nördlichen Skandinavien große Rentierherden. Aufgrund jahrhundertelanger Inzucht zeigen gezähmte Rentiere zahlreiche Farbmutationen. Sogar weiße (Albino-)Tiere sind nicht selten. Doch wir wollen hier vom freilebenden **Wildren** sprechen.

Bedingt durch Ernährungsprobleme, Stechmückenplage und Brunft ist das Wildren ein Wandertier und legt in seinen jährlichen Zügen bis zu 1 000 Kilometer zurück. In kleinen Rudeln ist es in den Gebirgen Südnorwegens mit ihren Bergtundren genauso anzutreffen wie in den Wäldern Mittelschwedens und den Mooren Lapplands bis hin zur Eismeerküste. Die Hufschalen des Rens können weit gespreizt werden und die höherliegenden Afterklauen sind ebenfalls zu klaffenden Nebenhufen entwickelt, um im Schnee oder den nordischen Mooren nicht einzusinken. Eigenartige Gelenkknackgeräusche verraten ein wanderndes Rentierrudel von weitem.

Das mit 1,10 Meter hohem Widerrist recht stattliche Wildren ersetzt im Winter sein einheitlich braunes, glattes Sommerfell durch eine 5 cm dicke graue Decke. Als einzige Hirschart schiebt auch das weibliche Tier ein Geweih, allerdings nicht ganz so groß wie das des Renhirsches, der in der Brunft (August-November) mit seinen Rivalen harte Kämpfe um das bis zu 40 Stück starke Tierrudel ausficht. Im Mai-Juni setzt das Tier nach siebenmonatiger Tragezeit ein Kalb, das im 2. Lebensjahr mit dem Schieben seines Geweihs beginnt. Wie die meisten Hirsche sind Geruchssinn und Gehör des Rens vorzüglich, während das Gesicht weniger gut entwickelt ist.

Den harten Lebensbedingungen entsprechend, äst das Ren alles, was es an pflanzlicher Kost bis hin zu Flechten und Moosen finden kann. Letztere schlägt es im Winter mit seinen Vorderläufen unter dem Schnee frei. Baumrinde schält es allerdings nie. Obwohl Wiederkäuer und Pflanzenfresser, verschmäht es selbst tierische Nahrung, wie Lemminge, Jungvögel, Eier und an den Strand geworfene Fische, nicht. Neben dem Menschen sind Wolf und Vielfraß Feinde des Ren. Sie reißen vor allem kranke Tiere und Kälber.

Beobachtungsmöglichkeiten für das Wildren ergeben sich bei Streife und Pirsch. Trotz der häufig zu findenden Renwechsel ist ein Ansitzen wegen der unsteten Wanderungen sinnlos. Für uns am ehesten erreichbar sind die Bergtundra-Hochplateaus im oberen Setesdal (Telemark/Südnorwegen), wo im Sommer stets kleine Rudel zu finden sind. Die Beobachtung der in den Wäldern verstreut lebenden Tiere der zahmen Herden dagegen ist leicht. Allerdings findet man sie erst ab dem 65. Breitengrad nach Norden hinauf in ganz Lappland. Weiteres s. S. 44 (Trittsiegel), 58 (Verbißstellen), 64 (Losung).

Reh:

Das Rehwild — in Deutschland häufigstes Schalenwild — ist in der Wahl seiner Lebensräume anpassungsfähig und kommt vom Flachland bis hinauf ins Gebirge überall vor. Am meisten sagen ihm parkähnliche Landschaften mit Strauchwerk, Wiesen, Feldflächen und Waldstücken mit Unterholz zu. Nach ihrem Lebensraum unterscheidet man Waldrehe, Feldrehe und Moorrehe. Sie sind durch unterschiedliche Verfärbung der Gehörne der Rehböcke — eine Folge des Gerbsäureeinflusses beim Fegen der für das jeweilige Biotop typischen Fegehölzer — kenntlich. So tragen Waldrehböcke ein dunkelbraunes (Nadelhölzer), Feldrehböcke ein gelblich helleres bis weißliches (Laubhölzer) und Moorböcke ein nahezu schwarzes Gehörn (Erlen). Das im Widerrist 80 cm hohe Rehwild wechselt im September seine rotbraune glatte Felldecke zur rauhen, graubraunen Winter-Haardecke.

Durch seine grazile Gestalt, die großen, mit langen Wimpern versehenen Seher (Augen), den weißen Muffelfleck über dem schwarzglänzenden Windfang (Nasenpartie) und den weißen Spiegel unterscheidet es sich von den sonst ähnlichen Rotwild-Schmaltieren. Die Kitze (Jungrehe) sind hellbraun mit weißen Rückenstreifen.

Das »Geweih« nennt der Waidmann Gehörn. Es wird nach Abwurf (im November-Dezember) sofort wieder nachgeschoben und im März-April gefegt. Je nach altersabhängiger Entwicklung des Gehörns bezeichnet man einen Rehbock als Kitzbock, Spießbock, Gabelbock, Sechser- oder Achterbock.

Die Bezeichnungen für das weibliche Reh sind Kitz, Schmalreh, Ricke (wenn es trägt oder ein Kitz führt) und Geltricke (wenn es nicht mehr setzt). Nach der Blattzeit (Brunft) setzt die Ricke nach zehnmonatiger Tragezeit 1 bis 3 Kitze (von denen man die männlichen Bockkitze nennt). Diese lange Tragezeit verhindert eine »Geburt« im unwirtlichen Spätwinter.

Von der Mitte des Sommers bis zur Blattzeit hält das Rehwild in Sprüngen (Rudeln) zusammen. Man spricht von einem Sprung Rehwild, der meist aus der Ricke, ihren heranwachsenden Kitzen und einem Bock besteht. Nach der Blattzeit und im Winter vereinigen sich diese »Familien« zu größeren Sprüngen von bis zu dreißig Stück.

Im Frühjahr lösen sich die Sprünge auf. Während die älteren Böcke ab April ihre durch Duftmarken genau begrenzten Einstandsreviere in harten Kämpfen gegen Rivalen zu verteidigen beginnen, setzen die Ricken im Mai-Juni in den Dickungen (Waldrehe) oder in Kornfeldern und hochgewachsenen Wiesen (Feldrehe) ihre weißgetupften Kitze, die sie einzeln zu verbergen pflegen (ablegen), um selbst in Ruhe der Nahrungsaufnahme nachgehen zu können.

Reh und Rentier

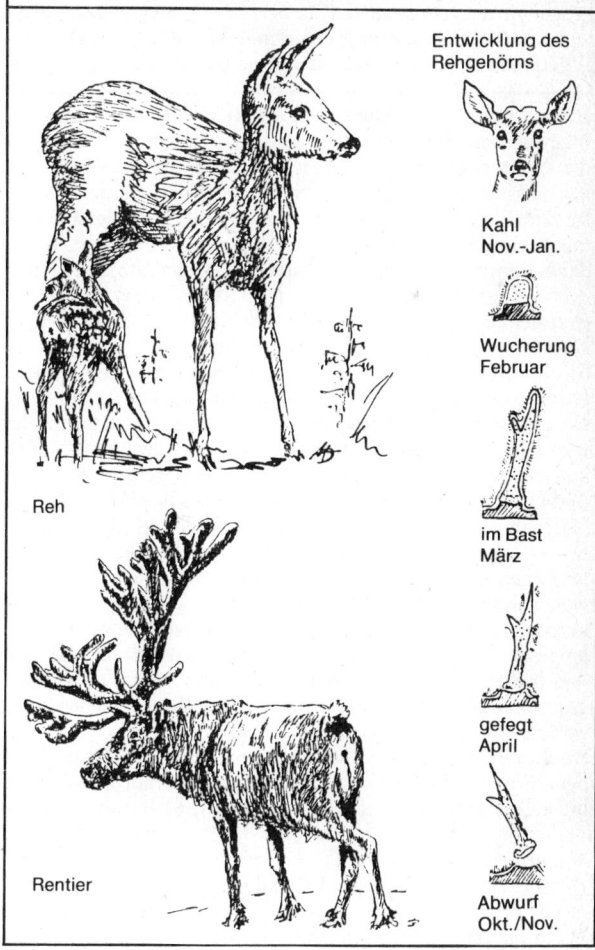

Entwicklung des
Rehgehörns

Reh

Rentier

Kahl
Nov.-Jan.

Wucherung
Februar

im Bast
März

gefegt
April

Abwurf
Okt./Nov.

Niemals darf man ein solches zufällig entdecktes und scheinbar »verlassenes« Kitz berühren, da es sonst wegen der Menschenwitterung von seiner Mutter nicht mehr angenommen wird und elend verhungern muß!

Erst nach 2 bis 3 Wochen zieht die Ricke mit ihren Kitzen gemeinsam zur Äsung. Sie wachsen rasch heran und bleiben bei der Mutter, bis sie nach deren erneutem Setzen − nunmehr fast ausgewachsen − abgesprengt (weggejagt) werden.

In der Blattzeit (Juli-August) locken die brünftigen Ricken durch Fiepen (ein sehnsüchtiges Pfeifen) die Böcke an, welche dann heftig zu treiben beginnen. Im Gegensatz zum Hirsch brunftet der Rehbock nur mit einer Ricke. Außer dem Fiepen (mit dem die Ricke ihr Kitz ruft oder in der Brunft den Bock) kennt man noch den Angstschrei (»Pijäh«), das Schrecken bei Störungen (ein rauhes »Bö-bö-bö« und das Schmälen (Schimpfen) des Bockes (ein zorniges »Bäh-bäh-bäh«).

Die Äsung des Rehwildes besteht aus Gräsern, Kräutern, Blättern, Trieben und Waldfrüchten. Das Schälen von Bäumen kommt nur selten in Notzeiten vor. Im Gegensatz zum Rot- und Damwild sieht das Äsen des Rehwilds wie ein wählerisches Naschen aus, mal hier ein bißchen, mal dort ein bißchen.

Im Sommer ruht das Rehwild tagsüber in den Dickungen bzw. im hohen Getreide. Abends tritt es auf Wiesen und Felder aus, wobei Jungwild, beschlagene und führende Ricken sich unbekümmerter als Böcke und Geltricken zeigen. Letztere sichern lange am Waldrand und werfen beim Äsen oft mißtrauisch auf. Am frühen Morgen wechselt das Rehwild zurück in seine Tageseinstände. Im Winter, bei sonnigem Wetter stehen große Sprünge auch tagsüber auf Blößen und Feldern.

Beobachtungsmöglichkeiten durch Pirsch und Ansitz wie beim Rotwild. Weiteres s. S. 42 (Trittsiegel, Fährten), 58 (Verbißstellen), 59 (Fegestellen, Plätzstellen), 63 (Losung).

Wisent:

Der Wisent ist, wie alle im folgenden beschriebenen Wildtiere, ein »hörnertragendes Schalenwild«. Einst war dieses große Wildrind, das mit dem nordamerikanischen Bison identisch ist, als Waldbewohner im ganzen nördlichen Eurasien heimisch. Infolge der im 16. und 17. Jahrhundert fortschreitenden Waldrodungen und der Bejagung starb es im 18. Jahrhundert in Europa aus, überlebte jedoch in zoologischen Gärten und wird neuerdings in deutschen Wildgehegen (Odenwald, Deister, Brandenburg) sowie in mehreren polnischen Revieren und im Kaukasus durch erfolgreiche Aufkreuzung mit amerikanischen Bisons erheblich in seinem Bestand vermehrt. Charakterisiert wird das in Rudeln lebende urige Wildrind durch seinen breiten, 1,60 Meter hohen Widerrist über den kurzen massigen Vorderläufen, die gelbbraune zottige Decke und das mächtige, tief gesenkte, mit wulstiger Hornplatte gepanzerte schwarze Haupt mit den hellen Hörnern über dem tief hängenden zottigen Halssack. **Beobachtung**: Freigehege Springe am Deister (Niedersachsen).

Mochusochse:

Auch der Moschusochse — einst die gesamten nördlichen Regionen Eurasiens bewohnend — war durch Bejagung vom Aussterben bedroht. In Norwegen ist das Moschuswild heute in kleinen Herden wieder erfolgreich angesiedelt worden.
Mit über 1,20 Meter Schulterhöhe, dem (den ganzen gedrungenen Körper bedeckenden und der arktischen Kälte trotzenden) fast einen Meter lang herabhängenden dicken Grannen- und Wollvliesfell und dem wuchtigen Stirnwulsthaupt (mit den nach unten geneigten Hörnern) bietet dieses wehrhafte Tundra-Wildrind einen besonders urigen Anblick. Bei Gefahr formiert sich die kleine Herde dicht an dicht mit tief gesenkten zottigen Häuptern rings um die Kälber und Jungtiere. — Ältere Bullen leben als Einzelgänger und greifen, falls sie sich bedroht fühlen, unverzüglich an. Die Moschuskühe setzen nach neunmonatiger Tragezeit alle zwei Jahre 1 bis 2 Kälber, die nach vier Jahren geschlechtsreif sind. Äsung wie Wildren.
Beobachtung: Pirsch und Streife im norwegischen Schutzgebiet westlich Röros.

Mufflon:

Das Muffelwild — als Wildschaf von der Eiszeit aus unseren Breiten in den Mittelmeerraum verdrängt — wurde seit 1840 in

Deutschland (und Dänemark) wieder in freier Wildbahn eingebürgert. Als ursprüngliches Bergwild (bis in 2 000 Meter Höhe) hat es sich auch in Flachlandrevieren eingelebt.

Die Decke dieses mit 75 cm Höhe recht stattlichen Wildschafes
ist im Sommer hell- bis rotbraun gefärbt, im Winter dunkel- bis
schwarzbraun, ohne jedoch den vom Hausschaf bekannten dik-
ken Wollvlies zu entwickeln. Der Widder ist kenntlich an der
Schabracke, einem grauweißen Rückenfleck, besonders aber an
den wulstigen Hörnern, den Schnecken, die nicht abgeworfen
werden, sondern immer weiter im Kreis herumwachsen und
schließlich eine Länge von 80 cm erreichen. In der Brunft (November-Dezember) rennen die rivalisierenden Widder gegen-
einander an und prallen mit gesenkten Häuptern krachend ge-
geneinander. Das Schaf, das weibliche Tier, hat kaum sichtbare
Hornansätze, ist kleiner, heller gefärbt und trägt keinen Sattel-
fleck. Nach fünfmonatiger Tragezeit setzt es Anfang Mai 1 bis 2
Lämmer, wofür es sich für einige Tage vom Rudel zurückzieht.
Muffelwild ist scheu. Es lebt in festen Rudeln überwiegend in
Wald mit Lichtungen, Blößen und Dickungen. Steiniger Untergrund oder Schotterflächen müssen vorhanden sein. Ältere
Widder sind Einzelgänger. Die Äsung besteht aus Gräsern,
Kräutern, Trieben von Nadel- und Laubhölzern, Beeren und
Waldfrüchten. Das Mufflon windet (wittert) und äugt (sieht)
sehr gut. Bei Gefahr stößt es ein zischendes Pfeifen aus. Ähn-
lich dem Hausschaf läßt es auch ein leises Meckern vernehmen,
das der Waidmann als Bähen bezeichnet.

Beobachtung: Streife und Pirsch am Tage. Ansitz wenig erfolgreich, da Muffelwild unstet umherwandert und keine festen
Wechsel hält. Weiteres s. S. 44 (Trittsiegel), 55 (Schälstellen),
64 (Losung).

Steinbock:

So, wie das Mufflon ein Wildschaf ist, ist der Steinbock eine
Wildziege, die bis auf kleine Bestände am Gran Paradiso (italie-
nische Alpen) ausgestorben war, nun aber in den Alpen, der
Hohen Tatra und im Kaukasus wieder heimisch geworden ist.
Das Steinwild lebt in der Felszone des Hochgebirges und ist
selbst im Winter nicht unter 2 000 Meter anzutreffen. An Klet-
terfähigkeit übertrifft der Steinbock die Gemse beträchtlich.

Wichtigstes Erkennungszeichen sind die mächtigen, einen Meter langen, säbelartig nach hinten gebogenen Wulsthörner des Bockes. Bei der Geiß, dem weiblichen Tier, sind sie wesentlich kürzer. Das braune schimmernde Sommerkleid weicht der fahlgrauen dicken Winterdecke mit weißlicher Unterwolle. Die spreizbaren Hufschalen sind vorzüglich zum Klettern geeignet. Das Steinwild äugt, windet und vernimmt sehr gut. Bei Gefahr warnt es durch kurze helle Pfiffe.

In der Brunft (Dezember-Januar) wird bei den Rivalenkämpfen mitunter der schwächere Bock durch Hornstöße zum Absturz gebracht. Die Geißen setzen nach sechsmonatiger Trächtigkeit im Juni 1 bis 2 hellbraune Kitze, die ihnen bereits nach wenigen Stunden auf den Kletterpartien zum Rudel folgen und als Ergänzung zur Milchnahrung bereits Pflanzen äsen.

Die Rudel der älteren Böcke halten sich von denen der Geißen, Kitze und Jungböcke getrennt. Tagsüber ruhen und sonnen sich die Steinwildrudel an der Südseite der Felspartien und steigen erst in der Dämmerung zum Äsen ab. Die Äsung besteht aus Kräutern, Gras, Flechten und Latschenzweigen.

Beobachtung: In Deutschland auf der »Röth« am Königssee und auf der »Benediktenwand« bei Benediktbeuern (Oberbayern); in Österreich Hauptkamm der Karawanken (Kärnten). Fernglasbeobachtung durch Tages- oder Abendansitz über 1 800 Meter Höhe. Anpirschen schwierig und mühsam.

Gemse:

Auch das Gamswild ist eine gut kletternde Wildziegenart. Als »Tagestier« lebt es in Rudeln in der Waldkammzone des Hochgebirges zwischen 700 und 3 000 Meter.

Das Erkennungsmerkmal dieser grazilen — im Sommer fahlbraunen, im Winter schwarz gefärbten — Kletterer sind die von den Böcken und Geißen gleichermaßen getragenen Krucken (gebogene Hörner), deren Größe von Jahr zu Jahr zunimmt, und die gelbweißen Abzeichen an Gesicht und Träger (Hals). Neben der größeren Körperform sind die Böcke auch am Gamsbart kenntlich, einem dunklen Rückenstreifen aus langem Winterhaar.

Das Verhalten der Gemsen ähnelt dem des Steinwildes. Auch sie bilden getrennte Rudel aus Böcken einerseits, Geißen, Kitzen und Jungböcken andererseits. Letztere können bis zu hundert Stück zählen und werden von einer erfahrenen Leitgams (Geiß) angeführt. Ältere Böcke stehen meist allein.

Nach der Brunft (November-Dezember) setzt die Geiß im Mai 1 bis 2 Kitze und stößt mit diesen wenige Tage später wieder zu ihrem Stammrudel.

Gamswild windet und vernimmt sehr gut, erkennt aber Bewegungen schlecht. An Lautäußerungen wird zwischen dem Blädeln, dem Brunftruf des Gamsbockes, und dem Meckern von Geißen und Kitzen unterschieden. Außerdem pflegen Gemsen bei Gefahr aus den Nasenlöchern einen hellen Pfeifton als Warnruf auszustoßen. Ihre Äsung ist die gleiche wie beim Steinbock.

Beobachtung: In europäischen Hochgebirgsregionen (Alpen, Pyrenäen, Karpathen) sowie im Elbsandsteingebirge und im Schwarzwald ab 800 Meter Höhe Ansitz mit dem Fernglas. Anpirschen möglich, aber schwierig und mühsam. Weiteres s. S. 44 (Trittsiegel), 64 (Losung).

Wildschwein:

In Europa (Ausnahme: Skandinavien und England) bestehen in nahezu allen größeren Waldgebieten Schwarzwildreviere. Das Wildschwein gehört zu den nicht wiederkäuenden Paarhufern. Es liebt große feuchte, mastreiche Laub- und Nadelholzwaldungen mit Dickungen und Sumpfstellen.

Die niedrige, gedrungene Gestalt, die grobborstige Schwarte (Fell), das kräftige Gebrech (Rüsselschnauze) mit dem besonders beim Keiler (männl. Wildschwein) ausgeprägten Gewaff (hauerartige, nach oben gerichtete Eckzähne in Unter- und Oberkiefer, Gewehre und Haderer genannt) charakterisieren dieses wehrhafte Wild, das — gereizt — auch dem Menschen gefährlich werden kann. Die Farbe der Schwarte ist im Sommer hellgrau glänzend, im Winter dunkelgrau bis schwarz. Wildschweine leben in Rotten (Rudeln) beisammen. Nur starke Keiler sind Einzelgänger und treten erst in der Rauschzeit (Brunft) zur Rotte. Sie sind Nachttiere, stecken am Tag in Dickungen oder hohen Getreidefeldern. Bei schwindendem Licht wechseln sie zu ihren Maststellen (Freßplätzen), wobei sie oft weite Entfernungen zurücklegen. Wenn der Morgen graut, besuchen sie

Europäisches Schalenwild

Wildschwein

Wisent

Gemse

Mufflon

Steinbock

Moschusochse

vor dem Einwechseln Tränken und Suhlen (s. S. 59). Dann schieben sie sich wieder in ihren Kessel (Tageseinstand) ein.

Beim männlichen Wildschwein, dem Keiler, unterscheidet man nach dem Alter: Frischlingskeiler, Überläuferkeiler, Keiler, angehendes und hauendes Schwein, Hauptschwein. Sie haben etwa die Größe der Bachen (weibl. Wildschweine), sind aber an den stärker ausgebildeten Waffen zu erkennen. Die Rauschzeit liegt im November-Dezember. Bei guten Mastjahren (guter Ernährung) folgt oft eine zweite im Sommer.

Die Bachen nennt man: Frischlingsbache, Überläuferbache, Bache und Alte Bache. Nach knapp viermonatiger Tragezeit schichtet die Bache an versteckter Stelle aus abgebissenen Nadelholzzweigen einen hüttenähnlichen Kegel auf, schiebt sich ein und formt durch Drehen ein nach allen Seiten geschütztes Frischbett (Kinderstube). Sie frischt (gebiert) im Februar-März 3 bis 10 graubraune, quicklebendige Junge mit orangegelben Rückenstreifen, die man Frischlinge nennt. Nach etwa 14 Tagen verläßt sie mit ihnen den Kessel (Lager), um zunächst allein, später mit der Rotte auf Mast zu gehen. Führende Bachen greifen unverzüglich an, wenn sie ihre Frischlinge bedroht fühlen. Ihre Hauptwaffen sind nicht das Gewaff, sondern die harten Vorderläufe und Gebisse. Der Fraß (Nahrung) der Sauen besteht aus Pflanzen, Waldfrüchten, Wurzeln — aber auch aus Kulturpflanzen wie Kartoffeln, Rüben, Getreide (wobei häufig erheblicher Schaden angerichtet wird). Außerdem vertilgen sie unzählige Insektenlarven, Puppen, Mäuse, Aas — hier und da auch Junghasen, abgelegte Kitze und Gelege von bodenbrütenden Vögeln. Ein feuchtes Stück Waldboden, das sie mit ihrem Gebrech nach Mast durchwühlt haben, nennt man Gebräch (auf »e« und »ä« achten!). Sauen sind durch dauerndes Blasen (Grunzen) und Klagen (Quieken) schon von weitem zu hören. Der Warnruf ist ein lautes »Wuff«. Schwarzwild äugt (sieht) schlecht, vernimmt (hört) um so besser und besitzt einen hervorragenden Geruchssinn.

Beobachtung: Ansitz bei masttragenden Baumbeständen, bei Suhlen, häufig besuchten Gebrächen oder im Winter an Fütterungen. Pirsch nur bei Neuschnee (Ausneuen). Bei Streifen in Schwarzwildrevieren kann man, wenn man Glück hat, Sauenrotten hören und sich anpirschen.

Hasen, Nager und Insektenfresser

Feldhase:

Die sich überall anpassenden Hasen kann man von den Meeresküsten bis ins Hochgebirge antreffen. Je nach Standorten unterscheidet man Feldhasen (die nur im freien Feld leben) und Waldhasen (die sich am Tag im Wald aufhalten und abends zum Äsen zu Felde rücken). Nur im Herbst, wenn im Wald das welke Laub raschelt, bleiben auch die Waldhasen im Freien. Der Hasenbalg (Fell) ist rötlichbraun mit weißer Unterwolle, die schwarzgespitzten Löffel (Ohren) haben die gleiche Länge wie der Kopf. Die charakteristische Blume (Schwanz) ist 10 cm lang, oben schwarz und unten weiß. Hasen sind Einzelgänger und haben ihr bestimmtes Einstandsgebiet, ständig benutzte Pässe (s. S. 59) und mehrere Sassen (Schlafmulden), die sie je nach Witterung (Windrichtung) beziehen. Die männlichen Hasen, die Rammler, liefern sich in der Rauschzeit (Begattungszeit, Januar bis August) im Kampf um die Häsinnen Gefechte und »ohrfeigen« sich mit den Vorderläufen, daß die Wolle (Fellhaar) fliegt. Die Häsin setzt nach 42-tägiger Tragezeit je 2 bis 3 behaarte und sehende Junghasen – drei- bis viermal im Jahr. Sie versteckt ihre Jungen und sucht sie nachts zum Säugen auf. Das erschwert den Feinden (Greifvögel, Krähen, Raubwild) das Auffinden der hilflosen Junghasen. (Beim zufälligen Entdecken solcher Junghasen s. S. 96!). Drei Wochen nach der Geburt sind die Junghasen selbständig.

Feldhasen lieben trockenen Boden und ein von Büschen und Hecken durchsetztes offenes Gelände. Sie nehmen nicht gut wahr, vernehmen und wittern um so besser. Bei Gefahr versuchen sie sich in ihrer Sasse zu drücken (unsichtbar zu machen). Erst im letzten Augenblick gehen sie flüchtig ab, wobei sie häufig Haken schlagen. Der Hase durchrinnt (durchschwimmt) auch Gewässer. Wenn er aufmerksam wird, macht er einen Kegel (setzt sich auf seine Hinterläufe). Wenn er ein Männchen baut, steht er sogar auf den hinteren Zehenspitzen. Dies ist auch – verbunden mit schlagenden Vorderläufen – seine Abwehrstellung gegen angreifende Krähen und den Habicht. In höchster Gefahr stößt er die Hasenklage aus (»o wei – o wei – o wei«), die an Kinderweinen erinnert.

Beobachtung: Ansitz morgens oder abends am Waldrand. Weiteres s. S. 44 (Trittsiegel, Spur), 55 (Nagespuren), 58 (Verbißstellen), 59 (Paß), 64 (Losung).

Schneehase:

Der Schneehase ist ein kleinerer Verwandter des Feldhasen und hat seinen Lebensraum im nördlichen Skandinavien und in den Alpen bis zu einer Höhe von 3 500 Meter. Er tauscht im Winter sein graubräunliches Sommerfell gegen einen schneeweißen Balg, bei dem nur die Spitzen der Löffel schwarz bleiben.

Wildkaninchen:

Man sollte denken, daß das Wildkaninchen, das die ganze Welt bewohnt, wegen seiner Ähnlichkeit mit dem Hasen auch ähnliche Lebensgewohnheiten hat. Weit gefehlt!

Im Gegensatz zum Hasen ist das kleinere Kaninchen ein geselliges Tier, das in Kolonien dicht beieinanderliegende Baue gräbt. Ein solcher Kaninchenbau — meist an einem Hang angelegt — besteht aus einem 40-50 cm unter der Erde liegenden Kessel (Wohnkammer), um den ein verflochtenes System von Gängen mit vielen Ein- und Ausfahrten gegraben ist. Über der Erde sind diese Ausfahrten durch Pässe verbunden.

Der Balg des Kaninchens ist grau und hat keine weiße Unterwolle. Seine Löffel (Ohren) sind kürzer und haben keine schwarzen Spitzen. Im Gegensatz zum Hasen setzt die Kaninchenhäsin nach 31-tägiger Tragedauer bis zu 12 nackte und blinde Jungkaninchen — und zwar bis zu siebenmal im Jahr! Hierzu gräbt sie außerhalb des Hauptbaues eine 1 Meter tiefe Setzröhre, die mit ausgerupfter Fellwolle und Heu ausgepolstert wird. Bei Verlassen wird die Einfahrt mit einem Pflanzenpfropf verschlossen, zugescharrt und mit Losung versiegelt.

Das Kaninchen ist — wiederum im Gegensatz zum scheuen Hasen — ein ausgesprochener Kulturfolger. Es bewohnt selbst Gärten und Parks in Großstädten. Auch dort gräbt es seinen Bau, wenn auch nicht so ausgedehnt, wie in der freien Natur. Bei Gefahr drückt es sich nicht — wie der Hase —, sondern es flitzt — nach warnendem Trommeln mit den Hinterläufen auf der Erde — in die schützende Deckung seines Baues. Ein klagendes Kaninchen stößt ein schrilles Pfeifen aus.

Beobachtung: Ansitz vor dem Bau oder an Äsungswiesen. Weiteres s. S. 44 (Trittsiegel, Spur), 55 (Nagespuren), 58 (Verbißstellen), 59 (Paß), 64 (Losung).

Eichhörnchen:

Mit Ausnahme baumloser Gebiete lebt das Eichhörnchen in einer rotbraunen und einer grauschwarzen Variante in ganz Europa. Es bevorzugt naturbelassene Nadelholzwaldungen. Der lange buschige Schwanz, das weiße Bauchfell und die typischen Pinselohren sind beiden Variationen gemeinsam.

Als munterer Baumbewohner hat jedes Tier außerhalb der Paarungszeit sein streng eingehaltenes und verteidigtes »Revier«, in dem es seinen Kobel, ein geschlossenes Zweignest von 30-40 cm Durchmesser nahe am Stamm mittelhoher Bäume, besitzt. In diesem mit Gras, Moos, Fasern und Haaren ausgepolsterten Nest verbringt es die Nächte und verschläft besonders kalte Wintertage. Es hält jedoch keinen Winterschlaf. Bei schlechter Witterung und wenn Junge im Kobel sind, wird das seitliche Einschlupfloch verschlossen. Häufig baut es sich Nebenkobel, die ihm im Sommer als Schlafstätte dienen.

Wenn in der Paarungszeit (Februar und Mai-Juni) der Eichkater in das Revier der Eichkatze eindringt, beginnt ein tolles Gejage mit viel Stimmaufwand, Imponiergehabe und Scheinkämpfen. Die Eichkatze wirft zweimal im Jahr (März und Juli) nach dreißigtägiger Trächtigkeit in ihrem Kobel bis zu 8 blinde und nackte Junge, die nach drei Monaten selbständig sind.

Eichhörnchen sind Allesfresser. Neben Waldfrüchten, Trieben und Knospen verschmähen sie auch Vogeleier, Pilze und sogar die süßen Ausscheidungen der Blattlauskolonien nicht. Eine Eigenart ist das Verstecken von Baumfrüchten als Wintervorrat. Da sie diese Verstecke häufig nicht wiederfinden, tragen sie zur natürlichen Vermehrung der Baumarten bei. – Eichhörnchen sehen und hören gut. Ihre Feinde im Baumbereich sind Marder und Habicht, auf dem Boden Fuchs, Iltis und größere Eulen. Sind sie erregt, beginnen sie entrüstet über die Störung zu schimpfen (»krrr – purr – wupp wupp«). In Rußland wird das Eichhörnchen wegen seines Pelzes (Feh) gejagt.

Beobachtung: Streife, Pirsch und Ansitz am Kobel. Diesen findet man im Winter durch Ausneuen. Weiteres s. S. 45

(Trittsiegel, Spur), 55 (Schälspuren), 60 und 61 (bearbeitete Früchte), 64 (Losung).

Grauhörnchen und Flughörnchen:
In England wurde Ende des 18. Jahrhunderts das etwas größere amerikanische Grauhörnchen eingebürgert und hat dort das europäische Eichhörnchen teilweise verdrängt. Sein Rückenpelz ist grau, der Bauchpelz grauweiß. Hauptunterscheidungsmerkmal sind die rundlichen Ohren ohne Pinsel.

In Finnland und im Baltikum lebt in Laubwäldern mit Birkenbeständen das 30 cm lange Zwerg-Flughörnchen. Als Kulturflüchter ist es ein Dämmerungs- und Nachttier. In Gestalt und Farbe ähnelt es einem großen Siebenschläfer. Mit seinen zwischen Vorder- und Hinterpfoten ausspannbaren Flughäuten kann es weite Segelflugsprünge machen.

Biber:
Biberkolonien gab es einst in ganz Europa. Wegen des wertvollen Pelzes und dem Rückgang ihrer Wasserbiotope waren sie fast ausgestorben.

Heute leben Biber in freier Wildbahn noch in Schweden, Norwegen, Finnland sowie in kleineren Schutzgebieten Deutschlands, Polens und Frankreichs.

Mit 30 kg Gewicht und bis zu 1,30 Meter Länge sind Biber die größten europäischen Nagetiere. Neben dem gedrungenen Körper sind vor allem die bis 35 cm lange graue Kelle (der zum Steuern verwendete, mit Hornplättchen bedeckte, breite, nackte Biberschwanz), die Schwimmhäute zwischen den fünfzehigen Hinterfüßen und das gelbrötliche Nagezahnpaar charakteristisch. Das aus Wollhaaren und schimmernden Grannenhaaren bestehende wertvolle Fell hat eine dunkelbraune Färbung mit einem orangen Kehlfleck.

Biber sind an Wasserlandschaften gebunden und leben paarweise in abgegrenzten Revieren. Am Ufer legen sie ihren Erdbau an. Dessen Einfahrt befindet sich unter Wasser, der Wohnkessel aber wegen Hochwassergefahr über dem Wasserspiegel. In sumpfigem Gelände mit flachen Ufern errichten sie ihre (aus selbstgeschnittenem und herangeschlepptem Knüppelholz gebauten, 1,50 Meter hohen) Biberburgen direkt im Wasser.

Hasen, Hörnchen, Biber

Feldhase

Feldhase in der Sasse

Wildkaninchen

Eichhörnchen

Flughörnchen

Grauhörnchen

Biber

Auch hier liegt die Einfahrt stets unter dem Spiegel, der Wohnkessel — oft zwei übereinander — über Wasser. Wenn das Wasser sinkt und die Baue trockenzufallen drohen, finden sich alle Biber einer Kolonie zusammen und bauen kunstvoll Staudämme. Über die Holzfällertätigkeit der Biber s. S. 56.
Nach der Paarungszeit (Februar-März), in der es zwischen rivalisierenden Bibern zu heftigen Beißkämpfen kommt, wirft das weibliche Tier nach dreieinhalbmonatiger Tragezeit im Juni bis zu 5 vollständig behaarte und sehende Jungbiber. Bis zur Ge-

schlechtsreife (nach 2 Jahren) leben die Jungbiber im elterlichen Bau und Revier. Dann bilden sie eigene »Familien« und suchen sich ein verlassenes oder noch nicht von Bibern bewohntes Einstandsgebiet.

Biber können vorzüglich schwimmen und bis zu 10 Minuten unter Wasser bleiben. Ihre Nahrung ist vegetarisch (Seerosen-, Kalmus- und Schwertlilienwurzeln, Kräuter, Gräser, Baumfrüchte, Wildobst und Baumrinde). Zur Winterbevorratung s. S. 56. Vor Feinden wird die Biberkolonie durch schallendes Klatschen mit dem Schwanz auf die Wasserfläche gewarnt.

Beobachtung: Ansitz am Bau; in der Bundesrepublik Reservate bei Günzburg und Neustadt an der Donau, am Schalsee bei Ratzeburg (Schleswig-Holstein); in der DDR bei Steckby/Elbe; in Frankreich im Rhône-Delta — sowie in freier Wildbahn in Skandinavien, vor allem in Schweden. Weiteres s. S. 46 (Trittsiegel, Spur), 56 (Schälstellen), 64 (Losung).

Sumpfbiber oder Nutria:

Das bis 15 cm hohe und mit Schwanz 90 cm lange (einer großen Ratte ähnliche) amphibisch lebende Nagetier — das außer mit den oben angegebenen Namen noch als Schweifbiber oder **Biberratte** bezeichnet wird — hat mit dem Biber nichts zu tun. Ursprünglich in Südamerika beheimatet und wegen seines kostbaren Pelzes geschätzt, hat es sich ab 1922 (auf entwichene Pelzfarmtiere zurückgehend) über fast alle mitteleuropäischen Länder ausgebreitet. Außer seinem rattenähnlichen Körper unterscheidet sich der Sumpfbiber vom Biber (und von der Bisamratte) durch seinen langen, runden und nackten »Rattenschwanz«. Das begehrte Fell ist gelb- bis dunkelbraun gefärbt. Die Hinterzehen sind mit Ausnahme der beiden äußersten durch Schwimmhäute verbunden.

Sumpfbiber leben kolonieweise in ihren Bauen, entweder in oberirdischen Schilfnestern oder in selbstgewühlten Erdlöchern in Uferböschungen. Die Einfahrten befinden sich über Wasser. Zweimal im Jahr wirft das weibliche Tier nach der langen Trächtigkeitsdauer von rund 130 Tagen bis zu 13 Junge, die voll entwickelt auf die Welt kommen und ihrer Mutter einige Tage nach der Geburt ins Wasser folgen. Nach sechs Monaten sind sie ausgewachsen.

Sumpfbiber sind Allesfresser. Ihre Nahrung besteht neben Baumrinde, Wasserpflanzen, Wurzeln und jungen Trieben aus Vogeleiern, Fischen, Schnecken und Krebsen. Als Dämmerungstiere sind sie sehr heimlich, sehen schlecht, vernehmen und wittern gut.

Bei Gefahr wetzen sie ihre großen Nagezähne, stoßen ein lautes Murren aus, springen selbst den Menschen an und verbeißen sich an ihm. Bei Auseinandersetzungen untereinander lassen sie ein schreiendes Quäken hören.

Beobachtung: Ansitz bei Sumpfbiberbauten. Weiteres s. S. 46 (Trittsiegel, Spur), 64 (Losung).

Bisamratte:

Auch die Bisamratte — ursprünglich in Nordamerika beheimatet — hat sich seit 1905 von Prag aus über ganz Mitteleuropa ausgebreitet. Der kastanienbraune Pelz ist sehr begehrt. Dennoch wird die Bisamratte verfolgt, denn diese amphibisch lebende große Wühlmaus bereitet durch Untergraben von Dämmen und Deichen erheblichen Schaden. Aufgrund ihrer Größe (etwa wie Wildkaninchen) kann sie weder mit dem größeren Biber noch mit den kleineren Schermäusen und Wanderratten verwechselt werden. Von dem etwa gleich großen Sumpfbiber unterscheidet sie sich deutlich durch ihren hochkant abgeflachten Ruderschwanz.

Abgesehen von Wanderungen im Frühjahr und Herbst sind Bisamratten standorttreu. Sie sind Dämmerungs- und Nachttiere, vorzügliche Schwimmer und Taucher, aber schwerfällig auf dem Lande. An Uferböschungen und Dämmen wühlen sie sich tiefe Baue mit zentralem Wohnkessel und zahlreichen Gängen. Die Einfahrten liegen stets unsichtbar unter Wasser. Zur Ventilation werden Luftschächte bis zur Oberfläche gegraben. In Sumpfgebieten werden — ähnlich den Biberburgen — aus Schilf und anderen Pflanzen im Flachwasser große Wohnburgen gebaut. In den Kesseln der Baue wirft das weibliche Tier nach der Paarungszeit (Februar-März) und 28 Tagen Tragezeit in drei bis vier Würfen je 7 bis 9 nackte und blinde Junge, die der Mutter bereits nach 20 Tagen ins Wasser folgen. — Bisamratten sind in erster Linie Pflanzenfresser, schädigen bestellte Äcker und verachten auch Muscheln, Schnecken und tote Fische nicht. In die Enge getrieben, greifen sie blindwütig an und können mit ihren starken Nagezähnen schwere Wunden schlagen.

Beobachtung: Abendansitz am Bisambau. Das Auftreten von Bisamratten ist meldepflichtig! Weiteres s. Bestimmungstafel Trittsiegel S. 117 und S. 64 (Losung).

Wanderratte:

Wegen ihres häufigen Standortwechsels (Ställe, Dunghaufen, Klärgruben, Kanalisation, Müllplätze usw.) und ihres Winteraufenthalts in Kellern menschlicher Ansiedlungen wird die Wanderratte (ähnlich der Hausratte) als Gesundheitsschädling und Überträger gefährlicher Krankheiten (z.B. der Pest) mit allen Mitteln bekämpft. Ihre Kennzeichen — Länge mit Schwanz bis 50 cm, ruppiges braungraues Rückenfell mit grauweißer Bauchseite, stumpfe Schnauze, kurze Ohren und ein im Verhältnis zum Körper kürzerer Schwanz — unterscheiden sie von der etwas kleineren Hausratte.

Wanderratten leben auch im Freiland und wühlen sich dort tiefe unterirdische Familienrudelbaue mit Wohnkesseln, Vorratsräumen, Gängen und Fluchtröhren. Diese Baue werden von zahlreichen Tieren bewohnt, die in der Dämmerungszeit gemeinsam auf Nahrungssuche gehen und auf den sogenannten Rattensteigen (Wechseln) in ihrem bis zu mehrere Quadratkilometer großen Revier nacheinander in kurzen Abständen auftauchen.

Das weibliche Tier bringt bei einer Trächtigkeitsdauer von 3 Wochen jährlich in zwei bis drei Würfen bis zu 30 nackte und blinde Junge zur Welt, die nach 3 Monaten selbständig sind. Gegen fremde Artgenossen wird das Revier von der ganzen Rudelfamilie erbittert verteidigt. — Im Freiland erbeuten sie neben kleinen Säugetieren auch Jungwild, brütende Vögel (rotten ganze Strandvogelkolonien aus), fressen Aas und fangen als gute Schwimmer sogar Fische. Sie sind Dämmerungs- und Nachttiere. In die Enge getrieben, greifen sie Mensch und Tier durch Anspringen und Verbeißen an.

Beobachtung: Abendansitz vor Rattenlöchern oder an Rattensteigen. Im Winter Rattenbaue ausneuen! Das Auftreten von Wanderratten ist meldepflichtig! Weiteres s. Bestimmungstafel Trittsiegel S. 117 und S. 64 (Losung).

110

Ratten

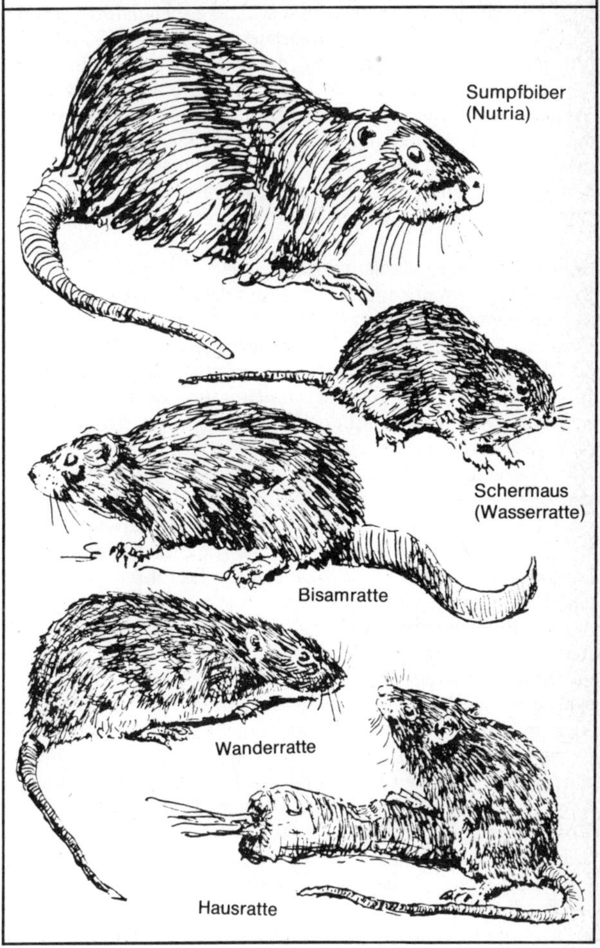

Sumpfbiber
(Nutria)

Schermaus
(Wasserratte)

Bisamratte

Wanderratte

Hausratte

Hausratte:

Nicht weniger schädlich und bekämpft, unterscheidet sich die bis zu 40 cm lange, kleinere und schlankere Hausratte von der Wanderratte durch ihr schwarzgraues glattes Fell, den Schwanz (der länger als der Körper ist), die großen Muschelohren und die spitze Schnauze. Sie ist flinker als die etwas schwerfällige Wanderratte, lebt ausschließlich und sehr standorttreu in menschlichen Ansiedlungen, und zwar im Gegensatz zur Wanderratte auf Dachböden und in Obergeschossen. Sonstige Lebensgewohnheiten ähnlich der Wanderratte.

Beobachtung: Wie Wanderratte. Weiteres s. S. 66 (Losung).

Schermaus oder Wasserratte:

Bei diesem Namen handelt es sich um dasselbe Tier. Hat es seinen Lebensraum auf dem Land, heißt es Schermaus, lebt es am Wasser, wird es landläufig Wasserratte genannt. Mit 25 cm Gesamtlänge ist die Schermaus fast so groß wie die Wanderratte. Ihr glattes Fell schimmert kastanienbraun, an der Bauchseite weißlich. Die kleinen, auf der Außenseite behaarten Ohren behält sie meist angelegt, und der Schwanz ist gut behaart.

Als Wasserratte gräbt sie Unterwasserröhren in Uferböschungen oder baut — ähnlich der Bisamratte — kleinere Schilfbaue im Flachwasserbereich. Auch sie wird wegen Zerwühlens von Kunstwasserbauten verfolgt. Ihre Nahrung ist vegetarisch. Die landbewohnende Schermaus baut flache Erdröhren, die man — abgesehen von den Maulwurfshaufen — mit den Gangsystemen der Maulwürfe verwechseln kann. Die Schlupflöcher haben einen Durchmesser von 6-8 cm (Maulwürfe 4-5 cm). Typisch für die Erdarbeiten der Schermaus sind oft nach der Schneeschmelze sichtbaren 6-8 cm dicken Erdwürste. Hier hatte das Tier im Winter Erdaushub in nicht mehr benötigte Schneegänge eingepreßt. Die Schermaus lebt von Wurzeln und Feldfrüchten, plündert gerne Gärten und legt für den Winter unterirdische Vorratskammern (Erbsen, Bohnen, Kartoffeln) an.

Vor der Paarung führt das Männchen akrobatische Wasserkunststücke vor. Das weibliche Tier wirft bis zu fünfmal im Jahr 4 bis 6 Junge, die nach 8 Wochen geschlechtsreif sind.

Beobachtung: Abendansitz vor Schermausbauten. Weiteres s. S. 55 (Schälungen), 61 (Fraßspuren), 66 (Losung).

Mäuse:

Hausmaus:
Aussehen: Länge 8,5 cm, Schwanz 9 cm; schwarzgraues, unterseits dunkelgraues Fell. In der Fußbehaarung gelblich. Hellere Farbvariante (gelbbraun, unterseits weißlich) nördlich und östlich der Elbe. **Lebensraum**: In Häusern vom Boden bis zum Keller mit zahlreichen Schlupfwinkeln und Fluchtlöchern. Nur an sehr warmen Sommertagen außerhalb von Gebäuden. Gelbliche Variante bezieht in warmen Sommern auch in der Nachbarschaft von Gebäuden Erdbaue. **Lebensweise**: Vorsichtig, sehr flink, klettert und springt. Nest an geschützten (unzugänglichen) Stellen aus zerbissenem Papier, Stroh oder Stoffresten. Weibchen werfen mehrmals im Jahr bis zu 8 blinde und nackte Junge.

Feldmaus:
Aussehen: Länge 9-11 cm, Schwanz 3-4 cm; hellgraues Fell, Unterbauch und Fußbehaarung weißlich, stumpfe Schnauze. **Lebensraum**: Vorwiegend bebautes Land, im Winter Einzug in menschliche Behausungen. **Lebensweise**: Gräbt unterirdischen Bau mit vielen Gängen. Mit Haaren und Gras gepolsterte Nester liegen 40-60 cm tief. Feldmaus legt für den Winter Vorratskammern an (Körner, Feldfrüchte). Weibliches Tier kann in einem Jahr bis zu 350 Nachkommen werfen. Neigt in guten Jahren zu plötzlichen Massenvermehrungen (Mäusejahr). Dann gleicht der Boden großen Sieben mit zahlreichen nebeneinanderliegenden Bauen, deren Eingänge durch Mäusepfade verbunden sind.

Rötelmaus oder Waldwühlmaus:
Aussehen: Länge 10-11 cm, Schwanz 4,5 cm; braunrotes bis schwarzbraunes Fell mit grauen Flanken, Unterbauch und Fußbehaarung weiß. Innenseite der Ohren ist mit Haaren bedeckt. **Lebensraum**: Laubwälder, Parkanlagen. **Lebensweise**: Lebt oberirdisch unter Bodenbedeckung (Laub). Baut sein Kugelnest über dem Erdboden und tarnt es durch Blätter. Hervorragender Kletterer bis in die höchsten Bäume, springt von Zweig zu Zweig. Neben Pflanzen, Waldfrüchten und Baumrinde (s. S. 55) vertilgt die Rötelmaus Würmer, Insekten, Larven, plündert aber auch Kleinvogelgehege. Das weibliche Tier

wirft bis zu viermal im Jahr 6 bis 8 Junge, die schon nach 10 Wochen fortpflanzungsfähig sind.

Lemming:

Aussehen: Länge 12-14 cm, Schwanz 2 cm; gedrungener Leib mit großem Kopf, kleinen Augen, Ohren im Pelz versteckt, Krallen behaart, kurzer Stummelschwanz; langer braungelber Pelz mit schwarzen Flecken, Bauchdecke, Schwanz und Fußbehaarung fahlgelb, gewölbte gelbe Augenstreifen. **Lebensraum**: Skandinavische Tundrazone oberhalb der Nadelwaldgrenze. **Lebensweise**: Lemminge leben zwischen dem Bodenbewuchs aus Flechten, Moos und Zwergsträuchern und legen durch den verfilzten Unterwuchs kreuz und quer zahlreiche Pässe. Ihr dickwandiges Kugelnest liegt über dem Erdboden. Weibliches Tier wirft dreimal im Jahr bis zu 5 Junge. In guten Jahren kann es zu Massenvermehrungen kommen. Nahrungsmangel veranlaßt die Lemminge dann zu Massenauswanderungen (Lemmingzüge).

Waldmaus:

Aussehen: Länge 10 cm, Schwanz 10 cm; rotgelbliches Fell, auf dem Rücken leicht grau, Unterbauch und Fußhaare weiß. Besondere Kennzeichen: Auffällig große Augen und Ohren, gelber Kehlfleck. **Lebensraum** und **Lebenweise** wie Gelbhalsmaus (s.u.). Waldmäuse sind sehr gewandte Kletterer, Springer und Schwimmer. Häufig leben sie in verlassenen Erdbauten anderer Kleinsäuger (Hamster).

Gelbhalsmaus:

Aussehen: Länge 11-12 cm, Schwanz 11-12 cm; rotbraunes Fell, Unterbauch und Fußbehaarung weiß. Besondere Kennzeichen: Orangebraunes Brustquerband über weißem Unterbauch, auffällig große Augen und Ohren. **Lebensraum**: Dämmriges Waldinneres hoher Buchenbestände, beschattete Böschungen, aber auch Feldgehölze und Parkanlagen. Zieht in kalten Wintern in Gebäude. **Lebensweise**: Sehr flink, gräbt unterirdische Gänge und Baue. Nahrung: Neben Pflanzen und Waldfrüchten zahlreiche Insekten, Larven, Käfer, Spinnen, aber auch Eier kleiner Erdnestbrüter. Sammelt Haselnüsse, Bucheckern und Fichtensamen für den Wintervorrat im Bau. Erster Wurf des weiblichen Tieres im März bis zu 8 Jungen, 2 bis 3 weitere folgen. Junge, die sich bei ihren Ausflügen »verlau-

Mäuse

Hausmaus

Feldmaus

Rötelmaus

Lemming

Gelbhalsmaus

Waldmaus

Brandmaus

Erdmaus

fen«, werden von der Mutter mit den Zähnen zurück ins Nest getragen.

Brandmaus:

Aussehen: Länge 10 cm, Schwanz 7,5 cm; rotbraunes Fell mit schwarzen Rückenstreifen, Unterbauch weiß, Fußbehaarung braun. Große Augen, rötlich behaarte Ohren. **Lebensraum**: Nur nördlich des Mains an Waldrändern, Hecken, Parkanlagen, Gärten; im Winter in Scheunen. **Lebensweise**: Schwerfällig, weniger vorsichtig als andere Mäuse. Ernährung im Sommer: Sämereien, Insekten, Regenwürmer; legt sich im Winter unter Gebäuden Vorratslager an. Das weibliche Tier wirft viermal im Jahr bis zu 8 Junge, die vom ersten Tag an den schwarzen Rückenstreifen zeigen.

Erdmaus:

Aussehen: Länge 12-14 cm, Schwanz 3-4 cm; braunschwarzes Fell mit hellen Flanken, Unterbauch weiß. Besondere Kennzeichen: Relativ kurzer Schwanz mit dunkelbrauner Oberseite und weißer Unterseite. **Lebensraum**: Feuchter Boden unter Büschen, Hecken, in Mooren und an Gewässern. **Lebensweise**: Zutraulich, etwas schwerfällig. Gräbt ihre Gänge flach unter der Erde. Rundes Nest dicht unter Grasdecke, aber auch oberhalb zwischen Wurzeln. Baut im Winter Schneetunnel und legt einen Vorrat an. Die Erdmaus geht nie in menschliche Behausungen. Das weibliche Tier setzt bei 3 Würfen im Jahr je 8 bis 10 Jungmäuse.

Zwergmaus:

Aussehen: Länge 5-6 cm, Schwanz 5-6 cm; sehr dichter braunroter Pelz, Unterbauch und Beinbehaarung gelblichweiß. Neben der geringen Größe besondere Kennzeichen: Große Nachtaugen, rundliche Ohren, spreizbare Kletterzehen und drehrunder Schwanz. **Lebensraum**: Grasdurchwachsene Büsche, halmartige Pflanzendickichte, Getreidefelder, Schilf. **Lebensweise**: Diese kleinste und anmutigste unter den Mäusen ist ein Kletterkünstler in Halmen und Gezweig. Selbst der Schwanz dient als Greifwerkzeug. Im Sommer leben Zwergmäuse in ihrem kunstvoll gebauten, kaum tennisballgroßen Kugelnest, das 30-50 cm hoch an Halmen befestigt ist. Die Nester der Weibchen sind etwas größer als die der Männchen. Da diese Kugeln stets aus dem unmittelbar benachbarten Pflanzen-

Trittsiegel und Spuren von Kleinsäugetieren

Abbildungen jeweils Vorder- und Hinterfuß links im gleichen Größenverhältnis, Maßangabe in cm.

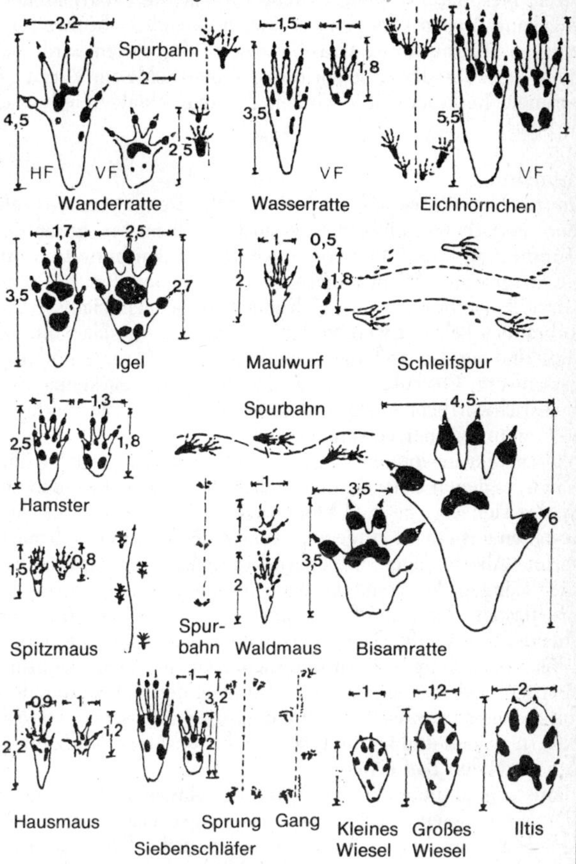

2,2
Spurbahn
2
4,5
2,5
HF
VF
Wanderratte
1,5
1
1,8
3,5
VF
Wasserratte
5,5
4
VF
Eichhörnchen
1,7
2,5
3,5
2,7
Igel
1
0,5
2
1,8
Maulwurf
Schleifspur
1
1,3
2,5
1,8
Hamster
Spurbahn
4,5
6
1,5
0,8
Spitzmaus
1
1
2
Spur-
bahn
Waldmaus
3,5
3,5
Bisamratte
0,9
1
2,2
1,2
Hausmaus
1
3,2
2
Sprung
Gang
Siebenschläfer
1
Kleines
Wiesel
1,2
Großes
Wiesel
2
Iltis

material gefertigt sind, kann man sie kaum entdecken. Die Paarungszeit liegt im Hochsommer. Die weibliche Zwergmaus setzt in 2 bis 3 Würfen jährlich je 6 bis 8 Junge, die weniger als 1 Gramm wiegen, aber bereits nach 3 Wochen selbständig sind. Da das Nest dann vergilbt, wird für den nächsten Wurf ein neues gebaut. Neben Pflanzenkost und Insekten besteht ihre Nahrung aus Körnern und Grassämereien. Von diesen wird nach der Wurfzeit in der ausgepolsterten Winterhöhle ein Vorrat gesammelt. In dieser Höhle wird die Zeit teils schlafend teils wach verbracht.

Hamster:

Die zur Unterscheidung von den eingeführten (kleineren) zahmen syrischen Goldhamstern auch Feldhamster genannten Dämmerungs- und Nachttiere gehören zu den buntesten und interessantesten Kleinsäugern unserer Heimat. Bei 17-20 cm Körperlänge besitzen die gedrungen wirkenden Hamster ein rotbraunes Fell mit weißen Flecken an Kopf und Flanken. Die Füße und der 3-6 cm lange Schwanz sind weiß, der Unterbauch tiefschwarz. Besonders typisch sind die großen Backentaschen, die sprichwörtlichen »Hamsterbacken«, in denen das Tier bis zu 50 Gramm Körner verstauen kann.

Feldhamster bewohnen Flachlandgebiete mit Lehm- oder Lößboden, in denen Getreide und Feldfrüchte angebaut werden und wo das Tier seine bis zu 2 Meter tiefen Baue graben kann. Diese bestehen aus einem gutgepolsterten Wohnkessel nebst benachbarter »Abortanlage«, mehreren Vorratskammern und zahlreichen Gängen. Während die Baue der männlichen Hamster nur ein flaches Ausschlupfloch und ein steil abwärtsführendes Flucht-Fallloch aufweisen, sind die Baue der weiblichen Tiere an 2 bis 3 Ausschlupflöchern und mehreren Fallöchern kenntlich. Hierbei handelt es sich um eine Vorbeugungsmaßnahme, denn junge Hamster pflegen — ähnlich jungen Füchsen — vor dem Bau zu spielen und könnten bei Gefahr sonst nicht alle zugleich den rettenden Bau erreichen.

Hamster sind ungesellig und verteidigen bissig ihr Revier gegen alle Artgenossen. Nur in der einwöchigen Paarungszeit (Anfang Mai) bewohnt der Hamster vorübergehend den Bau seines Weibchens. Nach zwanzigtägiger Trächtigkeit wirft dieses bis zu acht blinde und nackte Junge, die einen Monat später selbständig sind und aus dem Bau vertrieben werden. In guten Jahren kann im Spätsommer ein zweiter Wurf folgen.

Hamster sind Nachttiere und Allesfresser. Ihre Nahrung besteht aus Pflanzen, Getreide, Nüssen, Kernen, Regenwürmern, Engerlingen, Käfern und Feldmäusen. Mit Hilfe ihrer Backentaschen pflegen sie in der Erntezeit größere Mengen von Körnern, Erbsen, Bohnen und Knollen in ihre Vorratskammern zu tragen. Die Vorratsmenge kann bis zu 20 kg betragen. Bei den Weibchen allerdings weniger, weil diese einen sechsmonatigen Winterschlaf halten, während die Männchen zwischendurch aufwachen und in dieser Zeit Nahrung benötigen.

Gegen Feinde pflegt sich der Hamster kühn zur Wehr zu setzen. Mit wütenden Augen richtet er sich auf, wetzt schnatternd seine Zähne und springt den Gegner fauchend, kreischend und beißend an. Weiteres s. Bestimmungstafel Trittsiegel S.117.

Bilche oder Schlafmäuse:

Bilche sind scheue Dämmerungs- und Nachttiere. Kaum jemand hat sie gesehen, obwohl sie nicht so selten sind. Den Namen Schlafmäuse (sie haben nichts mit Mäusen zu tun) haben sie von ihrer Eigenschaft, vom Oktober bis in den April in ihren gepolsterten Winternestern unter der Erde Winterschlaf zu halten — und wohl auch, weil sie den hellen Tag in ihrem Sommernest zu verschlafen pflegen. Alle vier Bilcharten unserer Heimat sind hervorragende Kletterer und Springer. Bei Gefahr flüchten sie sich hoch in die Bäume. Von den Mäusen unterscheiden sie sich durch ihre eichhörnchenähnlichen Kletterschwänze und die auffallend großen Nachtaugen. Alle Bilche stehen unter Naturschutz.

Siebenschläfer:

Aussehen: Länge 16-18 cm, Schwanz 13-15 cm; graues Fell, Flanken bräunlich; Unterbauch, Kehle, Wangen und Pfoten weiß; lange schwarze Tasthaare; Schwanz bräunlich mit einem weißen Streifen unterseits. **Lebensraum**: In Laubwäldern, Parkanlagen und Obstplantagen. Bevorzugt hohe Bäume, auf denen die Siebenschläfer in hellen Nächten zu mehreren herumzuturnen pflegen. **Lebensweise**: Baut sich in Baumhöhlen, Nistkästen oder auch frei im Geäst ein kugeliges Nest, in dem er als Nachttier häufig in Gesellschaft mit anderen den Tag verschläft. In der Dämmerung geht er auf Nahrungssuche (Obst, Beeren, Hasel- und Walnüsse, Eicheln, Bucheckern, aber auch Insekten und Kleinvogeleier). Seinen siebenmonatigen (daher »Siebenschläfer«) Winterschlaf hält er in 60 cm tiefen Erdhöhlennestern, meist unter Baumstümpfen. Hier rollt er sich zur Kugel zusammen und fällt bei herabgesetzter Körpertemperatur in vollständige Erstarrung. Das weibliche Tier wirft einmal im Jahr (August) nach 31 Tagen Trächtigkeit bis zu 9 nackte und blinde Junge. Rivalisierende Männchen bekämpfen sich in der Paarungszeit auf Leben und Tod. Weiteres s. Bestimmungstafel Trittsiegel S. 117.

Gartenschläfer:

Aussehen: Länge 13-14 cm, Schwanz 10-12 cm; rötlichbraunes Fell, Unterbauch, Wangen, Pfoten und Ohrenwurzeln weiß; schwarze Tasthaare mit weißen Spitzen; schwarzumrandete, glänzende braune Augen; schwarzweiße Schwanzquaste. **Lebensraum**: Europa (außer Skandinavien und England), in Gärten, sonnigen Laubwäldern und Obstgebieten. In unwirtlichen Sommerperioden rumort der Gartenschläfer häufig auf den Dachböden menschlicher Behausungen, Scheunen, Korn- und Obstkammern. Manchmal überwintert er dort. **Lebensweise**: Den Tag verbringt das Tier schlafend in Baumhöhlen, Nistkästen oder in seinem Kugelnest auf hohen Bäumen, in Erdlöchern oder Mauerspalten. Nachts gehen die Gartenschläfer auf Nahrungssuche (Obst, Nüsse, Beeren, Baumfrüchte, junge Triebe, Insekten, Vogeleier). Nach vierwöchiger Trächtigkeit wirft das Weibchen Ende Mai bis zu 8 blinde, nackte Junge, die erst im nächsten Jahr fortpflanzungsfähig werden.

Baumschläfer:

Aussehen: Länge 9-10 cm, Schwanz 8-9 cm; graubraunes, unterseitig weißes Fell; schwarzes Backenband, runde, schwachbehaarte Ohren, grauer Schwanz mit weißer Spitze. **Lebensraum**: Südeuropa (in Deutschland nur in Bayern). **Lebensweise**: Ähnlich Gartenschläfer.

Haselmaus:

Aussehen: Länge 7-8 cm, Schwanz 6-7 cm; rotgelbes Fell; Kehle, Unterbauch, Zehen weiß; große durchschimmernde Ohren, stark behaarter Kletterschwanz, besonders große Dämmer-

Bilche und Murmeltiere

Gartenschläfer

Murmeltier

Hamster

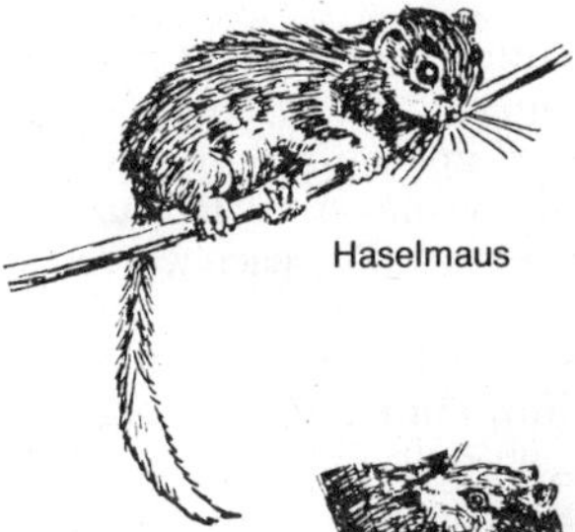

Haselmaus

Zwergmäuse
am Nest

Siebenschläfer

augen. **Lebensraum**: Süd- und Mitteleuropa (einschließlich Südschweden) in Gebüschen und Unterholz, mit Vorliebe Haselnuß- und Brombeersträucher. Meidet Ansiedlungen. **Lebensweise**: Dieser kleinste deutsche Bilch baut sich in seinem Revier im Zweiggewirr der Büsche mehrere 1 bis 2 Meter hoch gelegene faustgroße Kugelnester (mit seitlichem Einschlupf). Hier verbringt er schlafend den Tag. Nachts turnen und springen die Haselmäuse gesellig in den Zweigen herum und suchen Nahrung (Haselnüsse, Beeren und Insekten). Das noch besser ausgepolsterte Winternest wird in Erd-, Baumlöchern oder Reisighaufen errichtet. Häufig halten hier mehrere zu Kugeln zusammengerollte Haselmäuse gemeinsam ihren Winterschlaf. Nach einer Tragezeit von 25 Tagen bringt das Weibchen in bis zu 3 Würfen je 6 bis 8 blinde und nackte Junge zur Welt, die erst im nächsten Jahr voll ausgewachsen sind.

Murmeltier:

Murmeltiere — in den Bergen »Makai« genannt — leben in den Alpen und in den Karpathen zwischen 1 000 und 2 700 Meter Höhe auf besonnten Matten und Geröllfeldern. Im Schwarzwald und in den Pyrenäen wurden sie in Schutzgebieten eingebürgert.
Etwa in der Größe eines Feldhasen (Länge 48-52 cm, Schwanz 12-14 cm), mit dichtem braungrauen Fell, weißer Wange und rötlichgelbem Unterbauch, leben sie als gesellige Tagtiere kolonieweise in der Nähe ihrer Baue. Bei gutem Wetter sonnen sich die gewandten Kletterer auf Felsplatten mit guter Aussicht. Gehör und Gesicht sind sehr gut. Bei Gefahr stößt ein wachehaltendes Tier einen Pfeifton aus, der von anderen wiederholt wird. Sofort verschwinden alle unter der Erde, um erst nach zehn Minuten wieder vorsichtig aufzutauchen. Murmeltiere leben von hochalpinen Pflanzen. Im Sommer bevorraten sie trockenes Gras und Latschengezweig in ihrem Bau, teils als Nahrungsreserve, teils zum Verstopfen der Einfahrten gegen die eisigen Stürme und den Schnee des Gebirgswinters. Von Ende Oktober bis in den April hinein halten sie rudelweise in ihrem drei Meter tiefen Kessel Winterschlaf. In der Paarungszeit (Mai-Juni) gibt es zwischen den Murmelbären keine Rivalenkämpfe, da »feste Familienverhältnisse« bestehen. Alle zwei

Jahre wirft die Murmelkatze 2-3 nackte, blinde Junge, die erst nach 3 Jahren ausgewachsen sind und bis dahin im Familienbau leben. Feinde sind Steinadler, Fuchs und Kolkrabe. Vor dem Menschen sind sie ganzjährig geschützt.

Beobachtung: Gut getarnter Ansitz in der Nähe der Baue.

Insektenfresser:

Wer weiß schon, daß die Insektenfresser — zu denen neben den Spitzmäusen auch Maulwurf und Igel gehören — diejenige Tiergruppe sind, ohne deren Existenz kein Pflanzenwuchs und damit keinerlei Leben auf der Welt möglich wäre? Die sich bis ins unendliche vermehrenden Schadinsekten, Schnecken und Mäuse würden alles bis zum letzten Blatt kahlfressen. Allein die Spitzmäuse sind weitaus tüchtigere und erfolgreichere »Pflanzenschützer« und »Todfeinde aller Pflanzenschädlinge«, als es der Mensch mit seinen umstrittenen chemischen Schutzmethoden je sein könnte. Leider ist das zuwenig bekannt, und leider werden von Unwissenden die kleinen Spitzmäuse häufig mit Mäusen verwechselt, entsprechend verfolgt und getötet. Dabei haben sie gar nichts mit Mäusen zu tun, sind im Gegenteil deren gefährlichste Feinde. Grund ist der ungeheure Nahrungsbedarf dieser winzigen spitzköpfigen Räuber, deren ganzes Leben zur Linderung ihres ständigen Heißhungers auf Fressen eingestellt ist. Sie sind ununterbrochen auf der Jagd. Wenn ein Mensch dieselbe Nahrungsmenge zu sich nehmen müßte, die eine Spitzmaus an Schädlingen zur Erhaltung ihres Lebens benötigt, müßte er Tag für Tag ein Zweizentnerschwein verspeisen! Die Schädlingsmenge, die dieses viele Milliarden große Heer ewig hungriger Kleinräuber jährlich vernichtet, ist selbst mit astronomischen Zahlen nicht zu fassen.

Alle Insektenfresser sind Einzelgänger und führen ein nächtliches Leben. Sie sind überall, in Forst oder Naturwald, auf Wiese und Feld, am Teich, im Garten, am Bach, in Häusern und Scheunen, in Sumpf, Moor, Heide und Park, in Feldgehölzen und Buschwerk. In zahlreichen Arten sind sie auf der ganzen Welt vertreten und leben auf den Bergen (bis zu 2 500 Meter Höhe) genauso wie im Urwald, in der Steppe und in der Wüste. Alle Insektenfresser sind Sohlengänger und verfügen über Raubtiergebisse (und nicht über Nagezähne, wie die Mäuse).

Sie halten keinen Winterschlaf und stehen mit Ausnahme der Wasserspitzmaus (s.u.) unter Naturschutz. In Mitteleuropa gibt es — neben Maulwurf und Igel — sieben Spitzmausarten.

Waldspitzmaus:

Aussehen: Länge 7,5 cm, Schwanz 4,5 cm; dichtes, samtartiges schwarzbraunes Fell mit rötlichen Flanken, weißbräunlicher Unterbauch, braune Pfoten, dicker Kopf mit der alle Spitzmäuse kennzeichnenden langen Rüsselschnauze. Sehr kleine Augen, Ohren im Fell versteckt. Vierkantiger, oben bräunlicher, unten gelblicher Schwanz. **Lebensraum**: Bei humusreichem Boden in hohen alten Laubwäldern, verwachsenen Parkanlagen, wuchernden Gärten bis hinauf zur Baumgrenze im Gebirge. **Lebensweise**: Durchstöbert ständig die oberste Bodenbedeckung, Laub, Höhlungen, Löcher und Mäusebaue. Erklettert Büsche und Bäume, ist flink und kann gut springen. Nutzt als Ruhequartier — wie alle Spitzmäuse — gern Ratten- oder Mäusebaue, deren rechtmäßige Besitzer getötet oder vertrieben werden. Nach 30 Tagen Tragezeit bringt das weibliche Tier zwischen Mai und August in mehreren Würfen je 6 bis 8 nackte, blinde Junge in einem mit Gras und Moos ausgepolsterten unterirdischen Nest zur Welt. Durchscheinend und weniger als 1 Gramm wiegend, sind sie bereits nach 6 Wochen selbständig und werden von der Mutter vertrieben. Spitzmäuse leben etwa 2 Jahre.

Zwergspitzmaus:

Aussehen: Länge 5 cm, Schwanz 3 cm; aschgraues, unterseits hellgraues Fell, aus dem oben die Ohren, unten die weißlichen Füße hervorragen. Besonders lange Rüsselnase mit langen Tasthaaren. Der gerundete Schwanz ist oben braun, unten weiß und hat am Ende ein Haarbüschel. Zwergspitzmäuse sind die kleinsten Säugetiere Europas. **Lebensraum**: Wie Waldspitzmaus, liebt jedoch feuchtere Bodenverhältnisse. **Lebensweise**: Wie Waldspitzmaus.

Alpenspitzmaus:

Aussehen: Länge 7 cm, Schwanz 6 cm; rostgraues Fell, Unterbauch weißgrau, Ohren völlig im Fell versteckt, lange weiße Tasthaare. **Lebensraum**: In Gebirgen und Mittelgebirgen zwischen 600 und 2 500 Meter, in der Nähe von Gewässern. Im Winter in Häusern. **Lebensweise**: Wie Waldspitzmaus.

Spitzmäuse

Feldspitzmaus
mit Jungen

Waldspitzmaus

Hausspitzmaus

Wasserspitzmaus

Hausspitzmaus:

Aussehen: Länge 8 cm, Schwanz 5 cm; rötlichgraues Samtfell mit grauem Bauch, fleischfarbene Schnauzenspitze, weiße Zähne, schwach behaarter Schwanz, oben braungrau, unten hellgrau. **Lebensraum**: In Häusern, Gehöften, Ställen, Hofplätzen oder deren Nähe. **Lebensweise**: Vertreibt alle Mäuse, vertilgt täglich mindestens eine Maus und dazu zahlreiches Ungeziefer. Dezimiert im Garten Drahtwürmer, Schnecken, Puppen, Larven. Sonst wie Waldspitzmaus.

Feldspitzmaus:

Aussehen: Länge 7 cm, Schwanz 3 cm; feines Fell oberseits schwarzbraun, unterseits scharf weiß abgesetzte Bauchpartie; weiße Füße, kurzer Schwanz, große Ohren. **Lebensraum**: Mit Ausnahme von Schleswig-Holstein in Deutschland gleicher Lebensraum wie Hausspitzmaus, auch im freien Feld, auf Wiesen, an Waldrändern und in Parks. **Lebensweise**: Wie Waldspitzmaus. Mutter pflegt mit ihren Jungen eine »Karawane« zu bilden, um sie aus gefährdeten Nestern zu führen. Hierbei beißen sich alle Jungen am Hinterteil ihres Vordermannes fest.

Wasserspitzmaus:

Aussehen: Länge 9 cm, Schwanz 8 cm; dichtes schwarzes Fell mit abgesetzter grauweißer Bauchseite, weißem Hinteraugfleck. Füße mit weißen Schwimmhaaren, Schwanz mit hellgrauem Schwimmhaarsaum. **Lebensraum**: Gewässerufer; mit Vorliebe solche, die im Winter nicht zufrieren (hinter Stauwehren, Einleitungen wärmerer Industrieabwässer u. dgl.) **Lebensweise**: Lebt in Ufernähe in übernommenen Gangsystemen. Jagt im Wasser. Während des Schwimmens stellen sich die Beinhaare quer und wirken als Schaufelruder, Schwanz dient als Steuer. Taucht hervorragend und läuft auf dem Grund entlang. Greift neben allem Wasserkleingetier auch ruhende große Fische an, z.B. Karpfen, und frißt ihnen Löcher in den Leib. Fischschädling. Einzige Spitzmaus, die deshalb nicht geschützt ist.

Sumpfspitzmaus:

Aussehen: Länge 8 cm, Schwanz 5 cm; ähnelt Wasserspitzmaus, hat aber nur spärliche Schwimmhaare. Am Schwanz fehlen sie ganz. **Lebensraum**: In den Alpen und Mittelgebirgen bis in 1 000 Meter Höhe an Gewässern. **Lebensweise**: Wie Wasserspitzmaus. Jagt aber häufig an Land.

Maulwurf:

Aussehen: Länge 15 cm, Schwanz 3 cm; keilförmiger Körper, aus dem sich weder Schultern noch Becken abheben, samtschwarzes Fell; kleine, zwischen Haaren versteckte Augen und Ohren, fleischfarbener Nasenrüssel. Die Vorderbeine mit 6 kräftigen Grabzehen stehen seitlich am Körper. **Lebensraum**: Mitteleuropa einschließlich Südschweden, in lockeren humösen Böden. **Lebensweise**: Ungeselliger Erdwühler, der — wie alle Insektenfresser — Tag und Nacht unterirdisch auf der Jagd ist. Er benötigt täglich das Doppelte seines Gewichts an Nahrung (Regenwürmer, Käferlarven, Drahtwürmer, Wühlmäuse, Grillen, Puppen, Asseln). Nachts jagt er überirdisch (Schnecken, Frösche, Eidechsen, Schlangen, Gelege von Bodenbrütern), ist aber bei der geringsten Bodenerschütterung verschwunden. In seinem Bau pflegt er Vorratskammern mit lebender Nahrung anzulegen, indem er Regenwürmern die ersten Kopfringe abbeißt, damit sie nicht mehr davonkriechen können. Das Zentrum des Baues ist der Hauptkessel, kenntlich als größter Haufen zwischen den übrigen Maulwurfshügeln. Um den Hauptkessel liegen zwei durch mehrere Röhren verbundene Gangringe, von denen zahlreiche Jagdgänge bis 10 Meter weit sternförmig in die Umgebung führen. — Das weibliche Tier wirft im Mai-Juni in einem besonderen Kessel 3 bis 5 winzige nackte und blinde Junge, die erbittert gegen alle Feinde — auch gegen den kannibalischen Vater — verteidigt werden. Nach 5 Wochen sind die Jungen selbständig. Maulwürfe können schwimmen und sich so schnell durch lockeren Humusboden graben, wie ein Spaziergänger geht. Sie sind keine Pflanzenfresser, benagen keine Pflanzen und halten auch keinen Winterschlaf, sondern folgen den Regenwürmern in tiefere, wärmere Bodenschichten. In Gärten und Parkanlagen sollte man die unterirdischen Wühler nicht töten, sondern durch in ihre Gänge gesteckte, stinkende Petroleumlappen vertreiben. Weiteres s. Bestimmungstafel Trittsiegel S. 117.

Igel:

Aussehen: Länge 25 cm, Schwanz 3 cm; braungelbes Stachelfell mit schwarzen Spitzen; Unterbauch und Gesicht gelblichweiß; Körper gedrungen auf kurzen Beinen, spitze Schnauze, kleine funkelnde Augen. Rollt sich bei Gefahr für mehrere Minuten zur Stachelkugel ein (und wird wegen dieser passiven Abwehr häufig von Autos überfahren). **Lebensraum**: In gedecktem Gelände (dorniges Beerengesträuch, Büsche, Wald, Garten, Parks). **Lebensweise**: Einzelgängerisches Dämmerungstier. Durchstöbert unermüdlich seine Umgebung und frißt, was seine Schnüffelnase wittert (Insekten, Mäuse, Eidechsen, Schlangen, Vogeleier, Pilze, Beeren, Obst). Scheut die Nähe des Menschen nicht, baut sein Sommerruhenest mit Vorliebe unter Gartenlauben, läßt sich füttern und erscheint sogar mit seinen Jungen an der auf der Terrasse bereitgestellten Milchschale. In der Begattungszeit (Ende Februar) umwirbt der männliche Igel seine »Auserwählte« durch unermüdliches Umkreisen. Nach fünfwöchiger Tragezeit wirft das Weibchen in 2 Würfen (vom März bis Juli) je 5 bis 7 blinde Junge, deren Stacheln noch geschützt unter der Rückenhaut liegen. Vier Wochen später folgen sie der Mutter im »Gänsemarsch« bei abendlichen Streifen und versammeln sich schmatzend um das von ihr gefundene Fressen. In ausgepolsterten Höhlungen — jedoch nicht tiefer als 30 cm unter der Erde — hält der Igel seinen Winterschlaf und zehrt dabei von seinem im Herbst angesetzten Körperfett. Weiteres s. Bestimmungstafel Losung S. 65 u. Trittsiegel S. 117.

Fledermäuse:

Fledermäuse — in Europa reine Insektenfresser — bilden eine eigene Säugetierordnung, mit über tausend Arten. Der Bestand der in Deutschland lebenden zehn Kleinfledermausarten ist durch chemische Pflanzenschutzstoffe, die sie mit den Insekten zu sich nehmen, genauso bedroht, wie durch den Verlust ihrer — meist für den Tourismus erschlossenen — Winterhöhlen.

Im Gegensatz zu den mit den »Vorderarmen« fliegenden Vögeln, flattern Fledermäuse mit den mächtig entwickelten »Händen«, zwischen deren langen »Fingern« sich bis zu Hinterbeinen und Schwanz geschmeidige Flughäute spannen. Der Hakendaumen und die Hinterzehen bleiben zum Klettern oder Aufhängen in Ruhestellung frei. Ihr Schnauzenkopf — bei anderen »Raubsäugetieren« lang — ist vorn abgeplattet, die

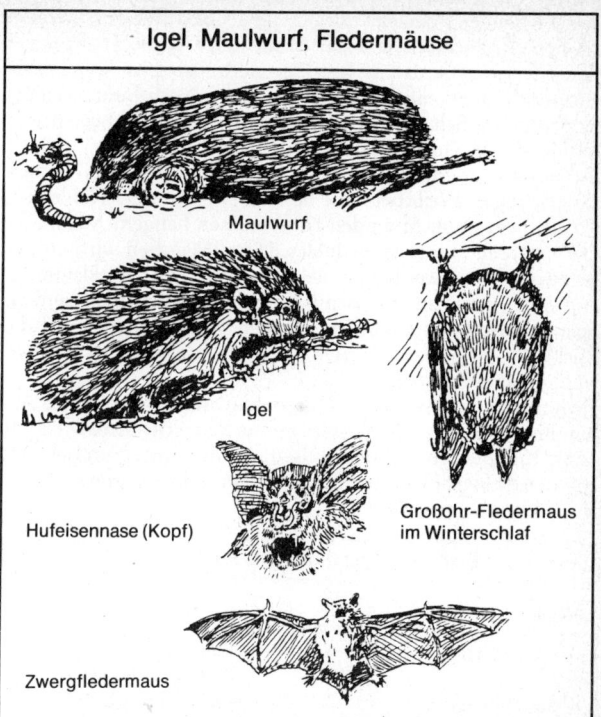

Igel, Maulwurf, Fledermäuse

Maulwurf

Igel

Hufeisennase (Kopf)

Großohr-Fledermaus
im Winterschlaf

Zwergfledermaus

Schnauze zu einer Trichteröffnung für den Fang von Insekten im Fluge entwickelt. Fledermäuse stoßen hundertsiebzigmal in der Sekunde einen für Menschen unhörbaren Ultraschall-Schrei aus, der, von Hindernissen (und fliegenden Mücken) reflektiert, wieder von den Ohren aufgenommen wird. Ähnlich dem Radarverfahren können sich die Tiere damit selbst in absoluter Finsternis orientieren und ihre Beute sicher fangen.

Tagesruhequartiere der Fledermäuse sind Höhlen, Gewölbe, Stollen, Keller und ähnliche zugfreie Gelasse, in denen sie oft zu Hunderten mit zusammengefalteten Flughäuten wie kleine

Bündel hängen. Einzeln pflegen sie in Baumhöhlen, Mauernischen, Erdlöchern, ja sogar in dichten Gebüschen hängend den Tag zu verschlafen. Bei Dämmerungsbeginn werden sie munter. Man erkennt sie gegen den hellen Nachthimmel an ihrem lautlosen Schaukelflug. Bis auf gemeinsame Ruhequartiere führen sie ein einzelgängerisches Leben.

Die Begattung erfolgt im Spätherbst. Erst im Mai-Juni suchen die trächtigen Weibchen eine besonders geschützte Höhle auf, wo sie dicht an dicht an den Hinterbeinen hängen. Männliche Tiere werden hier nicht geduldet. Jedes Weibchen wirft ein, in seltenen Fällen zwei Junge, die sich an der Brust festklammern und -beißen und auf die nächtliche Jagd mitgenommen werden. Später, zu schwer geworden, müssen sie im Versteck auf die Rückkehr der Mutter warten. Im Alter von 8 bis 10 Wochen werden sie selbständig.

Fledermäuse halten einen Winterschlaf, wenn auch einige Arten im Frühherbst in vogelzugähnlichen Schwärmen bis zu 1 000 Kilometer nach Süden reisen, um dort (meist im Gebirge) Übernachtungshöhlen für ihren Winterschlaf zu finden.

Bestimmungstabelle der Fledermäuse				
Name	A	B	C	Besondere Kennzeichen
Große Hufeisennase	6	4	35	großer Nasenaufsatz (Süddeutschland bis Harz)
Kleine Hufeisennase	4	3	23	großer Nasenaufsatz
Mopsfledermaus	4,5	4,5	27	Ohren zusammengewachsen
Großohrenfledermaus	4,5	4	24	sehr große Ohren (3,4 cm)
Abendsegler	7	5	42	hoher Flug mit langsamen Schlägen
Zweifarbenfledermaus	5	4	28	im Gebirge bis 1 600 m
Zwergfledermaus	3,5	3,5	19	unruhiger Flatterflug
Mausohrenfledermaus	7	5	40	große Mauseohren
Wasserfledermaus	4	4	25	dicht über Wasserspiegel
Langflugfledermaus	5	5	38	schwalbenähnlicher Flug (nur im Oberrheintal)

(A = Körperlänge, B = Schwanzlänge, C = Spannweite in cm)

Haarraubwild

Fuchs:

Wohl kein Raubwild ist durch Volkssagen und Fabeln so populär geworden, wie »Meister Reinecke«, der listenreiche »Rote Freibeuter«, Gauner und Hühnerdieb. Leider ist er als Verbreiter von Tollwut in den letzten Jahrzehnten durch Vergasung seiner Baue so dezimiert worden, daß man ihn nur noch selten zu Gesicht bekommt. Sein langgestreckter Körper mit der buschigen Rute (Schwanz), dem rotbraunen, unterseits weißlichen Balg (Fell), weißer Kehle und Wange sowie sein spitzer, hundeartiger Fang (Schnauze) machen ihn unverkennbar. Mit 80 cm Körperlänge, 50 cm langer Rute und 35 cm Schulterhöhe ist er das größte verbliebene Raubwild in Deutschland.

Als Lebensraum liebt er abwechslungsreiche Nadel- und Laubwälder mit Getreidefeldern und Kartoffeläckern in der Nähe. Hier ist er reviertreu und benutzt in der Regel die gleichen Pässe. An einem abgelegenen Hang liegt sein unterirdischer Bau mit Kessel und mehreren Ausgangsröhren, den oft viele Fuchsgenerationen nacheinander bewohnen. Häufig bezieht er auch ehemalige Dachsbaue oder wohnt mit Dachsen zusammen.

Sein Fraß (Nahrung) besteht zu 90% aus Mäusen. Er verschmäht aber auch Bodenvögel, Kaninchen und Hausgeflügel nicht, vertilgt Fallwild und Aas, merzt kranke Tiere aus und ist somit ein großer »Gesundheitspolizist« des Waldes.

In der Ranzzeit (Paarungszeit, Januar-Februar) erfüllen die Rüden (männliche Füchse) und Fähen (weibliche Füchse) die Waldwinternächte mit ihrem Gekecker, Gekreisch und Gekläff. Nach zweimonatiger Tragezeit wölft (gebiert) die Fähe in ihrem mit eigener Bauchwolle ausgepolsterten Kessel 4 bis 6 maulwurfsgroße blinde Welpen (Fuchsjunge), die schon vier Wochen später vor dem Bau in der Sonne umhertollen. In dieser Zeit sind Rüde und Fähe von morgens bis abends auf den Läufen, um Nahrung herbeizuschaffen (Käfer, Regenwürmer, Schlangen, Frösche, Jungvögel, manchmal auch geraubte Hühner, vor allem aber Mäuse). Einen befahrenen (bewohnten) Fuchsbau mit Welpen erkennt man an den herumliegenden Knochen, Vogelfedern und Fellstücken sowie an den umherbrummenden Aasfliegen. Im Sommer zieht die ganze Familie gern in Getreide- und Kartoffelfelder, wo sie vor ihrem Hauptfeind, dem Menschen, sicher ist. Von dort aus beginnen die Jungfüchse ihre ersten eigenen Streifzüge.

Beobachtung: Ansitz an einem Fuchspaß oder am Fuchsbau mit Welpen. Im Winter Ausneuen. Weiteres s. S. 46 (Trittsiegel), 66 (Losung).

Dachs:

Auch »Meister Grimbart« — mit 80 cm Körperlänge, 18 cm langem Pürzel (Schwanz) und 18 cm Schulterhöhe unser zweitgrößtes »Raubtier« — ist als knurriger, eigenbrötlerischer Sonderling in den Tierfabelschatz eingegangen. Er gehört nicht zu den »hundeartigen Raubtieren« (wie Fuchs und Wolf), sondern zu den Mardern. Sein dickwanstiger Körper mit der schwarzweißen Gesichtsmaske vor dem langgestreckten Rüsselkopf, dem borstenartigen grauschwarzen Balg und dem watschelnden Sohlengängerlauf machen ihn ebenfalls unverwechselbar.

Mit den kräftigen Grabklauen an den Branten (Füßen) sind Dachse unermüdliche »Tiefbauarbeiter«. Ihre großen Baue mit Kesseln in verschiedenen Stockwerken (in deren obersten Etagen manchmal Füchse als Untermieter wohnen), legen sie am liebsten hinter Busch- und Brennesselgeheck an baumbestandenen Südhängen an. Häufig werden die bis fünf Meter tiefen Baue von mehreren Dachsen bewohnt, die — entgegen landläufiger Meinung — in ihrem Bau gesellige Tiere sind. In ihre vielverzweigten Gänge bauen sie »Fallgruben« und tückische Engpässe ein, so daß sich Jäger oft scheuen, ihre wertvollen Dachshunde hineinzuschicken.

Dachse sind heimliche, den Menschen scheuende Nachttiere und Allesfresser. Ihre Weide (Nahrung) besteht aus Käfern, Raupen, Schnecken, Wurzeln, Pilzen und Waldfrüchten, ferner aus Mäusen, Getreide, Obst, Möhren und Rüben. Eine besondere Schwäche zeigen sie für süße Beeren, den Honig der Hummelnester und — Weintrauben! Meister Grimbart ist also alles andere als ein »blutdürstiges« Raubtier!

Nach der Ranzzeit im Juli-August wirft die Dächsin nach achtmonatiger Tragezeit in einem tiefen und gut ausgepolsterten Kessel 4 bis 5 mausgroße, weiße Jungdachse, die erst nach 15 Monaten ausgewachsen sind und selbständig werden.

Dachse halten keinen Winterschlaf, sondern nur eine Winterruhe mit häufigen Unterbrechungen, vor allem, um sich zu lösen. Hierfür haben sie außerhalb ihres Baues — kenntlich an dem dorthinführenden Geschleif (eine eingetretene Dachsspur) — eine Abortgrube angelegt. Während der Winterruhe zehren sie von ihrem angefressenen Fett und sind daher im Frühjahr klapperdürr und entsprechend hungrig.

Beobachtung: Ansitz in Dachsrevieren oder an der Dachsburg. Weiteres s. S. 46 (Trittsiegel), S. 66 (Losung).

Fischotter:

Der Otter, ein Wassermarder mit schlangenartig gestrecktem Leib, rundlichem Kopf, langer Rute (Schwanz) und kurzen Läufen (deren Zehen durch Schwimmhäute verbunden sind), hat ein glattes braunes Fell mit weißer Wange und Kehle. Er ist 1,20 Meter lang (davon Schwanz 40 cm) und in Deutschland durch Wasserverschmutzung und Zerstörung seiner Lebensräume so selten geworden, daß er trotz seiner Schädlichkeit für die Teichwirtschaft ganzjährig geschützt ist. Er lebt an Bächen, Seen und bevorzugt buschbestandene waldige Ufer, in denen er mehrere Baue anlegt.

Die Einfahrten der Baue liegen unter Wasser und führen schräg aufwärts in die ausgepolsterten und mit einem Luftschacht versehenen Kessel.

Otter sind vorsichtige Nachttiere. Im Schwimmen und Tauchen stehen sie den Seehunden nicht nach. Beutetiere sind Fische, Frösche, Molche, Wasserratten und Wasservögel, die sie an einem bestimmten Fraßplatz zu verzehren pflegen. Als Zugang zum Wasser benutzen sie meist dieselben Stellen (Otterrutschen).

An Land bewegen sie sich schlangenhaft, was ihnen den Namen »Tatzelwurm« eingetragen hat. Im Mai-Juni wirft die Otterin nach neunwöchiger Tragezeit 2 bis 4 blinde Junge und betreut sie lange und zärtlich. Mit Vorliebe spielen junge Otter vor ihrem Bau »Rutschbahn« an den Uferböschungen, wobei sie hell keckern und pfeifen.

Beobachtung: Abendansitz an Rutschen oder Fraßplätzen (Otterreviere gibt es fast nur noch in Schleswig-Holstein). Weiteres s. S. 46 (Trittsiegel), 66 (Losung).

Wildkatze:

Auch die Wildkatze war vom Aussterben bedroht, konnte aber durch Hegemaßnahmen in dichten Hochwaldrevieren mit Felsformationen in unseren Mittelgebirgen und am Alpenrand wieder gespürt werden. Sie ist ebenfalls ganzjährig geschützt. Mit einer Körperlänge von 80 cm, einer Rute von 35 cm und 40 cm Schulterhöhe ist der Kuder (männliche Wildkatze) erheblich größer als ein Hauskater. Das gelbgraue Fell und die wie abgehackt wirkende dicke Rute sind verwaschen schwarz gestreift. Wildkatzen sind nächtliche Dämmerungstiere, verschlafen den Tag in Höhlen, Felsspalten, Fuchs- oder Kaninchenbauen oder auf besonnten Felsplatten. In der Dämmerung beginnen sie zu jagen (Mäuse, Ratten, Eichhörnchen, Hasen, Vögel und Feldhühner). Nach der Ranzzeit (Februar-März) wirft die Kätzin in einem Felsversteck 3 bis 7 blinde Junge, die sie lange betreut und bei Gefahr todesmutig verteidigt.

Beobachtung: Pirsch in Wildkatzenrevieren (Harz, Bayerischer Wald, Schwarzwald, Spessart, Odenwald, Westerwald, Taunus, Hunsrück und Alpen). Weiteres s. S. 46 (Trittsiegel), 68 (Losung).

Waschbär:

Dieser Sohlengänger und Deutschlands einziger Kleinbär stammt aus Nordamerika. Auf entflohene Tiere aus hessischen Pelztierfarmen zurückgehend, haben sich Waschbären in fast allen deutschen Ländern in freier Wildbahn ausgebreitet. Bei einer Körperlänge von 70 cm und 25 cm langer Rute trägt der Waschbär einen langhaarigen schwärzlichgrauen Pelz und fällt besonders durch die schwarzbraun geringelte Rute und die weißschwarze Gesichtsmaske an seinem fuchsähnlichen Kopf auf. Als Wald- und Nachttier ist er vorsichtig und heimlich, aber auch gewitzt und dreist. Er kann klettern, springen, schwimmen und besucht als Kulturfolger häufig Obstgärten, Weinberge, Campingplätze und Mülleimer. Als Standrevier bevorzugt er dichte Laub- und Mischwälder. Er ist ein wählerischer Feinschmecker und frißt neben Kleingetier bis zur Größe von Ratten und Tauben mit Vorliebe Nüsse, Kastanien, Mais, Beeren und besonders Obst. Diese Nahrungsmittel pflegt er mit seinen Vorderpfoten im Wasser zu waschen oder im Gras abzu-

Haarraubwild und Seehund

Fuchs

Wildkatze

Marderhund

Fischotter

Waschbär

Dachs

Seehund

wischen. Waschbären haben ihre Ranzzeit Anfang März. Nach neunwöchiger Tragezeit wirft das weibliche Tier in einer geschützten Höhle 4 bis 8 kleine blinde Junge, die sie rührend betreut und erbittert verteidigt. Ähnlich dem Dachs hält der Waschbär keinen Winterschlaf, sondern eine mehrfach unterbrochene Winterruhe.

Beobachtung: Nur durch Zufall bei abendlicher Pirsch in Waschbärrevieren. Weiteres s. S. 48 (Trittsiegel).

Marderhund:

Diese auch Enok genannte Wildhundart stammt ursprünglich aus Asien, hat sich aus russischen Zuchtgebieten über ganz Osteuropa ausgebreitet und (seit 1960) in deutschen Revieren eingebürgert. Wegen ihrer Ähnlichkeit mit den Waschbären werden Marderhunde häufig mit diesen verwechselt. Ihr wertvolles, silberbräunlich meliertes Fell bezeichnet der Kürschner als »Japanfuchs« oder »Seefuchs«. Unterscheidungsmerkmale zum Waschbären sind das Fehlen der schwarzweißen Gesichtsmaske und der dunkelbraunen Ringe an der fuchsähnlichen Rute sowie der »spitzähnliche« Kopf. Marderhunde leben mit ihren Jungen in kleinen Rudeln. Nachts durchziehen sie unstet ihr Revier. Sie sind Allesfresser (Beeren, Obst, Kleingetier, Fische), schnell, wendig, können gut schwimmen und tauchen. Tagsüber ruhen sie in Erdlöchern. Bevorzugte Reviere sind feuchte Laubwald-Niederungen und Schilfdickichte. Hier halten sie in den gut ausgepolsterten Kesseln ihrer selbstgegrabenen Baue Winterruhe (keinen Winterschlaf!). Nach der Ranzzeit im Februar-März wirft die Hündin im Mai 6 bis 8 schwarz behaarte Junge, die vier Wochen später ihre Eltern als »Familienrudel« auf den nächtlichen Jagdzügen begleiten.

Beobachtung: Ansitz an einem durch Zufall entdeckten Bau (Trittsiegel ähnlich dem eines Hundes, s. S. 46). Marderhunde gehören in Bayern und Hessen zum jagdbaren Haarraubwild mit Schonzeit für führende Elterntiere.

Seehund:

Lebensraum der Seehunde ist das Küstengebiet der Ostsee, vor allem aber das Watt der Nordsee mit den vorgelagerten »Seehundbänken«. Bei einer Länge ihres torpedoförmigen Körpers von 1,80 Meter und bis zu 75 kg Gewicht können sich Seehunde an Land nur mühsam bewegen. Im Wasser sind sie unvergleichliche Schwimmer und Taucher. Die Farbe des aus glänzenden Grannenhaaren bestehenden Seehundfelles ist bräunlichgrau gefleckt. Der ohrenlose runde Kopf mit den langen Schnurrhaaren, die großen Augen, die zu Schwimmflossen umgebildeten »Vorderbeine« und die zu Ruderschwänzen entwickelten »Hinterbeine« runden das Erscheinungsbild ab. Seehunde sind eifrige Nachttiere, deren Nahrung neben Fischen aus Krebsen und anderen Seetieren besteht. Tagsüber dösen sie auf den Seehundbänken. Nach der Brunftzeit (August-September), in der der Hund sich mit seinen Rivalen um den Harem der Hündinnen rauft, wirft das weibliche Tier im Juni-Juli des folgenden Jahres ein (seltener zwei) weißfelliges Junges, um das es sich rührend kümmert. Da Seehundmütter mit der Betreuung eines Jungen vollauf beschäftigt sind, bleibt bei Zwillingsgeburten das zweite Junge verlassen am Strand zurück. Das sind dann die sogenannten »Heuler«, die — eingesammelt — von den Seehundaufzuchtstationen mit lebertranvermischter Milch ernährt und später wieder ausgesetzt werden.

Beobachtung: Schwierig, da Seehundbänke nur mit Erlaubnis betreten werden dürfen. Meist nur aus der Ferne mit dem Glas vom Schiff aus möglich. Weiteres s. S. 48 (Spur).

Baummarder:

Der Baummarder (auch **Edelmarder** genannt) ist mit einer Länge von 50-55 cm und einer 30 cm langen Rute etwas größer als der Steinmarder (s.u.). Sein dichtes dunkelbraunes Fell ist am Unterbauch gelblich und hat an der Kehle einen runden goldgelben Fleck (Gelbkehlchen). Die Nase ist schwarz und die Sohle zwischen Ballen und Zehen stark behaart. Als einzelgängerisches Waldtier bevorzugt der Baummarder dichten Nadel- und Mischwald, wo er in hohlen Bäumen, verlassenen Krähennestern, Eichhörnchenkobeln usw. seinen Tagesunterschlupf findet. Baummarder stehen im Klettern und Flugspringen den Eichhörnchen kaum nach. Die Beute der Tages- und Dämmerungs-»Räuber« besteht aus kleineren Waldtieren bis hin zu Eichhörnchen und Kaninchen. Die Stimmen ranzender Marder im Juli-August klingen wie Katzengeschrei. Die Marder-Fähe wirft im folgenden Mai 3 bis 5 blinde, behaarte Junge, die von ihr bis in den Dezember betreut werden.

Brantenunterseite **Steinmarder**

Beobachtung: Ausneuen (s. S. 40). Bei Schnee sind die Verstecke unter den Bäumen an den gelblichen Näßstellen zu erkennen. Durch Schlagen an den Stamm wird der Marder flüchtig. Weiteres s. S. 46 (Trittsiegel), 68 (Losung).

Baummarder

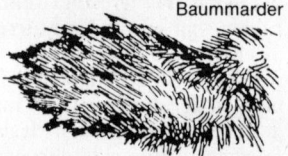

Steinmarder:

Der etwas kleinere Steinmarder (auch **Hausmarder** genannt) hat ein grau- bis lichtbraunes Fell und an der Kehle einen größeren, sich bis zur Brust gabelnden weißen Fleck (Weißkehlchen). Seine Nase ist fleischfarben, die Sohlen unbehaart, seine Trittsiegel deutlicher als beim Baummarder. Der Steinmarder ist ein Kulturfolger und hat seine Tagesschlupfwinkel in Scheunen, alten Gebäuden, Holzstapeln, Steinhaufen oder verlassenen Erdhöhlen. Er ist ein Boden- und Nacht-»Räuber«. Seine Beute besteht aus Kleingetier, hauptsächlich Mäusen und Ratten, aber auch süßen Beeren und Obst. Fortpflanzung und **Beobachtung** wie beim Baummarder. In Großbritannien und Skandinavien kommt der Steinmarder nicht vor.

Iltis:

Iltisse (auch Ratze genannt) sind mit 60 cm Länge kleiner als Marder. Unterbauch und Branten (Beine) ihres rotbraunen Felles sind dunkel bis schwarz, Lippen und Nasenspitzen weiß. Iltisse sind nächtliche Bodenraubtiere. Sie folgen dem Menschen selbst in Ansiedlungen hinein, wo sie sich als Mäusevertilger auszeichnen, aber als Geflügeldiebe unbeliebt machen. In freier Wildbahn bevorzugen sie Feldhecken und Gewässerufer. Als gute Schwimmer leben sie von Fröschen, Schlangen und Kleinnagern. Gegen verfolgende Feinde (Hund, Fuchs) wehren sie sich durch Ausstoßen einer übelriechenden Flüssigkeit (»Stinkmarder«). Ihre durch lautes Murren, Keckern und

Marder, Iltis, Wiesel

Baummarder

Steinmarder

Iltis

Großes Wiesel

Mauswiesel

Beißen gekennzeichnete Ranzzeit dauert von März bis Mai. Nach 42 Tagen wirft die Iltis-Fähe 5 bis 6 blinde Junge. Iltisse legen in ihren Schlupfwinkeln einen Vorrat von lebenden Beutetieren (Mäuse, Frösche) an, die sie durch Zerbeißen des Rückgrats bewegungsunfähig machen.

Beobachtung: Abendansitz an einem durch Ausneuen entdeckten Schlupfwinkel. Weiteres s. S. 48 (Spur), 68 (Losung).

Wildkatze

Hauskatze

Nerz:

Der den Iltissen eng verwandte Nerz ist in Westeuropa als frei-
lebendes Wildtier seit 70 Jahren ausgestorben.

Wiesel:

Die beiden in Deutschland lebenden Wieselarten unterscheiden
sich nur durch ihre Größe. Während das **Große Wiesel (Hermelin)** bei einer Schulterhöhe von 5 cm 30-40 cm mißt, ist das
Kleine Wiesel (Mauswiesel) nur 3 cm hoch und 20 cm lang.
Ihr Fell ist braunrot mit gelbweißem Unterbauch, im Winter
reinweiß, wobei in Mitteleuropa nur teilweise oder gar keine
Weißfärbung eintritt. Das Große Wiesel kann man auch noch
an seiner winters und sommers schwarzgefärbten Rutenspitze
erkennen. Wiesel sind einzelgängerische Tagestiere, leben aber
meist paarweise in Erdlöchern, leerstehenden Gebäuden, hohlen Bäumen, Dränagerohren — zum Teil mitten in Gehöftgrup-
pen. Ihre Hauptbeute sind Mäuse, die sie in ihre Baue hinein
verfolgen. Sie verschmähen aber auch größere Tiere nicht, sind
Eierräuber und verspritzen ähnlich dem Iltis eine übelriechende
Flüssigkeit aus ihren Analdrüsen. Bei Verdacht »bauen sie einen Pfahl« (richten sich kerzengerade auf und blicken umher).
Furchtlos pflegen sie größere Feinde, sogar den Menschen an-
zuspringen. Nach der durch Keckern und lautes Schreien leb-
haften Ranzzeit im Juni-Juli wirft die Wiesel-Fähe im September 8 bis 9 nackte und blinde Junge, die — ähnlich den Iltissen —
ohne Rücksicht auf das eigene Leben verteidigt werden.
Beobachtung: Wie Iltis. Weiteres s. S. 48 (Trittsiegel), 68
(Losung).

Europäisches Raubwild

Europa wird für junge Menschen immer »kleiner«. Viele Naturfreunde zieht es in die noch weitgehend unberührte Natur Skandinaviens. Warum sollten solche »Wildnisfahrten« nicht einmal die Lebensräume und Rückzugsgebiete der letzten europäischen Raubtiere zum Ziel haben?

Braunbär:

Braunbären, einst in ganz Europa lebend, gibt es nur noch in urwaldähnlichen Rückzugsgebieten der Pyrenäen, Abruzzen und einiger südosteuropäischer Länder — vor allem aber in unzugänglichen Tälern des skandinavischen Gebirges. Sowohl Größe als auch Färbung schwanken in den Vorkommensgebieten. Die europäischen Braunbären sind bei einer Schulterhöhe von 90 cm bis zu 1,80 Meter lang. Ihr zottiges Fell kann von schwarzbraun über grau bis gelblichweiß gefärbt sein. Neben dem runden Kopf mit kleinen Augen und der spitzen Schnauze ist für sie der trollende Paßgang mit den nach innen gekehrten Sohlen kennzeichnend. Bären sind Allesfresser. Sie ernähren sich von Waldfrüchten, Beeren und Kulturpflanzen. Süßes, Obst und Honig lieben sie besonders. In den nordischen Lachsflüssen fischen sie mit ihren Pranken die zum Laichen aufwärtsziehenden Edelfische. In mageren Zeiten begnügen sie sich mit Insekten, Fröschen, Lemmingen, Vogelgelegen, nach auftauender Schneedecke mit Fallwild. Das Schlagen von größeren Tieren (Ren, Elch oder Haustieren) ist selten.
Braunbären führen ein nächtliches Einzelgängerleben und durchstreifen auf zum Teil uralten Wechseln (Bärenpfaden) weite Gebiete. Nur in der Brunftzeit kommen sie paarweise zusammen. Sie halten keinen Winterschlaf, sondern eine ausgedehnte Winterruhe in ihren ausgepolsterten Felsverstecken, wobei sie von ihrem angefressenen Fett zehren. Dort setzt die Bärin auch im Januar-Februar 1 bis 3 winzig kleine, nackte und blinde Junge, die erst im Mai als drollige Kobolde mit einem weißen Fell-Halskragen die Höhle verlassen und die Mutter zwei Jahre lang bei ihren Wanderungen begleiten.
Beobachtung: Nur nach Rücksprache mit ortsansässigen Führern (Abendansitz). Vorkommen in abgelegenen Wildtälern

des skandinavischen Gebirges (Nordteil). Größtes Revier südostwärts Kirkenes. Weiteres s. S. 48 (Trittsiegel), 68 (Losung).

Wolf:

Auch Wölfe lebten vor 150 Jahren noch in Mitteleuropa und trugen in Deutschland den Namen »Isegrim«. Wegen des Schadens, den sie dem Weidevieh zufügten, wurden sie ausgerottet. Jetzt leben sie — ähnlich den Bären — nur noch in einigen abseitigen Rückzugsgebieten (Pyrenäen, Osteuropa, Nordskandinavien). In letzter Zeit sind allerdings auch Einzeltiere in der Lüneburger Heide aufgetaucht. Wölfe ähneln Schäferhunden, unterscheiden sich aber durch die mächtigeren Branten (Pfoten), den breitstirnigeren Kopf, die schrägstehenden Augen und die meist eingeklemmt getragene buschige Rute (Schwanz). Sie leben gesellig im Familienrudel in einem großen, durch Urinabschlag genau abgegrenzten Revier. Sie fressen alles, angefangen von Käfern, Schlangen, Mäusen, Eidechsen über Waldhühner, Hasen bis zu Rehkitzen, Hirschkälbern, schwachen Rentieren, Fallwild, Aas, Wildfrüchten und Obst.
Im Winter schließen sie sich zu größeren Rudeln zusammen, in denen eine strenge Rangordnung herrscht. Der stärkste Rüde (männl. Wolf) wird Leitwolf. Durch ihre Treibjagdverfahren werden sie nun auch geschwächtem größeren Wild (Ren, Reh, Elch) gefährlich. Menschen werden selten angegriffen. In der Ranzzeit (Dezember bis März) ertönt das schaurige »Wolfsgeheul«, das die Partner zusammenbringt. Nach 60 Tagen wirft die Wölfin in einer Höhle oder einer natürlichen Felsspalte 4 bis 8 behaarte, blinde Welpen, die vom Rüden und dem übrigen Rudel bewacht und mit Nahrung versorgt werden. Schon nach 2 Monaten folgen die verspielten Welpen den Elterntieren und bilden — zusammen mit ihren Geschwistern aus dem vorjährigen Wurf — das Familienrudel. **Beobachtung**: Wie beim Braunbären. Hauptvorkommen in Schweden und Finnland in unbewohnten Tundragebieten von südlich des Polarkreises bis zur Eismeerküste. Weiteres s. S. 46 (Trittsiegel), 66 (Losung).

Vielfraß:

Der Vielfraß — ein weniger bekanntes Raubwild, das zu den Großmardern gehört — lebt als Tag- und Nacht-»Räuber« in den Wäldern und Tundren des mittleren und nördlichen Skandinavien. Mit 1 Meter Länge und 50 cm Schulterhöhe steht er zwischen dem Baummarder und dem Braunbären, ähnelt letzterem in Farbe und Fell, hat aber eine große buschige Rute (Schwanz) und ein grauweißes Stirnband über den Augen. Wie alle Marder ein todesmutiges Raubwild, verzehrt er alles, was er erbeuten kann, reißt sogar Elchkälber und Jungrene und greift — in die Enge getrieben — selbst Menschen an. Vor allem im Winter reißt er in den Rentierherden mehr Tiere, als er fressen kann, und wird deshalb erbittert verfolgt. Sein Name »Vielfraß« geht auf eine falsche Übersetzung der skandinavischen Bezeichnung »Fjäl-Fräs« zurück, was »Felsenkatze« bedeutet. Der Vielfraß hängt nicht verzehrte Beutetiere in die Bäume. In seinem seltsam rollenden Sprunglauf ist er Ren, Elch und Wolf bei Schnee an Ausdauer überlegen. Vielfraße benutzen keine festen Verstecke oder Baue. Nur zur Wurfzeit (Februar) sucht sich die Fähe eine Felsspalte oder gräbt sich in hohe Schneewehen eine Röhre, wo sie 3 bis 4 wollige Junge wirft, die nach 3 bis 4 Wochen mit vorverdautem Fleisch ernährt werden.

Beobachtung: Nur durch Zufall auf Streife über größere Entfernungen hinweg. Bei Schneefall Tageseinstand ausneuen. Weiteres s. S. 48 (Trittsiegel).

Luchs:

Der in Mittel- und Südeuropa seit mehr als hundert Jahren ausgerottete Luchs ist in zusammenhängenden Waldgebieten Skandinaviens noch heimisch. Mit einer Gesamtlänge von 1,50 Meter und 75 cm Schulterhöhe ähnelt er einer übergroßen, hochbeinigen Katze. Typisch für den Luchs sind das gefleckte, rötlichgraue Fell mit weißlichem Unterbauch, der wie abgehackt wirkende Stummelschwanz mit schwarzer Spitze, besonders aber die 5 cm langen Haarpinsel an den Ohrspitzen.

Luchse sind Schleich-»Räuber«. Am Tage sonnen sie sich gern auf warmen Felsplatten. In der Dämmerung und nachts schlagen sie größere Beutetiere (Kaninchen, Hasen, Reh, Ren) durch überfallartiges Anspringen von Ästen oder Felsspitzen an Wechseln und Äsungsplätzen. Meist wird den Opfern mit einem harten Prankenschlag das Genick zerschlagen. Kleinere Tiere werden durch einen Biß in den Nacken getötet. Die Köpfe

Europäische Raubtiere

Wolf   Vielfraß

Luchs   Braunbär

geschlagener Tiere pflegen die Luchse abzubeißen und zu verstecken. Ihre Lautäußerungen reichen vom Schnurren bis zum warnenden Knurren und Fauchen. In der Ranzzeit (März) stößt der Luchs-Kuder (männl. Tier) laute Schreie aus. Die Luchsin wirft nach dreimonatiger Tragezeit in Höhlen 2 bis 4 blinde Junge, die bis zu zwei Jahre in ihrer Obhut bleiben.
Beobachtung: Die südlichsten skandinavischen Luchsreviere befinden sich zwischen dem oberen Klarälven und der Glama. Im Nationalpark Bayerischer Wald leben Luchse in einem Wildgehege. Weiteres s. S. 46 (Trittsiegel), 68 (Losung).

Tierschutz, Landschaftsschutz und Umweltschutz

Mit der Kurzbeschreibung vom Luchs wollen wir zunächst enden. Ohnehin wird man dieses Kapitel über die freilebenden Wildtiere zunächst nur »überflogen« haben. Wichtig wird es aber, wenn man durch Trittsiegel ein bestimmtes Tier festgestellt hat und mehr über dessen Aussehen und seine Lebensgewohnheiten wissen muß, um es durch richtig geplante Pirsch oder Ansitz auch beobachten zu können.

Seit unserer ersten Revierstreife gab es nun theoretisch sehr viel über das große Allroundthema »Waldläuferei« zu lesen. Vielleicht war hier und da »zwischen den Zeilen« das Bedauern darüber zu spüren, daß so viele Tiere unserer Heimat vor gar nicht so langer Zeit »ausgestorben« sind, andere — vom Aussterben bedrohte — nur noch sehr selten angetroffen werden. Das alles ist einzig und allein eine Folge des uns Menschen innewohnenden unseligen Hangs, unsere Fortschritte und Maßnahmen stets nur unter dem Gesichtspunkt des Nutzens **für den Menschen** zu sehen.

So rotteten die Menschen vergangener Zeiten alle wehrhaften Wildtiere, die ihren Haustieren und ihrem Weidevieh gefährlich werden konnten, mit Blei und Pulver aus. Die Wildtiere mußten als »Schadtiere« den »Nutztieren« weichen. Diese verhängnisvolle Einteilung in »Schad-« und »Nutztiere«, »Schadpflanzen« (»Unkräuter«) und »Nutzpflanzen« und die daraus gezogene Konsequenz, die einen zu vernichten und die anderen zu hegen, ist auch heute noch in weiten Kreisen gültig. Dazu tritt die »Zersiedelung« und »Verpflasterung« der Landschaft durch Häuser-, Straßen-, Schienen-, Kanal-, Fabrik- und andere Zweckbauten. Und es sind nicht allein die Verpestung der Atmosphäre durch Verbrennungsabgase, die Vergiftung der Flüsse durch Industrieabwässer, des Bodens durch Einlagerung giftiger Abfälle und »Wohlstandsmüll«, die unsere Naturumwelt so gefährden. Ganz weit vorne liegen — und das wird oft verschwiegen — die bisherigen Nutzungspraktiken der Land- und Forstwirtschaft. Selbst das letzte Öd- oder Sumpfland wurde für landwirtschaftliche Zwecke »kultiviert«, die letzten natürlichen Bäche und Flüsse wurden »reguliert« oder für die

Energiegewinnung durch Anstauung »nutzbar« gemacht. Der Boden wurde durch einseitigen »Nutzpflanzenanbau« so ausgelaugt, daß er nur noch durch Zuführung von Riesenmengen chemischer Düngemittel (die wiederum – abgeschwemmt – Grundwasser, Bäche, Flüsse und Meere vergiften) künstlich ertragfähig gehalten werden kann. Durch Versprühen anderer Gifte werden die sogenannten »Unkräuter« (das sind in Wirklichkeit 80% all unserer Wild- und Wiesenpflanzen) auf Feldern und Wiesen mit Stumpf und Stiel ausgerottet und im Rahmen der »Schädlingsbekämpfung« die gesamte dort angesiedelte Kleinlebewelt gleich mit. So sind unsere Weiden und Wiesen sterile Grasländereien geworden, das Ackerland trostlose »Nutzsteppen«, unsere Naturwälder (bis auf wenige Reste) einseitige »Holzplantagen«. Wichtig war bisher nur der Ertrag, den man aus seinem Feld oder Wald herausholen konnte.

Gewiß, die Natur ist langmütig und anpassungsfähig. Aber nur bis zu einem bestimmten Grad! Einmal ist ihr Gleichgewicht so gestört, ihr Ausgleichsvermögen so geschwächt, daß jegliches Leben auf Erden in Frage gestellt sein wird. Schließlich ist der Mensch ungeachtet seiner Intelligenz, seiner Fähigkeiten und Erfindungen auch nur ein Teil dieser Natur, auf die er wie jedes andere Lebewesen angewiesen ist.

Die verhängnisvollen Fehler der Vergangenheit sind jetzt erkannt. Immer mehr Menschen werden sich der großen Gefahr bewußt, denn immer deutlicher drohen die Warnzeichen: das Aussterben so vieler Tiere und Pflanzen, das Siechwerden ganzer Wälder. Naturschutz, Umweltschutz und Ökologie erlangen immer größere Bedeutung. Und allmählich wird auch durch Gesetze und Auflagen der Regierungen dem weiteren Raubbau an der Natur ein Riegel vorgeschoben.

Unser Verhältnis zu Förstern und Jägern

Das Wissen um diese bedrohliche Entwicklung gehört auch zur Waldläuferei, denn jeder von uns muß begreifen, warum Waldschutz- und Naturschutzgesetze mit den – auch für uns – einschneidenden Geboten und Verboten notwendig sind. Landschafts- und Waldschutz sollen die verbliebenen gesunden Naturreservate und damit auch die Rückzugsgebiete vieler Tierar-

146

ten vor Störungen durch unwissende oder rücksichtslose Mitmenschen bewahren. Ferner sollen, wo immer möglich, Landschaften in ihren natürlichen Zustand zurückversetzt werden. Wahrer dieser Gesetze sind, soweit es den Wald betrifft, die Förster, die in ihren Revieren eine Hausherren- und Polizeifunktion ausüben. Da sie als Fachleute längst von der Bedeutung dieser Schutzverordnungen überzeugt sind, werden sie jedem, den sie abseits von den öffentlichen Waldwegen antreffen, mit Mißtrauen begegnen – auch Waldläufern. Dafür müssen wir Verständnis aufbringen. Jeder Förster hat nämlich seine (häufig schlechten) Erfahrungen mit »Abenteurern« in seinem Revier gemacht. Er kann ja nicht ahnen, daß gerade wir es mit Wald, Tier- und Pflanzenwelt besonders gut meinen, daß wir im Grunde seine Verbündeten sind.

Wie können wir ihn davon überzeugen? Damit wären wir bei dem früher schon einmal angesprochenen und für uns so wichtigen Thema: Unser Verhältnis zum Förster.

Schlecht wäre es – und eine solche Situation sollten wir vermeiden –, wenn er uns plötzlich abseits aller Wege (dazu noch mit unserer »verdächtigen« Waldläuferausrüstung) überraschte und dann gewiß barsch fragte, was wir hier zu suchen hätten. Ob wir nicht wüßten . . . und daß wir sofort zu verschwinden hätten . . . usw. Wenn wir dann herumstottern oder schuldbewußt das Weite suchen, so haben wir für unsere Sache bereits verloren.

In solchem Fall heißt es – selbst wenn das Herz vor Schreck in die Hosen gerutscht ist – Haltung zu bewahren, dem Förster trotz seines Grimms ohne Angst zu antworten: »Ich heiße so-und-so, wohne dort-und-dort und beschäftige mich mit Naturkunde. Zur Zeit beobachte ich dort den Eichhornkobel. Ich weiß mich richtig im Wald zu bewegen, werde weder Tiere beunruhigen noch Pflanzen Schaden zufügen. Bitte erlauben Sie mir, hier weiter zu beobachten!«

Wenn man ihm so ehrlich sein Anliegen erklärt, ist die Situation meist gerettet. Zwar wird er noch ein bißchen knurren, aber schließlich doch Verständnis haben. Immerhin ist er ja selbst ein Naturfreund, sonst wäre er nicht Förster!

Es gehört Mut dazu, eine solche Begegnung mit einem verärgerten Förster zu meistern. Deshalb sollte man es erst gar nicht so weit kommen lassen und den anderen Weg einschlagen: sich ein Herz fassen und ihn **vor** Beginn der Waldläufertätigkeiten besuchen (auch wenn Förster wenig Zeit haben). Man erklärt ihm sein Vorhaben, läßt hier und da etwas einfließen, was man aus diesem Buch gelernt hat, und bittet ihn höflich um die Sondererlaubnis, den Wald auch einmal abseits der offiziellen Wege betreten zu dürfen. Er wird einen prüfend anschauen und etliche Fragen stellen, um zu sehen, ob man es ernst meint. In 99 von 100 Fällen wird er ja sagen, allenfalls die Anweisung geben, bestimmte Wildschutzgebiete zu meiden. Das muß man dann auch tun, denn er wird einen »im Auge« behalten, um zu sehen, ob wir sein Vertrauen verdienen. Ist er davon schließlich überzeugt, wird man bei allen weitergehenden Wünschen sein Verständnis finden.

Wenn man ihn nach einiger Zeit bittet, bei Hegemaßnahmen, Aufhängen und Reinigen von Nistkästen oder ähnlichen Revierarbeiten helfen zu dürfen, wird er sich mit wertvollen Ratschlägen (z.B. wo es in seinem Revier Interessantes zu beobachten gibt) erkenntlich zeigen. So kann sich ein freundschaftliches Verhältnis entwickeln. Es ist auch nicht schlecht, wenn man sich überlegt, wie man »seinem« Förster helfen könnte, ohne daß er darum gebeten hätte. Wie wäre es, wenn man ihn mit der Mitteilung überraschte, man hätte für die Winterfütterung einen Zentner Kastanien und Eicheln gesammelt, sie aber einstweilen in einem Kartoffelsack vergraben, damit sie nicht austrocknen? Oder wenn er verblüfft feststellt, daß »irgendwelche Heinzelmännchen« im Jagen soundso die halbzerfallene Fasanenfütterung instand gesetzt haben. In einem Revier gibt es tausend Aufgaben. Man sollte auch nicht murren, wenn der Förster einmal um eine Arbeit bittet, die nicht unmittelbar mit unserer Waldläufertätigkeit zusammenhängt.

Ähnlich sollte man die Beziehungen zu einem Jagdpächter gestalten. Das sind Jäger, also Privatleute, die sich in einem bestimmten Revier gegen Zahlung einer hohen Pachtsumme das Recht zur Jagd erworben haben. Sie interessieren sich meist für die Hege (darin ist die eigentliche Jagd eingeschlossen) des in ihrem Revier heimischen jagdbaren Wildes. Aber sie müssen z.B. für den Schaden aufkommen, den »ihr« Wild der landwirtschaftlich genutzten Feldmark zufügt. Diesen Schaden kann man durch Zusatzfütterung gering halten. Über entsprechende Hilfe oder gar eine vollständige Übernahme dieser verantwortungsvollen Aufgabe würde sich der Jagdpächter bestimmt freuen. Meist wohnt er nicht in der Nähe seines Reviers, kann das also kaum selbst erledigen. Auch wäre er vielleicht über einige »Wildhüter« froh, die im Revier aufpassen und ihn z.B. über das Unwesen wildernder Hunde oder Katzen informieren. Die Übernahme einer solchen Aufgabe sichert uns jederzeitiges Betretungsrecht in diesem Wald und später vielleicht sogar die Benutzung seiner Jagdhütte.

Hat man erst einmal Forstbeamte, Jäger oder Revierbesitzer »hinter sich«, kann man mit der abenteuerlichen Forscher- und Entdeckertätigkeit beginnen.

Das Auswerten von Beobachtungen

Wie sieht diese Tätigkeit aus?

Anfangs umfaßt sie sicherlich etliche Erkundungsstreifen, um das Beobachtungsrevier kennenzulernen, hier und da auch schon einmal eine Pirsch oder einen Abendansitz. In dieser Zeit wird man viele Wildtiere entdecken, sie beobachten und einiges feststellen, was schon bekannt war, anderes, was man vielleicht in diesem Buch gelesen hat und nun in der Wirklichkeit erlebt — bestimmt aber auch manches, das einem Rätsel aufgibt, die man gerne lösen möchte. Das kann sich auf große Wildtiere genauso beziehen wie auf den Lebensbereich der Vögel, der Kleinnager, der Lurche, Käfer oder Insekten. Man grübelt, will der Sache auf den Grund kommen. Vielleicht geht man deshalb noch einige Male zu einer gezielten Pirsch los, wälzt Naturkundebücher, fragt einen Fachmann (den Förster) und plant endlich eine ganze, nach Tageszeit, Wetter, Temperatur speziell ausgetüftelte Reihe von Ansitzen.

Dabei wird einem kaum bewußt, daß man schon mitten in einer Waldläufer-Forschungsaufgabe steckt, ja, daß man im Begriff ist, sich zu spezialisieren. Man bewegt sich von der Allround-Waldläuferei weg, um ein bestimmtes Teilgebiet (das aus einer ganzen Tiergruppe, ja, aus den Tieren und Pflanzen eines ganzen Biotops bestehen kann) genauer zu erforschen.

Auf diese Weise — nämlich von der Allround-Waldläuferei her — finden die meisten Waldläufer zu ihrem eigenen Interessengebiet. Es gibt natürlich auch die Möglichkeit, sich von Anfang an auf einen Bereich zu spezialisieren, weil man sich für Singvögel, Wasservögel, staatenbildende Insekten oder für alles, was im Tümpel »kräucht und fleucht« schon immer interessierte. Keinesfalls darf man nach Lust und Laune »drauflosabenteuern«, heute hier und morgen dort. Es gilt System in die Sache zu bringen, einen eigenen Rhythmus zu finden.

Anfangs haben wir von der Revierkarte des Allround-Waldläufers gesprochen, in die er jedes für seine Tätigkeit interessante Objekt einträgt, um einen immer besseren Überblick zu gewinnen. Dann war noch von der »Notizkladde« in der Pirschtasche und vom »Streifenbuch« im Feldbeutel die Rede. Beide haben einen ähnlichen Zweck, nämlich das Festhalten von Beobachtungen, um sie später auswerten zu können. Mag das Gedächtnis auch noch so gut sein — wenn man beispielsweise auf eine Beobachtung zurückgreifen muß, die drei Wochen zurückliegt, weiß man bestimmt nicht mehr, zu welcher Tageszeit das war, ob Sonnenschein herrschte und von wo der Wind wehte. Möglicherweise ist man sich auch nicht mehr sicher, ob das im Brombeergeheck an der »Hasenwiese« oder bei den Haselnußbüschen der »Diebeskuhle« war.

Es gilt Ordnung in die immer zahlreicher werdenden Beobachtungen zu bringen, ihre Einzelheiten festzuhalten. Selbst wenn man zu Hause ein »Waldläufertagebuch« führt (auf das wir gleich kommen), ist man nach anstrengender Pirsch meist so müde, daß man keine Lust mehr hat, die vielen Einzelheiten einzutragen. Am nächsten oder übernächsten Tag aber hat man die Hälfte schon vergessen.

In die **Notizkladde** — die man ständig bei sich hat — trägt man alle Einzelheiten und Umstände einer Beobachtung ein. Sie ist eine Gedächtnisstütze. Damit nichts Wichtiges vergessen wird, richtet man sich nach den »vier Waldläufer-W«: Was? Wann? Wie? Wo? Ein solcher Kurzvermerk könnte lauten:

»Zwergspitzmaus (was), 16.32 Uhr (wann), verschwindet nach Erbeutung eines Rosenkäfers (wie) unter einem Findlingstein am Kopf der Wallhecke vom Helmholz (wo).«

Über diesem und ähnlichen Vermerken steht:

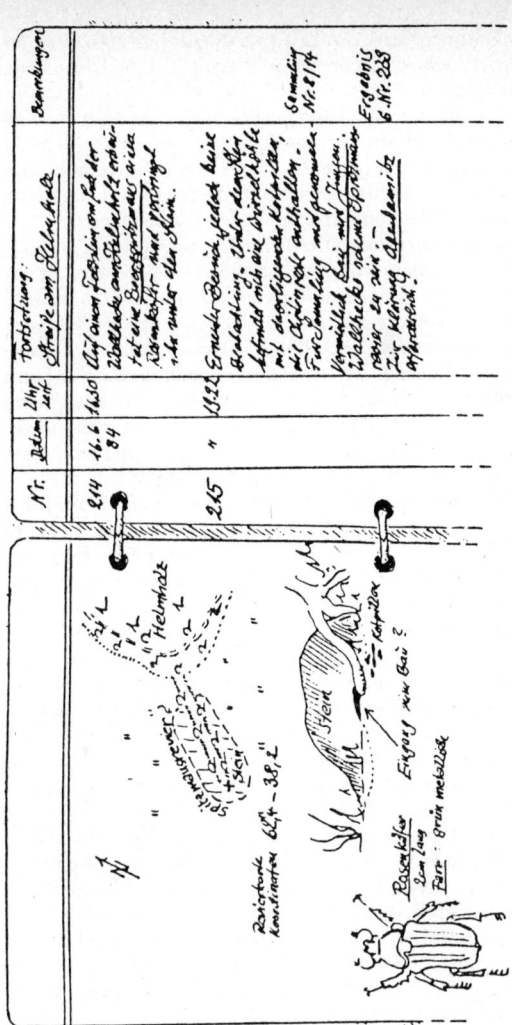

Zwei Seiten aus meinem »Streifenbuch«
(hier wurde ein Ringbuch verwendet)

»16.6.84 (Datum), Streife am Helmholz (Ziel), Sonne, leichter Südwestwind, warm (Witterung), Beginn 15.30 Uhr, Ende 20.15 Uhr (Zeit).«

Den »vier Waldläufer-W« kann man Bemerkungen mit eigenen Gedanken und Vermutungen anfügen, beispielsweise: »19.22 Uhr. Noch einmal dort gewesen. Unter Stein Wurzelhöhlung. Davor Spitzmauskotpillen mit Chitinresten. Ist Umgebung Spitzmausrevier? Klären durch besonderen Abendansitz!«

Während eine Notizkladde also Beobachtungsvermerke enthält, die später im Waldläufertagebuch ausgearbeitet werden, ist das **Streifenbuch** ein Zwischending von beiden. Es kann sowohl das eine wie das andere ersetzen. Im letzteren Fall muß es wetterfest eingebunden sein und DIN-A6-Format (halbe Schulheftgröße) haben. Auf den jeweils rechten Seiten werden in Form von Rubriken die Beobachtungen (nicht ganz so knapp und flüchtig wie bei der Kladde) eingetragen, während man die gegenüberliegenden Seiten für Zeichnungen und Bemerkungen zu der betreffenden Beobachtung zur Verfügung hat.

Das **Waldläufertagebuch** schließlich sollte ein größeres Buch sein. In ihm werden als Nachbereitung einer Streife, einer Pirsch oder eines Ansitzes in chronologischer Reihenfolge alle Einzelbeobachtungen und Ergebnisse sorgfältig eingetragen, durch Zeichnungen, Bilder und ähnliches ergänzt und mit Vermerken hinsichtlich eventuell bestehender Sammlungen versehen. Das Waldläufertagebuch gibt uns Rechenschaft über unsere Tätigkeit. Was darunter zu verstehen ist, wird man merken, wenn man nach Wochen (oder Jahren) zurückblättert, die damaligen Streifzüge noch einmal durchlebt und feststellt, wie weit man doch inzwischen fortgeschritten ist!

Letztlich hat das mit wissenschaftlichem Arbeiten zu tun, denn wir empfinden unsere Waldläuferei nicht als vorübergehende Freizeitbeschäftigung, sondern nehmen sie ernst. Wir bauen auf die breitgelagerten Anfänge auf, spezialisieren uns und haben schließlich, beispielsweise für ein bestimmtes Biotop, durch die monatelangen Beobachtungseintragungen eine exakte Reihe von wissenschaftlicher Aussagekraft. Auf diesem Verfahren beruhen z.B. nahezu alle Erkenntnisse der Ornithologie (Vogelkunde). Sie gehen hauptsächlich auf Beobachtungsergebnisse einer Vielzahl ernsthafter Amateure zurück.

Schädel

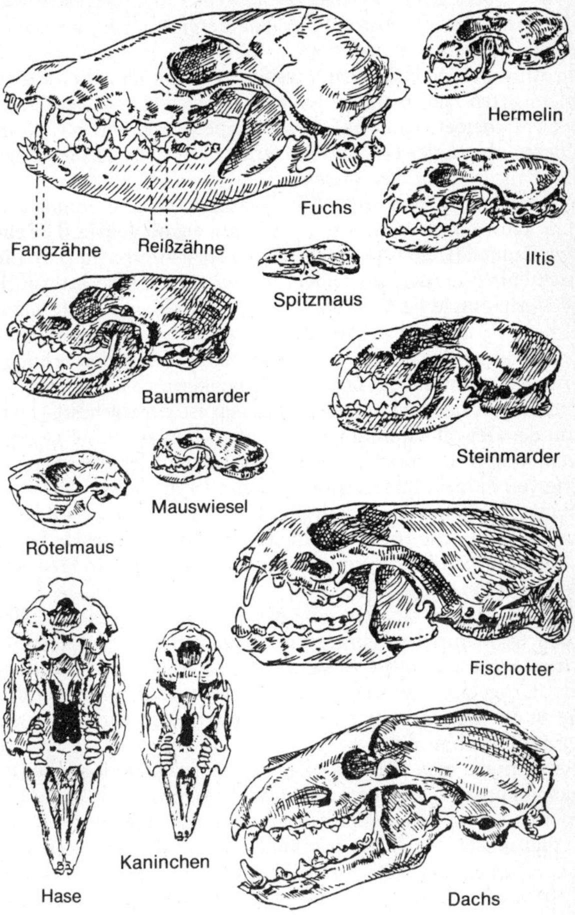

Hermelin

Fangzähne   Reißzähne

Fuchs

Iltis

Spitzmaus

Baummarder

Steinmarder

Rötelmaus

Mauswiesel

Fischotter

Hase

Kaninchen

Dachs

Von den waldläuferischen Spezialgebieten

Bei der Überlegung, welches Spezialgebiet man betreiben will oder ob man bei der Allround-Waldläuferei verbleibt, kommt es auf die eigenen Neigungen an.

Ein Allround-Waldläufer interessiert sich für alles. Er wird zu einem guten Naturkenner. Jemand, der sich für ein Spezialgebiet entscheidet, kann auf diesem Experte werden, bleibt auf anderen aber Laie. Um dies zu vermeiden, sollte er die übrige Natur nicht außer acht lassen.

Spezialgebiete gibt es viele. Sie alle aufzuzählen ist unmöglich. Man kann eine bestimmte Wildtierart auswählen (z.B. Reh- oder Damwild), man kann eine Tiergruppe erforschen (z.B. die Insektenfresser, die Eulen oder die Greifvögel). Man kann auch die Verhältnisse bestimmter Biotope untersuchen, wozu dann auch die Pflanzen gehören (z.B. die Lebewelt an einem Bachabschnitt oder in einem Feldgehölz). Man kann sich den Schmetterlingen widmen oder den Ameisenvölkern.

Auch das Aufstellen von Sammlungen ist ein solches Gebiet. Von der Gewöllesammlung haben wir schon auf S. 74 gesprochen. Wie ist es mit einer Schädelsammlung oder einer Sammlung von Flügeln (ohne daß man dafür Tiere töten darf!)? Wer Pflanzen sammeln möchte, legt sich ein Herbarium an, und wer das Leben und die Fortpflanzung unserer Wasserinsekten beobachten will, wird nicht umhinkommen, zu Hause ein Freilandaquarium einzurichten (S. 207).

Wer hat schon einmal an eine Käfersammlung gedacht? Oder einen Maulwurfsbau aufgegraben und versucht, das gesamte Gangsystem mit allen Kesseln zu erforschen und möglichst maßstabsgetreu aufzuzeichnen? Das Leben und Treiben der Bilche in der Dämmerung ist genauso interessant wie ein Ansitz bei der Hirschbrunft.

Häufig findet man sein Spezialgebiet durch Zufall. Irgendwo ist man auf etwas Besonderes gestoßen. Es kommt auch darauf an, wo man wohnt und welche Tiere es dort gibt. Wer an der Küste zu Hause ist, beschäftigt sich vielleicht mit den Strandvögeln. Wer an einem See wohnt, erforscht die Geheimnisse der Schilfbuchten, der Sumpfufer; im Binnenland gibt es vielleicht ein Moor — und so weiter und so fort.

Jagd mit der Kamera

Unter dieser Überschrift wollen wir allgemein die **Tierfotografie** verstehen. Das ist ein Gebiet, das viele begeistert. Ein warnendes Wort voraus: Durch »besessene« Fotografen ist in der Natur schon viel Schaden angerichtet worden. Wild wurde vergrämt, Jungtiere von ihren Müttern verlassen, und Vogelgelege gingen zugrunde, weil die Brutvögel wegen der Störungen ihre Nester aufgaben.

> Deshalb ein Gebot vorweg:
> Brütende Vögel werden niemals belästigt oder gestört.
> Nestgelege sind absolut tabu!

Für uns Waldläufer ist das selbstverständlich, denn wir hatten uns ja schon gegenseitig versprochen, unserem Tätigkeitsdrang immer dort Einhalt zu gebieten, wo Tiere oder Pflanzen Schaden erleiden könnten.

Mit Ausnahme der Kleintierfotografie, ist »die Jagd mit der Kamera« kein Arbeitsgebiet für »Nur-Fotografen«. Das soll heißen, daß jemand, der Tiere in freier Wildbahn erfolgreich fotografieren will, zugleich ein erfahrener Waldläufer sein muß. Ohne dessen Wissen, ohne Kenntnis von den Lebensgewohnheiten der Wildtiere, wird man bestenfalls einen Zufallstreffer landen können, ansonsten aber einen Sack voll Mißerfolge!

Das soll aber nicht von diesem besonders schönen Teilgebiet unserer Waldläuferei abschrecken. Gewarnt sei nur vor dem Gedanken, tatendurstig in den Wald zu ziehen und zu hoffen, irgendwo ein Reh fotografieren zu können. Ohne Vorbereitungen, ohne Erkunden an Ort und Stelle und ohne die richtige fototechnische Ausrüstung wird das nämlich nichts. Eine erfolgreiche »Kamerajagd« auf Wild ist nämlich wesentlich schwieriger als die Jagd mit der Büchse. Der fotografierende Waldläufer muß nicht nur die Kenntnis des Waidmannes besitzen, er muß auch wesentlich näher heran an das Tier. Außerdem hat er dauernd mit den Lichtverhältnissen zu kämpfen, da sich das Geschehen meist in der Morgen- und Abenddämmerung abspielt. Allerdings hat er den Vorteil, auch außerhalb der Jagdzeit mit seiner Kamera »jagen« und besonders interessante Bilder mit nach Hause nehmen zu können. Übrigens sind Jagdpächter und Förster oft an guten Bildern von ihrem Wild interessiert.

Das Handwerkszeug des »Kamerajägers«

Leider gehört zu dieser Tätigkeit eine spezielle fototechnische Ausrüstung, auf die wir hier für die verschiedenen Zwecke eingehen wollen. Dabei denken wir immer an den mageren Geldbeutel aller Waldläufer.

Die Kamera

Obwohl vor 80 oder 100 Jahren die Altmeister der Wildtierfotografie ihre noch heute bewunderungswürdigen Aufnahmen mit urtümlichen Plattenkameras »geschossen« haben, sind Pocket- und ähnliche Minikameras wegen ihrer geringen Brennweiten ungeeignet. Wir benötigen mindestens eine Negativgröße von 24 x 36 mm, also den normalen 136er-Kleinbild-Film. Selbst Kleinbild-Kameras mit fester Optik, sogenannte Kompaktkameras, sind nur zum Fotografieren von Kleintieren geeignet, deren Fluchtabstand gering ist (z.B. Käfer, Frösche u.ä.). Wem es dennoch gelingen sollte, mit einer Kompaktkamera einem Hasen bis 25 Meter auf die Pelle zu rücken, der benötigt später eine Lupe, um auf der Vergrößerung den Mümmelmann überhaupt wiederzufinden.

Zur Wildtierfotografie sind nur Kameras brauchbar, bei denen man das Normalobjektiv (von etwa 50 mm Brennweite) abschrauben und durch ein längerbrennweitiges Teleobjektiv ersetzen kann. Ähnlich wie beim Fernglas wird dann das Tier »näher herangeholt«. Leider haben langbrennweitige Objektive die Eigenschaft, daß ihr Tiefenschärfebereich klein ist. Das heißt, der Bereich vor und hinter dem Tier, der auf dem Film scharf abgebildet wird, schrumpft zusammen. Man muß also die Entfernung ganz genau einstellen. Dazu reicht Schätzen mit dem Auge nicht aus. Wer es dennoch versucht, hat zwar das Tier groß genug auf seinem Bild, aber verschwommen, weil die Tiefenschärfe kurz vor oder hinter dem Tier gelegen hat.

Für unsere Zwecke ist eine **Spiegelreflexkamera** ideal. Das Okularbild im Prismensucher entspricht genau dem späteren

Bild der Aufnahme, gleichgültig was für ein Objektiv einge-
schraubt ist. Weiterhin ist ein »Schnittbildentfernungsmesser«
bzw. ein »Mikroprismenraster« eingearbeitet, die die genaue
Entfernungseinstellung problemlos machen.
Nun sehe ich, wie einige resigniert weiterblättern und denken:
Schade, Tierfotografie wäre eine tolle Sache für mich, aber wo
soll ich eine so wertvolle Spiegelreflexkamera herbekommen? —
Langsam! Nicht gleich die Flinte ins Korn werfen!

Wie man zu einer Spiegelreflexkamera kommt:

Derartige Kameras gibt es seit 30 Jahren. Inzwischen wurden
sie verfeinert und mit neuen Einzelheiten versehen, blieben
sich aber im Prinzip gleich. Jahr für Jahr kommen neue Modelle
auf den Markt, das heißt: Überall liegen ältere Kameras herum,
deren Besitzer sich einen modernen Apparat zugelegt haben.
Allerdings haben sie häufig ihre »alte« für die »neue« in Zahlung gegeben. Dann liegt die alte also beim Fotohändler und
wird dort als »Gelegenheitskauf« zu haben sein. Gerade jetzt ist
die Situation günstig, denn man ist von dem bisher einheitlich
gebauten »M42-Schraubanschlußsystem« (für Zusatzobjektive)
auf den etwas praktischeren »Bajonettanschluß« übergegangen.
Und da es bei Hobby-Fotografen ähnlich ist wie bei Autonarren
(die auch immer das neueste Modell haben müssen), gibt es zur
Zeit im Gebrauchthandel besonders viele Spiegelreflexkameras
mit Schraubgewinde nebst den dazugehörigen Objektiven, die
auf die neuen Bajonettanschluß-Kameras ja nicht mehr passen.
Falls man also nicht eine ältere »abgelegte« Spiegelreflexkamera
»erben« kann, ist es durchaus möglich, sie beim Fotohändler
günstig zu erstehen. Das wäre für einen künftigen Foto-Wald-
läufer genau die richtige Grundlage. Diese Kamera sollte fol-
gende Eigenschaften haben:
- M42-Objektivanschlußgewinde,
- (Metall-)Schlitzverschluß mindestens bis zu 1/500 Sekunde,
- Schnittbildentfernungsmesser im Sucher,
- Anschluß für einen Drahtauslöser,
- Anschluß für Elektronenblitzgerät und Kolbenblitze (X- und
  M-Kontakt).
Mit einem Normalobjektiv (etwa 1:2,8/50 mm) kann man eine
solche Kamera älteren Datums unter 100 Mark erwerben.

Wenn sie über einen elektrischen »Nachführbelichtungsmesser« verfügt, ist man besonders fein heraus. Sonst müßte man — wie wir alten Kamerajäger das früher gar nicht anders kannten — anhand eines Handbelichtungsmessers die Blenden- und Verschlußzeiteinstellungen ermitteln oder »nach dem Daumen peilen«, d.h. die jeweiligen Lichtverhältnisse schätzen. Das ging auch bei uns »damaligen Experten« häufig schief.

Die Objektive

Zur Tierfotografie benötigt man mindestens ein langbrennweitiges Teleobjektiv, um das aufzunehmende Tier »näher heranzuholen«. Zur Beurteilung folgende Aufstellung:
Im Querbild würde ein etwa 1 Meter großes Tier (Reh) formatfüllend abgebildet werden mit dem

- 50mm-Normalobjektiv auf 2,20 Meter Abstand,
- 135mm-Teleobjektiv auf 6,80 Meter Abstand,
- 200mm-Teleobjektiv auf 8,75 Meter Abstand,
- 270mm-Teleobjektiv auf 11,75 Meter Abstand,
- 300mm-Teleobjektiv auf 13,00 Meter Abstand,
- 400mm-Teleobjektiv auf 17,30 Meter Abstand,
- 500mm-Teleobjektiv auf 21,60 Meter Abstand.

Da man gerne ein bißchen von der Umgebung (vom Biotop) des Tieres »mit auf dem Bild« haben möchte, genügt dessen halbe formatfüllende Abbildung. Man kann also jeweils doppelt soweit entfernt sein wie oben angegeben.
Nun schließt natürlich jeder: Aha! Je größer die Brennweite, um so besser. Leider stimmt das nicht ganz, denn je länger die Brennweite des Objektivs, um so schwerer wird es, und um so leichter kann man die Aufnahmen »verwackeln«. Noch nachteiliger ist es, daß mit wachsenden Brennweiten die Lichtstärken abnehmen.
Die **Lichtstärke** eines Objektivs ist auf dem Objektivrand eingraviert, z.B. 1:2,8/50 mm. Das bedeutet: Die größte Objektivblendenöffnung (und damit das einfallende Licht) steht zur Brennweite im Verhältnis 2,8:5. Mit anderen Worten: Wir können vom vorhandenen Licht nur weniger als die Hälfte zur Belichtung unseres Filmes ausnutzen. Da wir häufig bei ungünstigem Licht arbeiten, kommt der Lichtstärke eine besondere

Die Kamera

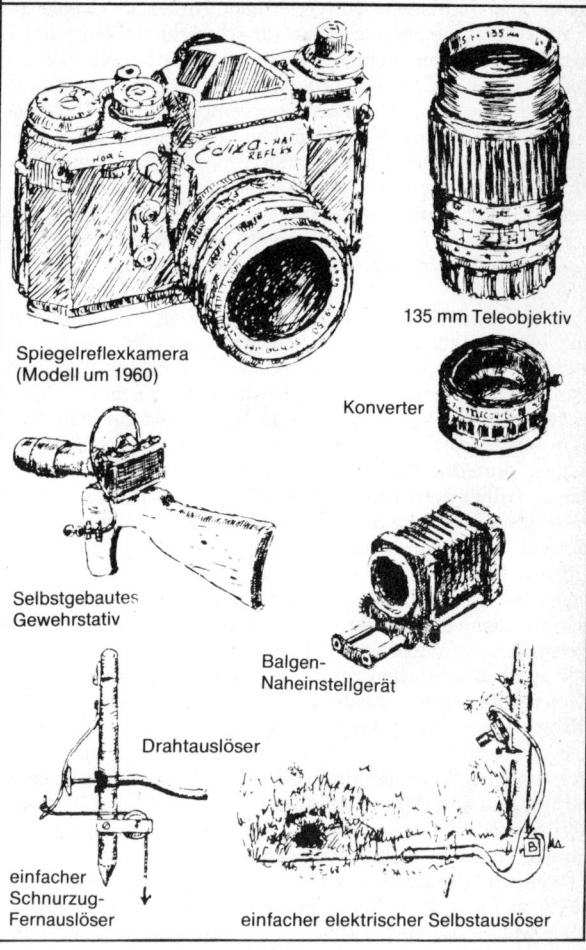

Spiegelreflexkamera
(Modell um 1960)

135 mm Teleobjektiv

Konverter

Selbstgebautes
Gewehrstativ

Balgen-
Naheinstellgerät

Drahtauslöser

einfacher
Schnurzug-
Fernauslöser

einfacher elektrischer Selbstauslöser

Bedeutung zu. Je kleiner das genannte Verhältnis ist (z.B. 1:1,2), um so lichtstärker ist das betreffende Objektiv. Die relativ geringe Lichtstärke von 1:5,6 galt früher als Grenze bei Dämmerungsaufnahmen. Für noch schwächere Objektive benötigte man Sonnenschein. Dieses »früher« bezieht sich auf Zeiten, als es noch keine hochempfindlichen Filme gab. Das ist heute anders. Durch Wahl eines hochempfindlichen Films kann man schwache Objektiv-Lichtstärken ausgleichen. Und wer den obenerwähnten Nachführbelichtungsmesser hat, kann diese Probleme vergessen. Auf die jeweilige Filmempfindlichkeit eingestellt, zeigt er nicht nur automatisch das richtige Verschlußzeit/Blenden-Verhältnis an, sondern gibt auch sichere Auskunft, »ob es noch geht« oder ob es schon zu dunkel ist.

Welche Teleobjektive kommen für uns in Frage? Hochlichtstarke Objektive scheiden aus Kostengründen aus. Wir werden uns deshalb mit den »gängigen« älteren Teleobjektiven begnügen. Das weitaus häufigste hat die Brennweite 135 mm bei einer Lichtstärke von 1:3,5 oder 1:4. Es ist für uns gut brauchbar. Wir müssen aber — wie wir in unserer Aufstellung sehen — bei halber Formatfüllung bis auf 13 Meter »ran an das Reh«. Gewiß gab es früher auch längerbrennweitige Teleobjektive, die nun ebenfalls relativ preiswert auf dem Gebrauchtmarkt angeboten werden. Sie sind aber weitaus seltener.
Um ein 135mm-Teleobjektiv besser nutzbar zu machen, können wir uns einen »Konverter« beschaffen. Das ist eine zwischen Kamera und Objektiv einschraubbare Zusatzoptik, die die Brennweite verdoppelt. Wir hätten dann ein Teleobjektiv mit der schon beachtlichen Brennweite von 270 mm (Reh aus 23 Meter Entfernung!). Leider sinkt dabei die Lichtstärke auf 1/4 ihres ursprünglichen Wertes, also beispielsweise von 1:4 auf 1:8. Außerdem müssen wir berücksichtigen, daß man wegen der erhöhten Verwackelungsgefahr kurze Verschlußzeiten benötigt, also ab 270mm-Brennweite etwa 1/250 bis 1/500 sec. Mit einem Stativ (s.u.) kann man längere Verschlußzeiten zugunsten besserer Blendenwerte einstellen.
Soweit zur Grundausstattung für die »Jagd mit der Kamera« auf größere Tiere. Wer Tiere mit kleinem Fluchtabstand aufnehmen will — das sind solche, an die man nahe herankommen

kann, ohne daß sie sofort fliehen (z.B. ein Frosch) —, ist mit dem 135mm-Teleobjektiv allein gut bedient.

Will man noch näher heran (z.B. an Käfer), kann man sein Objektiv durch **Vorsatzlinsen** oder **Zwischenringe** künstlich »kurzsichtig« machen. Man nennt das Makrofotografie. Auf dem Bild sind mehr Einzelheiten zu erkennen, als man mit dem bloßen Auge sehen kann. Wer das Leben kleiner Tiere — von der Eidechse abwärts bis zur Ameise (entsprechend natürlich Pflanzen und Blüten) — zu seinem Spezialgebiet erklären will, beschafft sich am besten ein **Balgennaheinstellgerät**, das anstelle der Zwischenringe zwischen Kamera und Objektiv geschraubt wird und stufenlose Abbildungsmaßstäbe bis zu zweieinhalbfacher Vergrößerung zuläßt. Eine Ameise, auf Formatgröße fotografiert, wird auf der Projektionsleinwand zu einem furchteinflößenden Ungeheuer.

Auf jeden Fall soll ein angehender Tierfotograf ein spezielles Fotobuch durcharbeiten — am besten eines, das in der Zeit geschrieben wurde, aus der seine Kamera stammt. Zum rein Fototechnischen sei noch erwähnt, daß ein Blitzlichtgerät mit großem Vorteil verwendet werden kann. Ferner sollte man anfangs mit preiswerten Schwarzweißfilmen (Empfindlichkeit 24 DIN/200 ASA) arbeiten. Man wird nämlich bald auf das (viel Geld sparende) Selbstentwickeln und Selbstvergrößern kommen, wobei man sich den Vergrößerungsapparat unter Verwendung eines Normalobjektivs selbst bauen kann.

Mit der Kamera in der freien Wildbahn

Streife oder Pirsch mit der Kamera bringen selten Erfolge. Der Abstand zu den Tieren (insbesondere dem Wild) bleibt meist zu groß. Die hierzu notwendigen langbrennweitigen Objektive sind schwer und erfordern — um Verwackeln zu vermeiden — den umständlichen Aufbau auf ein Stativ. Eine Aushilfe ist das sogenannte **Gewehrstativ**, das man als »Bruststativ« kaufen kann, das sich ein sparsamer Waldläufer aber leicht für ein paar Mark selbst baut.

Es besteht aus einem als Gewehrkolben gearbeiteten Holzstück, auf dem mit einer Stativ-Gewindeschraube die Kamera befestigt wird. Ausgelöst wird mit dem Drahtauslöser, dessen Knopf dort angebracht wird, wo sich beim Gewehr der Abzug befindet. Mit dem Gewehrstativ wird ähnlich fotografiert, wie mit einem Gewehr geschossen wird. Das »Verwackeln« wird durch den Halt beim Eindrücken des Gewehrkolbens in die Schulterbeuge und durch den Griff beider Hände vermindert. Vor allem für Flugaufnahmen größerer Vögel ist das Gewehrstativ brauchbar, weil man die Kamera gut mitführen kann. Auch hier sollte die Belichtungszeit nicht unter 1/250 sec. betragen.

Fünfundneunzig Prozent der von uns bewunderten Aufnahmen freilebender Tiere kommen durch Ansitz hinter gut getarnten Schirmen oder aus dem Beobachtungszelt (s. S. 82) heraus zustande. Diese Methode sollten wir bevorzugen, gleichgültig ob wir Wild fotografieren, kleinere Tiere oder Vögel. Einem Foto-Ansitz muß intensive Vorbereitung vorausgehen, wobei durch Fernglasbeobachtung festzustellen ist, wo sich das zu fotografierende Tier zu einer bestimmten (noch hellen) Tageszeit am regelmäßigsten aufzuhalten pflegt. Dort wird im richtigen Abstand (je nach der zur Verfügung stehenden Teleobjektiv-Brennweite, gemäß Aufstellung auf S. 158) das Beobachtungszelt aufgebaut und gut getarnt. Mindestens einen Tag bleibt es dort unbesetzt stehen, damit sich die Wildtiere an seinen Anblick gewöhnen. Erst dann bezieht man es, baut seine technischen Einrichtungen (Stativ, Kamera, Zubehör, Jagdstock usw.) auf, stellt die voraussichtliche Entfernung, Belichtungszeit und Blende ein, spannt den Verschluß und . . . wartet geduldig. Im Beobachtungszelt kommt man sich bald wie unter einer Tarnkappe vor, weil die Tierwelt sich in nächster Nähe so vertraut und natürlich gibt, als wäre man gar nicht da. Schon allein die stillen Wartestunden werden zu einem unvergeßlichen Erlebnis, weil man Muße hat, selbst das Geringste und Nebensächlichste zu beobachten.

Geeignete Stellen zum Ansitz im Tarnzelt sind neben erkundeten Äsungsplätzen und Wildwechseln, Steine, Pfähle oder einzelne Bäume, auf denen man mit ziemlicher Regelmäßigkeit das »Aufblocken« von Greifvögeln beobachtet hat. Auch kleinere Vögel haben ihre Lieblingsplätze, die sie immer wieder anfliegen. Im Winter sind Anfütterungsstellen ideal. Für Tiere, die in Kolonien leben (Murmeltiere, Wildkaninchen) oder in Bauen (Otter, Biber, Kleinnager), ist der Platz für den Aufbau keine Frage. Wasservögel wird man an einer freien Uferstelle im Schilf vor das Objektiv bekommen. Jeder erfahrene Waldläufer weiß selbst am besten, wo er mit seinem Zelt Chancen hat, dem von ihm gewünschten Wildtier so nahe zu kommen, daß er es unbemerkt fotografieren kann.

Als Ergänzung zu dem auf S. 82 beschriebenen Ansitzzelt sei noch erwähnt, daß es als Foto-Tarnzelt rundum verschließbare Beobachtungs- und »Schießluken« haben sollte. Diese müssen in Höhe des Stativkopfes, auf dem sich die Kamera befindet, angebracht sein. Bei nur einer Luke besteht die Gefahr, daß das Tier im entscheidenden Augenblick im »toten Winkel« steht. Ein selbstangefertigtes Foto-Ansitzzelt gehört zur wichtigsten Ausrüstung eines »Jägers mit der Kamera«.

Vom Fallenstellen mit der Kamera:

Foto-Waldläufer finden eine erfolgversprechende Bastelbetätigung im Bau von Fotofallen. Das sind Vorrichtungen, mit denen sich scheue Wildtiere selbst fotografieren.

Für diesen Zweck kann man sich verschiedene Auslösungskontakte herstellen, die vom einfachen **Tritt- oder Berührungskontakt** bis hin zu raffinierten **Infrarot-Lichtsperren** reichen. Sowohl die einfachen Kontakte, die auf dem Prinzip eines elektrischen Schaltdrahtes beruhen, wie auch die Lichtsperren bewirken, daß eine auf diese Stelle gerichtete Kamera (und ein Blitzgerät bei Nacht) vom Tier selbst ausgelöst werden. Da man den Apparat nah aufstellen kann, kommen auch Kompaktkameras in Frage. Der Platz für eine solche Falle ist so zu wählen, daß »Unbefugte« die Fotogeräte nicht zufällig »finden«.

Bei besonders vorsichtigen Tieren (z.B. Jungfüchsen vor ihrem Bau) löst man seine eingebaute Kamera per **Fernauslöser** elektrisch oder pneumatisch (durch einen Luftdruckschlauch) aus einem bis zu 30 Meter entfernten Versteck aus.

Damit soll das Waldläuferthema »Jagd mit der Kamera« abgeschlossen sein. Über die Tierfotografie gibt es gute weiterführende Sachbücher, von denen man einige lesen sollte.

Wildnisexpeditionen

Normannen-Expedition am »Grünen Otterfluß«:
Nicht ganz zufällig wollen wir uns jetzt den Wildnisexpeditionen zuwenden. Dieser Begriff oder besser die Tätigkeiten, die er umfaßt, wurden 1980 von einer Gruppe Jungen, der Pfadfinder-Sippe »Normannen«, sozusagen »erfunden«.

Da sich diese acht jungen Abenteurer seit langem mit Waldläuferei beschäftigt hatten, lag es nahe, die übliche vierwöchige Pfadfinder-Großfahrt speziell unter dieses Thema zu stellen.

Sie beschlossen, als Ziel ein ganz ursprüngliches und »wildes« Land aufzusuchen, wo man die in Deutschland längst »ausgestorbenen« größeren Wildtiere noch in freier Wildbahn beobachten kann. Nach langen Beratungen, Kartenstudien und dem Wälzen von Fachbüchern einigte man sich auf Skandinavien! Dort ist für Waldläufer und Pfadfinder »die Welt noch in Ordnung« (d.h. man darf ohne weiteres alle Wälder betreten und kann überall zelten).

Als Forschungsbereich wurden die großen Waldregionen nordwestlich des Vassjön, eines Sees bei der kleinen Stadt Torsby (in Nordvärmland) unweit der norwegischen Grenze »ausgeguckt«. Torsby kann man von Göteborg aus (dem Endhafen der Kieler Schwedenfähre) gut mit einer Kleinbahn erreichen. In diesem hügeligen Urwaldland gibt es zahlreiche Seen, Wildbäche und -flüsse. Einer von diesen (noch namenlos, später »Grüner Otterfluß« getauft) hatte es ihnen angetan, denn nach der Karte bildete er mitten im Urwald mehrere hintereinanderliegende, natürliche Stauseen. Dort »irgendwo« wollten sie ihr Standlager (sie nannten es abenteuerlich »Jagdlager«) errichten. Nun würde es zu weit führen, die zahllosen Abenteuer dieser »Wildnisexpedition« aufzuzählen. Es soll aber doch erwähnt werden, daß die Normannen − nach drei Tagen über einen halb zugewachsenen Pfad an Ort und Stelle angekommen − am Waldfluß eine verschlossene Hütte der Forstverwaltung entdeckten, in deren Nachbarschaft sie ihr aus zwei Kohten bestehendes Standlager aufschlugen. Bei dieser Hütte gab es nämlich einen Brunnen mit gutem Trinkwasser und eine gemauerte Feuerstelle zum Abkochen. (Kohten sind spezielle schwarze Pfadfinderzelte, in denen man Feuer brennen kann.)

Von hier begannen sie, die umliegende Waldwildnis am »Grünen Otterfluß« zu erforschen. Sie entdeckten im moorigen Grund Trittsiegel zahlreicher Elche und vom Vielfraß, bauten Beobachtungsschirme und konnten in den hellen Mittsommernächten stundenlang die urigen Schaufler beobachten (und fotografieren), wie sie bis zum Bauch in den Sumpfseen standen und prustend Wasserpflanzen ästen. Sie beobachteten jagende Fischotter, Hermeline, eine Dachsfamilie, Auerwild und einen Uhu. Die Berichte in ihrem sorgfältig geführten Waldläufertagebuch sind eine einzige Kette spannender Abenteuer, künden aber auch von Mühsal, Geduld und »heldenhaften Kämpfen« gegen die Mückenplage. Höhepunkt war die zufällige Begegnung mit einem Luchs, der aber sofort in einem Geklüft haushoher überwachsener Felsbrocken verschwand und sich nie wieder blicken ließ.

Nach zehn Tagen – als sie gerade zur Frühstücksrunde um ihr Feuer versammelt saßen – stand plötzlich der schwedische Forstmeister vor ihrem Wildcamp. Er jagte sie nun nicht etwa davon, sondern war von ihrem waldgerechten Verhalten so begeistert, daß er ihnen nicht nur die Forsthütte aufschloß, sondern sie mit seinem Landrover 25 Kilometer weit zu den Biberburgen und -dämmen am Jola-Fluß fuhr und nach zwei Tagen wieder abholte, um mit ihnen im Varaldskogen an der norwegischen Grenze auf Wildrentiere zu pirschen. Mit diesem Forstmeister stehen sie noch heute im Briefkontakt.

Kein Wunder, daß die Normannen nach einer solchen Wildnis-Großfahrt für das kommende Jahr eine ähnliche Expedition planten, diesmal in das noch fast unberührte Sumpfland des Neretva-Flußdeltas in Dalmatien (Jugoslawien).

Vorbereitung von Wildnisexpeditionen

Solche Wildnisexpeditionen sind Höhepunkte der Waldläuferei. Um sie erfolgreich durchzuführen, muß man nicht nur ein guter Waldläufer sein, sondern auch eine Menge von der Wildnisfahrtentechnik verstehen.

Man braucht nicht gleich auf den Balkan zu gehen. Auch in Deutschland, Österreich und Südtirol gibt es noch Naturparks und Freigehege (z.B. Bayerischer Wald), wo man in einer »Mi-

ni-Wildnisexpedition« Erfahrungen sammeln und die einst bei
uns heimischen Wildtiere beobachten und fotografieren kann.
Nur – die Tiere werden dort in relativ kleinen Gehegen von
Menschen betreut. So ein tolles Wildnis-Standlager wie das der
Normannen am »Grünen Otterfluß« in Värmlands Urwäldern
kann man weder in den Naturparks noch sonstwo in Deutschland aufschlagen. Das Abenteuerliche und Spannende – nämlich den seltenen Wildtieren in ihren unverfälschen Wildnis-
Lebensräumen nachzuspüren – fehlt. Deshalb sollten diejenigen, die ohnehin Sommer für Sommer »auf Fahrt« gehen – also nicht ganz unerfahren sind –, sich wirklich einmal überlegen, eine »Wildnisexpedition« in eine der wenigen in Europa
noch vorhandenen Naturlandschaften zu planen mit dem
Zweck, die dort lebenden Großwildtiere nach allen Regeln der
Waldläuferkunst zu beobachten.
Ein solches Unternehmen bedarf einer besonders sorgfältigen
Vorbereitung, vor allem hinsichtlich der Verpflegung, da man
ja nicht rasch zum »Kaufmann um die Ecke« laufen kann, wenn
das Brot zur Neige geht. Vor allen Dingen muß man sich klar
sein, **welchen** Tieren man nachspüren will und **was** man dazu
im einzelnen an Sonderausrüstung benötigt (Beobachtungszel-
te, Material zum Präparieren, Plastiktüten für Sammelobjekte,
Gips für Abgüsse von Trittsiegeln, Filme und Zubehör für die
»Kamerajagd«, Kompasse, Bestimmungsbücher, Kartenmate-
rial usw.). Daß jeder über sein eigenes Fernglas verfügt, dürfte
selbstverständlich sein. Neben anderem gehören Kochgeschirre
genauso dazu, wie der (auf S. 32 beschriebene) wetterfeste
Wildnisschlafsack, in dem man Beobachtungsnächte auch ohne
Zeltdach verbringen kann.
Wer dieses Waldläufertaschenbuch aufmerksam studiert hat
und sich außerdem mit dem bereits erwähnten »Gegenstück«,
dem Wildnisfahrer-Handbuch »Fahrten, Ferne, Abenteuer« beschäftigt, wird wissen, wie er sich vorzubereiten hat.

Durchführung von Wildnisfahrten

Von Fahrten unterscheidet sich eine Wildnisexpedition durch
ihre »innere Organisation«. Es ist sinnlos, wenn jeder (oder
auch die ganze Fahrtengruppe gemeinsam) nach Ankunft und

Aufbau des Standlagers aufs Geratewohl losabenteuert. Am besten ist es, die Gruppe (je nach Neigung und Spezialgebieten) in »Zweierteams« aufzuteilen, in den ersten Tagen in Form von Streifen das neue Forschungsgebiet — ähnlich wie wir das bei unserem ersten heimatlichen Forschungsrevier (S. 13 ff.) getan haben — zu erkunden und nach Trittsiegeln, Losung und anderen »Verrätern« abzusuchen, um herauszufinden, welche Tiere hier leben und wo sie wahrscheinlich anzutreffen sind (z.B. durch Häufung von Fährten an Zwangpässen, Tränken an Gewässern, Äsungsplätzen usw.). Alle Beobachtungen werden von den Zweierteams in Streifenbüchern festgehalten, abends im Standlager als Kurzbericht im gemeinsamen »Expeditionsbuch« (Waldläufertagebuch) ausgewertet und auf der Karte vermerkt.

So wird das unbekannte Wildnisgebiet schon nach einigen Tagen vertraut, und es schälen sich etliche »heiße Stellen« heraus, die für Beobachtungen geeignet erscheinen. Hier werden — wiederum unter Beachtung aller Regeln der Waldläuferei (Windrichtung, Tarnung, Abstand, Lichtverhältnisse für die Kamerajäger usw.) — Ansitze, Schirme oder Beobachtungszelte errichtet. Diese Stellen werden nach festgelegtem Zeitplan von den einzelnen Teams (die sich abwechseln) besetzt. Das kann stundenweise am Abend oder in den frühen Morgenstunden geschehen, für eine ganze Nacht (die im Sommer in Skandinavien so hell ist, daß man ohne Lampe Zeitung lesen kann) oder auch als »Außenstützpunkt« für mehrere Tage.

Am Tag wird die Besatzung eines Außenstützpunktes durch Streifen ihr spezielles Teilrevier genauer erforschen, Fundstükke sammeln, Trittsiegelabgüsse anfertigen und neue Erkenntnisse gewinnen. Abends bezieht sie wieder ihren Beobachtungsposten, wobei einer beobachtet, während der andere schläft (aber natürlich geweckt wird, wenn etwas »los« ist).

Wenn man in dieser systematischen Form an die Sache herangeht, wird man auch Erfolg haben, viele Abenteuer bestehen und unvergeßliche Erlebnisse mit nach Hause bringen.

Zum Schluß noch ein guter Rat: Man kann Mißerfolge und vergebliche Erkundungsstreifen vermeiden, wenn man vorher kundige »Eingeborene« (Förster, Waldarbeiter, Jäger, Bauern, Holzfäller) aufsucht und deren Ratschläge einholt.

Wildvogelkunde

Schon wiederholt wurden (z.B. bei den »Trittsiegeln und Geläufen«) die größeren in Deutschland vorkommenden Vögel angesprochen, ohne daß sie bisher näher beschrieben wurden. Die Artenzahl der Wildvögel ist so groß, daß die folgenden Kurzbeschreibungen nur die wichtigsten Bestimmungsmerkmale, die ein Waldläufer kennen sollte, enthalten. Wer sich auf Vogelkunde und Vogelbeobachtung (Ornithologie) spezialisieren will, insbesondere auf die Klein- und Singvogelwelt, muß sich hierzu ein besonderes Bestimmungsbuch beschaffen.

Greifvögel

Steinadler:
Aussehen: Dunkelbraun mit goldgelber Tönung am Kopf, befiederte Ständer (Beine), blauschwarzer Schnabel und kaum gerundeter Stoß (Schwanz); aufgeblockt (sitzend) bis 90 cm hoch, Spannweite bis 230 cm; segelnder Flug mit gelegentlichen Flügelschlägen, Handschwingen (Flügelenden) im Flug leicht nach oben gebogen. **Lebensraum**: An felsigen Gebirgswänden und in Gebirgswäldern. **Lebensweise**: Schlägt Säugetiere bis zur Größe vom Rehkitz, geht auch an Fallwild; Horstzeit (Brutzeit) März-April, große Horste auf Felsvorsprüngen und hohen Bäumen, 1-2 Eier; Stimme: Pfeifendes »Kijäh«.

Seeadler:
Aussehen: Graubraun, gelbweißer Schnabel, kurzer, keilförmiger Stoß, unbefiederte Ständer; aufgeblockt bis 95 cm hoch, Spannweite bis 240 cm (größter Adler); segelnder Flug mit geraden Handschwingen. **Lebensraum**: Ostsee, an Felsküsten und entlegenen größeren Binnenseen. **Lebensweise**: Fängt Fische von der Oberfläche, schlägt Säugetiere bis Rehgröße; horstet auf Felsklippen und hohen Bäumen, Horstzeit Februar-März, 2 Eier; Stimme: Heiseres »Kji — Kji«.

Fischadler:
Aussehen: Schwarzer Rücken, weißer Bauch mit dunklem Brustband, weißer Kopf; aufgeblockt bis 60 cm hoch, Spann-

Flugbilder 1

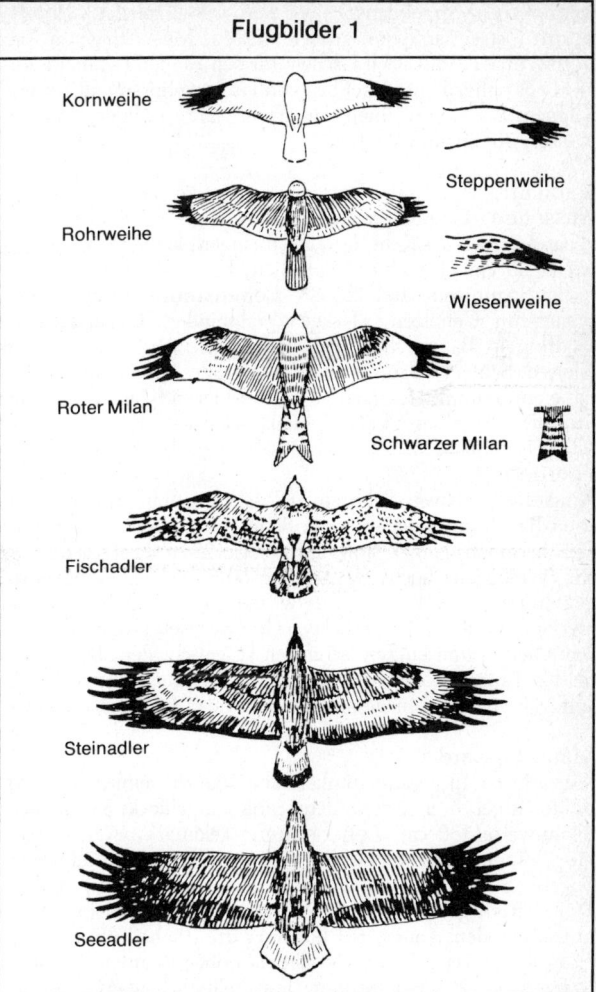

Kornweihe

Steppenweihe

Rohrweihe

Wiesenweihe

Roter Milan

Schwarzer Milan

Fischadler

Steinadler

Seeadler

weite bis 170 cm; »rüttelt« über dem Wasserspiegel. **Lebensraum**: Ostsee, an Seen, großen Flüssen, Meeresbuchten. **Lebensweise**: Stößt nach Fischen mit den Fängen (Krallen) voran. Lebt nahezu ausschließlich von Fischen; horstet auf Inseln, Klippen, Bäumen, Ruinen; Horstzeit März, 2-4 Eier; Stimme: Kurzes, abfallendes Pfeifen.

Habicht:
Aussehen: Graubrauner Rücken, weißgrauer Bauch, braun gebändert, weißer Kopf, kurze Schwingen, langer Stoß; aufgeblockt 50 cm (Terzel = Männchen) bzw. 60 cm (Weibchen) hoch; Spannweite 100/120 cm. **Lebensraum**: Offene Landschaft mit Gehölzen, Hecken, Waldränder. **Lebensweise**: Jagdflug in Baumhöhe. Schnelle Flügelschläge wechseln mit Gleiten. Schlägt Vögel bis zu Fasangröße. Horstet in Bäumen nahe am Stamm. Horstzeit April, 3-5 Eier, 38 Tage Brutdauer. Stimme: »Hijäh« und »Gik – Gik – Gik«.

Sperber:
Aussehen: Schwärzlichbrauner Rücken, gelbbrauner bis rostroter Bauch mit dunkelbrauner Bänderung, brauner Kopf, kurze Schwingen, langer Stoß; aufgeblockt 25 cm (Terzel) bzw. 38 cm (Weibchen) hoch; Spannweite 60/80 cm. **Lebensraum**: Waldränder, Gebüsch. **Lebensweise**: Jagt gewandt dicht über Hecken und durch Baumlücken. Flug wechselt zwischen längerem Gleiten und kurzen, schnellen Flügelschlägen. Beute: Vögel bis Taubengröße, Kleinsäuger; horstet auf Fichten, Horstzeit Mai, 4-6 Eier. Insgesamt ähnlich wie Habicht, aber kleiner.

Mäusebussard:
Aussehen: Insgesamt dunkelbraun, Bauch gelblich gefleckt, breite Flügel, breiter gerundeter Stoß, aufgeblockt 55 cm hoch; Spannweite 130 cm. **Lebensraum**: Feldmark, Wald, Moor, Hügelränder. **Lebensweise**: Während der Balz stundenlange Segelflüge mit aufgebogenen Handschwingen. Schwerfälliger Flug, rüttelt gelegentlich. Schlägt Beute (Mäuse, kleine Vögel) nur am Boden. Lauert auf hoher Warte (Pfahl). Nimmt auch Aas (überfahrene Tiere). Horstet auf hohen Bäumen, Horstzeit März-April, 2-4 Eier. Stimme: Katzenähnliches »Mijäh«.

Flugbilder 2

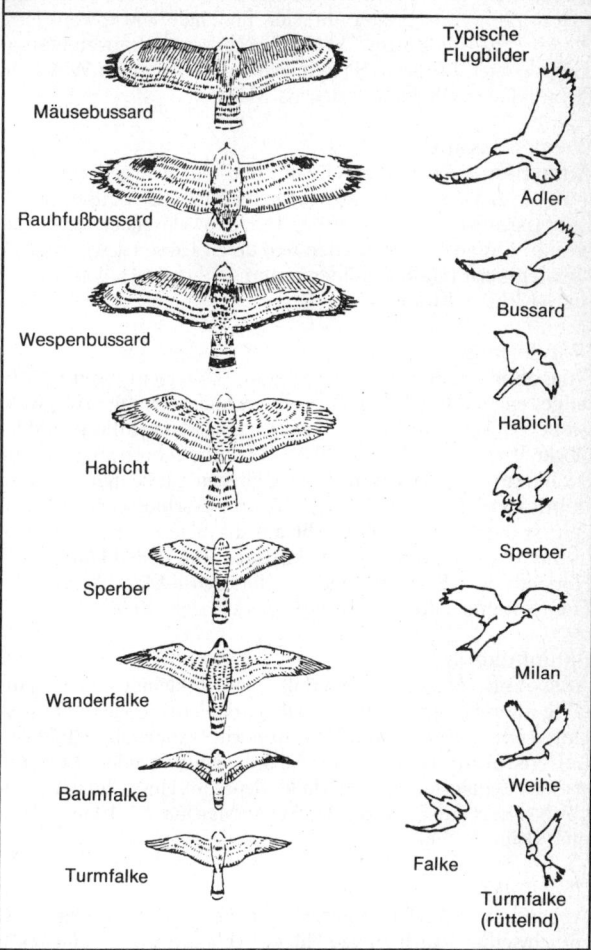

Mäusebussard

Rauhfußbussard

Wespenbussard

Habicht

Sperber

Wanderfalke

Baumfalke

Turmfalke

Typische
Flugbilder

Adler

Bussard

Habicht

Sperber

Milan

Weihe

Falke

Turmfalke
(rüttelnd)

171

Rauhfußbussard:

Aussehen: Ähnlich Mäusebussard, jedoch hellerer Bauch und weißer Stoß mit breiter dunkler Endbinde sowie befiederte Ständer. **Lebensraum**: Wie Mäusebussard. **Lebensweise**: Teilzugvogel, brütet in Skandinavien und ist nur im Winter in Deutschland; schlägt vorwiegend Mäuse.

Wespenbussard:

Aussehen: Allseits dunkelbraun und weißlich gefleckt, Kopf grau, schmalere Schwingen, längerer Stoß als Mäusebussard. **Lebensraum**: Wald, Wiesen, Heide, Waldränder. **Lebensweise**: Frißt Wespen, Bienen und deren Larven sowie Mäuse. Horstet meist in alten Krähennestern. **Stimme**: Helles »Ki-äh« und »Kicki — Kicki«.

Wanderfalke:

Aussehen: Oberseite schiefergrau, Unterseite weißrötlich, lange, spitze Flügel, langer, sich am Ende verjüngender Stoß, große (Falken-)Augen über schwarzem Wangenfleck, aufgeblockt 38 cm (Terzel) bzw. 48 cm (Weibchen) hoch; Spannweite 80/100 cm. **Lebensraum**: Offene Ebenen mit lichten Wäldern. **Lebensweise**: Schneller Jagdflug mit geschlossenen Schwingen, stürzt sich fast senkrecht auf die Beute (Vögel bis Rebhuhngröße) und tötet sie im Flug durch Biß in den Hinterkopf. Horstet in Krähennestern, Horstzeit März-April, 2-4 Eier. **Stimme**: »Keck — Keck — Keck« oder »Kijäck«.

Baumfalke:

Aussehen: Ähnlich Wanderfalke, jedoch kleiner und mit auffällig roten Hosen (Gefieder an den Ständern) sowie roter Stoß-Unterseite; aufgeblockt 30/36 cm hoch, Spannweite 60/70 cm. **Lebensraum**: Kulturland, Ödland, lichte Wälder. **Lebensweise**: Schlägt wie Wanderfalke Beute im Flug. Horstet in alten Nestern auf Bäumen, Horstzeit Mai-Juni, 2-4 Eier. **Stimme**: »Kiju — Kiju — Ke«.

Turmfalke:

Aussehen: Rötlichbraune bis rostrote gebänderte Oberseite, rötlichweißer Bauch, spitze Flügel, schlanker Stoß; aufgeblockt

Adler, Habicht, Sperber

Seeadler

Fischadler

Habicht

Steinadler

Sperber

34 cm hoch, Spannweite 70/80 cm. **Lebensraum**: Lichte Wälder, Feldmark, Städte. **Lebensweise**: Kenntlich am Rüttelflug (Flattern auf der Stelle), lauert auf Bäumen, Pfählen. Stürzt sich senkrecht auf Mäuse, Käfer, Kleinvögel. Horstet in Felshöhlen, Maueröffnungen oder in Krähennestern; Horstzeit Juni, 5-6 Eier. Stimme: »Klih – Klih – Kilih«.

Merlin-Falke:
Aussehen: Schieferblaue Oberseite, rotgelbe Unterseite mit dunklen Längsflecken. Aufgeblockt 27/33 cm hoch, Spannweite 50/55 cm. **Lebensraum**: Hügelige, sumpfige Moorlandschaften, Klippen, Meeresküste. Ist als Zugvogel nur im Winter in Deutschland. **Lebensweise**: Jagt Beute (Mäuse, Kleinvögel, Insekten) in niedrigem Flug. Lauert häufig auf Steinen, Zaunpfählen. Horstet in Skandinavien auf dem Boden (Heide, Gras, Sand). Stimme: »Kih – Kih – Kipp-ipp«.

Roter Milan:
Aussehen: Hellbraunes Gefieder mit schwarzen Flecken. Unverkennbar der gegabelte Stoß und die gewinkelten Schwingen mit weißen Flecken; aufgeblockt 60 cm hoch, Spannweite 130 cm. **Lebensraum**: Bewaldete Hügellandschaften. **Lebensweise**: Langer Segelflug mit einzelnen Flügelschlägen. Schlägt Kleinsäuger, kleine Vögel; auch Aasfresser; jagt anderen Greifvögeln die Beute ab. Horstet in Krähennestern auf hohen Bäumen; Horstzeit April, 2-3 Eier. Als Zugvogel nur im Sommer in Deutschland. Stimme: »Hi – Hi – Hijäh«.

Schwarzer Milan:
Aussehen: Ähnlich Roter Milan, kleiner, schwarzbraunes Gefieder und nur schwach gegabelter Stoß. **Lebensraum**: Gewässer. Zugvogel. **Lebensweise**: Ähnlich Roter Milan, jedoch Fischfresser. Stimme: Trillerndes »Krrieh – Krrieh«.

Rohrweihe:
Aussehen: Dunkelbraunes Gefieder, rötlichgelber Kopf, lange, breite Schwingen, langer Stoß; aufgeblockt 50/55 cm hoch, Spannweite 120/140 cm. **Lebensraum**: Moore, Seen mit viel Schilf. **Lebensweise**: Gaukelnder Segel-Gleitflug in V-för-

Bussarde und Falken

Mäuse-
bussard

Rauhfuß-
bussard

Wespenbussard

Merlin

Turmfalke　　Wanderfalke　　Baumfalke

miger Flügelstellung. Stürzt sich aus niedriger Höhe ins Röhricht auf die Beute (Wassergeflügel, Mäuse, Frösche, Fische); baut 1 Meter über dem Wasserspiegel große Röhrichtnester. Horstzeit April-Mai, 3-5 Eier. Stimme: »Kieh — Wäähh«.

Wiesenweihe:
Aussehen: Ähnlich, aber kleiner als Rohrweihe mit rostfarbenem Gefieder, hellem Bauch, spitzeren Flügeln mit schwarzen Enden und gewandterem Flug. Aufgeblockt 45 cm hoch, Spannweite 110 cm. **Lebensraum**: Feuchte Wiesen, Moor. Zugvogel. **Lebensweise**: Jagt in der Dämmerung (Kleinnager und Vögel); horstet am Boden im Getreide, auf Wiesen oder im Schilf; Horstzeit April-Mai, 4-6 Eier. Stimme: Helles »Kick — Kick«.

Kornweihe:
Aussehen: Von der Wiesenweihe nur durch fehlende schwarze Flügelspitzen und weißen Fleck am Stoß zu unterscheiden; aufgeblockt 50 cm hoch; Spannweite 125 cm. **Lebensraum**: Wie Wiesenweihe, aber häufiger in offenem Gelände und an Sandküsten. Zugvogel. **Lebensweise**: Schaukelnder Flug mit V-förmiger Flügelstellung; Beute: Mäuse, Kleinvögel, Gelege, Schlangen, Frösche. Horstet im Getreide oder Erlen- und Birkenbuschholz; Horstzeit April-Mai, 4-6 Eier. Stimme: »Gäg — Gäg — Pijäh«.

Eulen

Eulen sind Nachtvögel. Da ihre großen Augen unbeweglich nach vorn gerichtet sind, pflegen sie ihre Köpfe nach allen Richtungen zu drehen. Der Federkranz am Haupt (Schallfedern) hat etwa die Funktion von Ohrmuscheln. Ihr Flug ist lautlos. Licht zieht sie an.
Ihre Beute (90% Mäuse) töten die Eulen nicht mit den Fängen, wie die meisten Greifvögel, sondern durch Biß ins Genick. Sie schlingen ihre Beute unzerteilt. Da ihr Magensaft keine Salzsäure enthält, können sie Knochen, Federn und Haare nicht verdauen und würgen sie als Gewölleballen (s. S. 72) wieder aus. Eulen sind ganzjährig geschützt.

Milane und Weihen

Roter Milan

Schwarzer Milan

Wiesenweihe

Rohrweihe

Kornweihe

Uhu:

Aussehen: Gefieder rötlichgrau bis rostbraun, schwarz ge-
flammt; hohe gelbgesäumte Federohren, große rötlichgelbe
Augen, weißliches »Gesicht«, schwarzer Schnabel; aufgeblockt
70 cm hoch, Spannweite 150 cm (größte Eule). **Lebensraum**:
Nur noch selten in Gebirgs- und Mittelgebirgswäldern (Bayern,
Eifel, Harz, Niedersachsen), Fichtendickungen mit Felsen und
Klippen. **Lebensweise**: Standvogel, lebt ungesellig; lautloser
Flug dicht über dem Boden. Beute: Säugetiere bis Hasengröße,

Waldhühner, notfalls Aas; ruht tagsüber aufgeblockt in Stammnähe oder auf Warten. Horstet als Bodenbrüter unter Felsplatten, seltener in alten Greifvogelhorsten auf hohen Bäumen; 1-3 runde weiße Eier; Stimme: »Bu — Hu«.

Waldohreule:

Aussehen: Gefieder ähnlich Uhu, jedoch orangegelbes »Gesicht« und wesentlich kleiner; lange Federohren; aufgeblockt 30 cm hoch, Spannweite 85 cm. **Lebensraum**: Nadel- und Laubwälder. **Lebensweise**: Standvogel. Jagt nur nachts, häufig lautes Flügelklatschen. Beute: Mäuse, Kleinvögel, Insekten. Horstet in alten Nestern, Baumhöhlen oder am Boden, 2-5 weiße runde Eier; Stimme: »Hu — Hu — Hu«.

Sumpfohreule:

Aussehen: Gefieder braungelblich mit längsgestreifter Unterseite, längsgebänderte Flügel mit schwarzem Vorderfleck, gelbe Augen; aufgeblockt 35 cm hoch, Spannweite 90 cm. **Lebensraum**: Offene Moore, nasse Wiesen. **Lebensweise**: Strichvogel. Niedriger, schaukelnder Flug, jagt in der Dämmerung und am Tage (!) ausschließlich Mäuse. Einzige Eule, die Horst am Boden aus Halmen baut, 3-4 runde weiße Eier; Stimme: »Ki — Äw« oder »Bu — Bu — Bu«.

Schleiereule:

Aussehen: Gefieder goldgelb mit blaugrauem Rücken und Flügeldecke, Unterseite weiß gesprenkelt, lange x-beinige Ständer, auffällige runde weißgelbe Gesichtsmaske; aufgeblockt 30 cm hoch, Spannweite 90 cm. **Lebensraum**: Kirchtürme, Ruinen, Feldscheunen. **Lebensweise**: Standvogel und Kulturfolger; fledermausartiger Schaukelflug; leidenschaftlicher Mäusejäger. Horstet auf Dachböden, in Türmen auf dem Boden (auch gemeinsam mit Tauben in Taubenschlägen), 3-4 runde weiße Eier; verhungert bei langanhaltendem Schnee aus Mangel an Mäusen und ist wegen fehlender Nistgelegenheiten selten geworden; Stimme: Zischendes, schnarchendes und kläffendes Gekreisch.

Eulen

Rauhfußkauz

Waldohreule

Uhu

Sumpfohreule

Steinkauz

Sperlingskauz

Schleiereule

Waldkauz

Steinkauz:
Aussehen: Dunkelbraun, hell gefleckt und gebändert, Unterseite weiß mit braunen Streifen, flachköpfig, gelbe Augen, geduckte Haltung; aufgeblockt 22 cm hoch, Spannweite 50 cm. **Lebensraum**: Standvogel und Kulturfolger; wellenförmiger, tiefer Flug; jagt tags und in der Dämmerung Mäuse und Insekten; lauert häufig auf Zaun- und Telegraphenpfählen, knickst und verbeugt sich bei Gefahr. Horstet in Gebäudenischen und Erdhöhlen, 2-4 runde weiße Eier. Stimme: Klagendes »Kjiuh — Witt« oder »Kwiu — Guk«.

Rauhfußkauz:
Aussehen: Ähnlich Steinkauz, jedoch aufrechte Haltung, dunkler runder Kopf. Ständer und Fänge weiß befiedert; aufgeblockt 25 cm hoch, Spannweite 55 cm. **Lebensraum**: Tiefe Nadel- und Mischwälder im Gebirge, zieht im Winter in die Täler. **Lebensweise**: Strichvogel, jagt nur nachts (Mäuse, Kleinvögel, Insekten). Horstet in Baumhöhlen, 3-4 runde weiße Eier; Stimme: Klangvolles »Puh — Puh — Pu«.

Waldkauz:
Aussehen: Gefieder geflecktes Gelbbraun, Unterseite gelblich mit dunklen Streifen, großer runder Kopf, schwarze Augen, gelber Schnabel; aufgeblockt 38 cm hoch, Spannweite 95 cm. **Lebensraum**: Wälder mit alten Bäumen, Parks. **Lebensweise**: Standvogel. Jagdflug auffällig durch sehr breite Flügel; Beute: Kleinnager, Frösche, notfalls Aas. Horstet in Krähennestern, 3-5 runde weiße Eier; Stimme: »Huu — Huu — Huu« mit folgendem »Uh — Uh — Uh«, auch »Kjiuh — Wick«.

Sperlingskauz:
Aussehen: Rücken weißgeflecktes Dunkelbraun, Unterseite schwärzlichgestreiftes Grauweiß; wippt mit aufgestelltem Stoß, aufgeblockt 14 cm hoch, Spannweite 25 cm (kleinste Eule). **Lebensraum**: Einsame Nadelwälder im Gebirge und Mittelgebirge. **Lebensweise**: Standvogel; lebhaft, jagt nachmittags und abends Mäuse, Kleinvögel und Fledermäuse. Horstet in Spechthöhlen, 4-6 weiße, murmelähnliche Eier; Stimme: »Kiu — Kitschick« (Jagdruf), »Djüb — Djüb« (Balzruf).

Hühnervögel

Dieser Begriff faßt die **Wald-** oder **Rauhfußhühner**, die **Feldhühner** und die **Sumpf-** und **Wasserhühner** zusammen.

Wald- oder Rauhfußhühner

Auerhuhn:
Aussehen: Hahn: Rücken dunkelbraun meliert, weißer Flügelfleck, schillernd grüner Brustfleck, Kopf mit kräftigem gelben Schnabel, darunter »bocksbartähnliches« Kehlgefieder, roter Fleck über dem Auge, großer runder Stoß, befiederte Ständer. Henne: Insgesamt kleiner und unscheinbarer, am Unterbauch rostfarbener Brustfleck auf hellem Gefieder. Größe: 86/61 cm (größtes Wildhuhn). **Lebensraum**: Große Nadelwälder mit Lichtungen im Gebirge. **Lebensweise**: Standvogel. Kurze, polternde Flüge in Bodennähe. Ruht im Sommer am Boden, im Winter auf Bäumen. Äsung: Waldfrüchte, Beeren, Triebe, Knospen, Insekten, Würmer, Larven, Fichten-, Tannen- und Kiefernnadeln. Im April-Mai frühmorgens auf besonderen Balzplätzen imposante Balz; 5-10 gelbweiße, rotgefleckte Eier in flacher Bodenmulde. Junghühner sind Nestflüchter und Ende Juli flugfähig. Leben bis Spätherbst im Familienverband. Stimme: »Telak — Telak — Titock« und wetzendes Schleifen (Hahn), »Kock — Kock — Kock« (Henne).

Birkhuhn:
Aussehen: Hahn: Schwarzgrünes glänzendes Gefieder mit metallischen blaugrünlichen Halsfedern; rote Hahnenkämme (Knospen) über den Augen; mächtiger sichelförmiger, schwarzgrüner Stoß mit weißer Unterschwanzdecke und Flügelbinden; kleiner schwarzer Hühnerschnabel. Henne: Unscheinbares schwarzmeliertes hellbraunes Gefieder mit weißem Unterschwanz. Größe: 53/41 cm. **Lebensraum**: Moorige Waldränder, Torfmoore mit Binsen, Heidelandschaften. **Lebensweise**: Längere Gleitflüge, holzt auf Bäumen auf. Im April-Mai frühmorgens eindrucksvolle Balz auf besonderen Plätzen. Gelege besteht aus 6-8 bräunlichgelben Eiern in flacher Bodenmulde. Junghühner leben bis Herbst im Familienverband. Stimme:

»Tschu – Tschwieh«, während der Balz langanhaltendes, weittönendes Kollern. **Rackelhühner** sind Mischlinge zwischen Auer- und Birkhühnern, ähneln Birkhühnern.

Haselhuhn

Aussehen: Rostbraun gefleckt und gebändert, weiße Kehl- und Schulterbinde, Unterbauch weiß, braunmeliert; Hahn: weißgeränderte schwarze Kehle. Henne: Weiße Kehle. Größe 35 cm. **Lebensraum**: Misch- und Buschwälder mit Haselnuß-, Birken- und Erlenbeständen im Gebirge. **Lebensweise**: Äst gesellig (in Völkern) auf Wiesen, ortsgebunden, scheu. Haselhühner baumen nachts auf. Äsung: Sämereien, Beeren, Knospen, Kätzchen, Triebe, Insekten. Balz unauffällig im März-April. Gelege mit 6-8 Eiern in Bodenmulde. Hahn hält während des Brutgeschäfts Wache. Eltern- und Jungvögel bleiben bis zum Winter als »Volk« beisammen. Stimme: »Tsich – Tsich –Tzerritzi – Tsui«.

Schneehuhn (Alpenschneehuhn):

Aussehen: Im Sommer ähnlich Haselhuhn, jedoch weiße Flügel und weißer Bauch, im Winter reinweiß bis auf schwarzen Stoß; Größe 35 cm. **Lebensraum**: Steinige Gebirgshänge oberhalb der Baumgrenze. **Lebensweise**: Wechselt dreimal im Jahr die Gefiederfarbe. Pflegt im Flug mit dem Kopf nach hinten zu schauen. Äsung: Knospen, Flechten, Moos, Insekten, Latschennadeln; Balz im April-Mai. Küken sind Nestflüchter; leben in Völkern beisammen; Stimme: Rauhes, knatterndes Krächzen. Ähnlich **Moorschneehuhn**.

Feldhühner

Rebhuhn:

Aussehen: Rundlicher Vogel, Oberseite braungelblich gestreift, Flanke und Bauch braun gebändert, rötlicher Kopf, grauer Hals und schwarzer hufeisenförmiger Brustfleck; Größe 28 cm. **Lebensraum**: Wiesen, Moor, Heide. **Lebensweise**: Rennt geduckt mit aufgerichtetem Kopf, »drückt« sich bei Gefahr. Flüge nur für kurze Strecken. Lebt in Einehe in Völkern, die sich im Herbst zu größeren Flügen zusammenschließen.

Waldhühner und Feldhühner

balzender Auerhahn

Haselhuhn

balzender Birkhahn

Alpenschneehuhn

Fasanenhahn

Fasanenhenne

Kopf vom
Schneehuhn

Rebhuhn

Wachtel

Gelege im Mai, bis 16 olivbraune Eier in einer Bodenmulde; Hahn hält beim Brüten Wache. Äsung: Pflanzliche Kost. Stimme: Schnarrendes »Girreck«. Wegen Biotopvernichtung in Deutschland vom Aussterben bedroht.

Wachtel:

Aussehen: Ähnlich kleinem Rebhuhn, heller und ohne Hufeisenfleck; Größe 15 cm. **Lebensraum**: Brachgelände mit Unkraut, nicht bearbeitetes Grasland, Getreidefelder. **Lebensweise**: Einziger Zugvogel unter den Feldhühnern. Ähnliche Lebensweise wie Rebhuhn, jedoch Einzelgänger. Gelege 8–15 hellbraune Eier; Küken Nestflüchter und früh selbständig. Stimme: »Bick — Werrick« (Wachtelschlag). Wegen Biotopvernichtung in Deutschland vom Aussterben bedroht.

Fasan:

Aussehen: Hahn: Braunrot glänzender Vogel mit schwarzgrünem weißgebändertem Hals, rote Kopflappen, lange Schwanzfedern. Henne kleiner und einfarbig; Größe 50/70 cm. **Lebensraum**: Waldränder, Felder, Gebüsche, Wiesen. **Lebensweise**: Fasane wurden im Mittelalter aus Vorderasien eingebürgert. Fliehen in raschem Lauf. Polterndes Auffliegen. Flugstrecken kurz; Balz Anfang März, Hähne bekämpfen sich auf dem Balzplatz; Gelege 12–16 grüngraue Eier in gepolsterter Bodenmulde. Familie bleibt als »Gesperre« beisammen. Stimme: »Göck — Göck — Gock«.

Wasser- und Sumpfhühner

Bläßhuhn:

Aussehen: Entengroßer schwarzer Schwimmvogel mit kleinem Kopf, auffallend weißem Schnabel und Stirnschild (Blesse). Lange grüne Ständer mit Schwimmlappen an den Zehen; Größe 38 cm. **Lebensraum**: Teiche, Sümpfe mit Wasserlachen, Seen mit Schilfbeständen. **Lebensweise**: Vorwiegend schwimmend, nach Nahrung tauchend (Insekten, kleine Fische, Wasserpflanzen), selten an Land, fliegt ungern. Nistet in Schilf oder Uferbüschen. Versammelt sich im Spätherbst zu großen Scharen. Stimme: »Köw« und »Pix — Pix«.

Wasser- und Sumpfhühner

Kopf vom Bläßhuhn

Bläßhuhn

Wasserralle

Kleines Sumpfhuhn

Wachtelkönig

Zwergrohrdommel

Tüpfel-Sumpfhuhn

Teichhuhn

Große Rohrdommel

Reiher und Stelzvögel

Kranich

Fisch-reiher

Weißstorch   Schwarzstorch

Teichhuhn:
Aussehen: Ähnlich Bläßhuhn, jedoch mit rotem Schnabel und Stirnschild sowie weißen Flankenstreifen; grüne lange Ständer mit »rotem Strumpfband« und Schwimmhäuten an den Zehen. Lebensraum: Teiche, Tümpel, Altwässer. Lebensweise: Schwimmt unter Kopfnicken, taucht gelegentlich, erhebt sich nur schwerfällig nach langer Anlaufstrecke aus dem Wasser, fliegt niedrig mit baumelnden Beinen. Nistet in Röhricht und Gebüsch, seltener auf Bäumen in alten Nestern. Stimme: Rauhes »Kürrg« oder »Ki — Tick«.

Wasserralle:
Aussehen: Langbeiniger, dunkelbraunmelierter, unten und am Kopf blaugraugefärbter Sumpfvogel mit langem roten Stocherschnabel und schwarzweißgestreiften Flanken. Ständer rötlichbraun, Größe 28 cm. Lebensraum: Am Ufer überwucherter Teiche, in dichter Wasservegetation, Schilf. Lebensweise: Scheu und heimlich. Hält sich, nach Nahrung stochernd, im Flachwasser auf. Baumt gelegentlich auf Büschen auf. Nistet in Schilf. Stimme: Langanhaltendes »Gib — Gib — Gib« oder »Gruih — Gruih — Gruih« (auch nachts).

Tüpfelsumpfhuhn:
Aussehen: Ähnlich Wasserralle, kleiner, mit olivbraunem Ohrfleck. Gelber Schnabel, grüne Watbeine. Größe 23 cm. Lebensraum: Wie Wasserralle. Lebensweise: Scheuer Dämmerungsvogel in bewachsenen Uferzonen. Nistet an sumpfigen Stellen. Stimme: Scharfes »Kwitt — Kwitt«.

Kleines Sumpfhuhn:
Aussehen: Gestalt ähnlich Tüpfelsumpfhuhn, jedoch kleiner; weißgebänderter Hinterleib; grüner Schnabel mit roter Wurzel, grüne Watbeine; Größe 19 cm. Lebensraum: Wie Wasserralle. Lebensweise: Heimlich in dichter Ufervegetation. Stimme: Schnelles, trillerndes »Kweck — Kweck — Kweck«.

Wachtelkönig:
Aussehen: Körperform ähnlich Tüpfelsumpfhuhn, jedoch größer, eintöniger, mit gelben Watbeinen. Größe 29 cm. Le-

bensraum: Feuchte Wiesen mit dichtem Pflanzenwuchs. Lebensweise: Einzelgänger und Dämmerungsvogel, der versteckt im hohen Gras lebt. Stimme: Langanhaltendes, eintöniges »Rerp — Rerp — Rerp« (meist in der Nacht).

Rabenvögel

Kolkrabe:
Aussehen: Auffällige Größe; blauschwarzes grobes Gefieder, wuchtiger schwarzer Schnabel, keilförmiger Stoß; Größe 64 cm, Spannweite 120 cm. **Lebensraum**: Alpenrand, Schleswig-Holstein, Skandinavien; Forste mit hohen Bäumen. **Lebensweise**: Standvogel. Geradeausflug mit mächtigen Schwingenschlägen, häufig schwebend; Flugspiele während der Balz. Allesfresser (Tiere bis Kaninchengröße, Insekten, Beeren, Korn, Fallwild und Aas). Großer Reisighorst (60 cm) auf hohen Bäumen, Gelege 2-3 grünbraungefleckte Eier. Lebt in Einehe. Brutzeit Februar; Stimme: Hallendes »Onk — Onk« und »Tock — Tock« sowie krächzende Laute. In Deutschland vom Aussterben bedroht, unter Naturschutz.

Rabenkrähe:
Aussehen: Gestalt ähnlich Kolkrabe, jedoch kleiner und gerader Stoß. Größe 47 cm. **Lebensraum**: Parklandschaft, Moor, Müllhalden. **Lebensweise**: Paarweise, versammelt sich in großen Scharen auf bestimmten Schlafbäumen. Allesfresser; nistet auf hohen Bäumen; Gelege 4-6 graugrüne, marmorierte Eier; Stimme: Quorrendes »Krah — Krah«.

Nebelkrähe:
Aussehen: Gestalt ähnlich Rabenkrähe, jedoch grauer Rücken und Bauch; Größe 47 cm. **Lebensraum**: Wie Rabenkrähe, jedoch nur am Ostrand der BRD, Osteuropa. **Lebensweise**: Wie Rabenkrähe, mit der sie sich häufig vermischt.

Saatkrähe:
Aussehen: Ähnlich Rabenkrähe, jedoch grindig-weißer Schnabelgrund und struppiges Schenkelgefieder, Größe 46 cm. **Lebensraum**: Feldmark mit Bäumen. **Lebensweise**: Gesel-

lig in Scharen; geradliniger Flug mit schnellen Schwingenschlägen, nistet kolonienweise auf hohen Bäumen; Gelege 4-6 weiße oder schwach bräunliche Eier; Stimme: Heiseres »Kräh«.

Dohle:
Aussehen: Kleiner als Krähe, grauer Kopf, kürzerer schwarzer Schnabel, Ständer und Zehen schwarz. Größe 33 cm. **Lebensraum**: Alte hohe Baumbestände in Parks, hohe Gebäude (Ruinen), Felsklüfte. **Lebensweise**: Gesellig; schneller Flug; Nahrung: Insekten, Schnecken, Beeren, Getreide, Aas; nistet kolonienweise in Baumhöhlen, Ruinen, Felsspalten; Gelege 4-5 weiße Eier mit dunklen Flecken; Stimme: »Kjack — Kjack — Kjack«. Unter Naturschutz.

Elster:
Aussehen: Schwarzes Gefieder mit grünlichem Schimmer, weißer Bauch, langer Stoß. Größe 46 cm. **Lebensraum**: Kulturland, Waldrand, Gelände mit Hecken und Bäumen. **Lebensweise**: Standvogel. Gesellig, lebt von Insekten und Kleingetier (Nesträuber) sowie Beeren, Waldsämereien; baut in Dornhecken kugelförmiges Reisignest mit seitlichem Eingang, innen mit Lehm »ausgemauert«; Gelege 4-5 grauweiße gefleckte Eier; Stimme: Lautes »Tschak — Taschak«.

Eichelhäher:
Aussehen: Gesamteindruck bunt! Rötlichbraunes Gefieder, schwarzweißer Schwanz, weißer Flügelfleck, leuchtende, blauschwarzgebänderte Flügeldecken, schwarzweißgestreifte Kopffedern, hellblaue Augen; Größe 34 cm. **Lebensraum**: Waldränder und Hecken. **Lebensweise**: Schwerfälliger Flug, lärmend, gesellig. Warnt laut vor Eindringlingen (daher der alte Name »Markwart«). Nistet auf Bäumen im Waldesinnern; Gelege 4-5 graugelbe Eier; Stimme: Lautes »Rätsch — Rätsch«, kann Vogelstimmen nachahmen.

Rabenvögel

Saatkrähe
unten Kopf

Rabenkrähe

Kolkrabe

Nebelkrähe

Kopf der
Rabenkrähe

Kopf des
Kolkraben

Eichelhäher

Elster

Vögel beobachten und bestimmen

Es gibt natürlich sehr viel mehr Vögel als die im Abschnitt »Wildvogelkunde« für den Allround-Waldläufer kurz beschriebenen Arten. Für diejenigen, die sich mit Vogelkunde beschäftigen wollen, ist das natürlich nicht ausreichend. Aber der Waldläufer soll auch selbst etwas tun und nicht alles »vorgebraten« bekommen. Ornithologie (Vogelkunde) ist die Wissenschaft der Amateure und Liebhaber, also kein trockenes Gelehrtenfachgebiet. Nur wenige der Vogelkundler sind Berufs-Zoologen, und diese könnten gar nicht arbeiten, gäbe es nicht das Heer der Hobby-Ornithologen, denen nahezu alle Kenntnisse der Vogelkunde zu verdanken sind. Es sind also Waldläufer wie wir, die in ihrer Freizeit bei jedem Wetter in die Wildmark wandern, Vögel beobachten und Aufgaben lösen, die sie sich selbst gestellt oder von Fachorganisationen, z.B. dem »Bund für Vogelschutz«, oder von örtlichen Vogelschutzvereinen übernommen haben. Alle Institutionen arbeiten mit den Vogelwarten und internationalen Vereinigungen zusammen. Fast in jeder Stadt gibt es Gruppen, die sich mit Vogelbeobachtung und Vogelschutz befassen.

Für uns kommt es darauf an, mit welchen Vogelarten wir uns zunächst befassen wollen, denn das Gebiet ist groß. Es sollten nur 4 bis 6 Arten sein, die möglichst denselben Lebensraum haben. Ist diese Entscheidung gefallen, so gilt es, Informationen zu sammeln. Hierzu leiht man sich in öffentlichen Bibliotheken »Bestimmungsbücher«, ornithologische »Feldführer« und andere allgemeinverständliche Vogelliteratur aus.

Am Anfang steht das »Stammblatt«

Um nun System in die Sache zu bringen, wird für jede der ausgewählten Vogelarten ein »Stammblatt« angelegt, am besten in einem Ringbuch DIN A 4. Nach dem Verfahren der Kurzbeschreibungen im Kapitel »Wildvogelkunde«, geordnet nach

● Aussehen,
● Lebensraum und
● Lebensweise,

trägt man telegrammstilartig alles an Informationen zusammen, was man in den genannten Büchern (wozu auch Lexika und naturkundliche Sammelwerke gehören) findet. Das wird viel ausführlicher und erschöpfender werden, als es in den Kurzbeschreibungen aus Platzgründen möglich war. Dazu gehören Zeichnungen, Handskizzen und Abbildungen (die man aus den Büchern herauskopiert). Bei diesen Vorarbeiten lernt man schon viel über das Leben unserer gefiederten Freunde. Man wird auch bald wissen, wo man sie in der Natur zu suchen hat. Später — ergänzt durch selbstgewonnene Beobachtungsergebnisse aus dem »Waldläufertagebuch« (s. S. 152), evtl. eigene Fotoaufnahmen, Hinweisvermerke auf Funde usw. — werden die auf dem Stammblatt gesammelten Einzelinformationen sortiert und abschnittweise ausgearbeitet.

Vogelpirsch oder Ansitz?

Bei der Pirsch kann man Glück haben und vielleicht den einen oder anderen Vogel flüchtig zu Gesicht bekommen. Lohnender und zweckmäßiger ist der Ansitz an einer geeigneten Stelle im Beobachtungszelt, denn die meisten Vögel verfügen über scharfe Augen und Ohren.

Zehn Merkmale zur Vogelbestimmung:

Hinter der »Tarnkappe« wird man allerlei Vögel sehen, aber nicht ohne weiteres bestimmen können. Dazu gehören Erfahrung und ein geschultes Auge. Übung macht hier den Meister. Am besten versucht man, die typischen Merkmale nach folgendem System zu erfassen:

1. **Größe**: Dabei richtet man sich nach Vögeln, die man kennt, z.B. »etwas größer als Sperling«, »amselgroß«.
2. **Form**: »Schlank, rundlich, geduckt«. Auch hier kann man sich nach bekannten Vögeln richten, z.B. »meisenähnlich«.
3. **Gefieder**: Die erste Aussage gilt dem **Gesamteindruck**, z.B. »unscheinbar bräunlich« oder »lebhaft gefärbt, überwiegend blau schimmernd«. Kann man den Vogel länger beobachten, sind folgende zwei Ergänzungen wichtig: **Auffällige Farbmerkmale**, z.B. »schwarzer Unterflügel«, »gelber Augenring«, »weißer Wangenstrich«; **Form der Flügel**, z.B. »spitz«, »abgerundet«, »leicht gewinkelt«, »Enden überragen Schwanz«.

4. **Schnabel und Füße**: Schnabel: »Kurz«, »dick«, »spitz«, »schwarz«, »gelb«, »nach unten gebogen«; Füße: »gelb«, »schwarz«, »bläulich«, »lang, dünn«.

5. **Art des Fliegens**: »Langer Geradeausflug«, »ungleichmäßiger Flügelschlag«, »häufig segelnd«, »flatternd«, »auf- und niedersteigend«, »schwirrt dicht über dem Boden«.

6. **Allein oder in Gesellschaft?**

7. **Tätigkeit**: »Trägt Grashalme (Nistmaterial)«, »pickt an Erlenknospen«, »scharrt am Boden«.

8. **Stimme**: Versuchen, mit menschlichen Lauten nachzuempfinden (vgl. »Stimme« bei den Kurzbeschreibungen).

9. **Biotop**: Zum Beispiel »Weißdornhecke am Waldrand«, »halbhoch im Fichtengezweig«.

10. **Tag, Uhrzeit, Wetter**.

Auswertung der Vogelbeobachtung

Da kein Mensch diese Einzelfeststellungen im Kopf behalten kann, notiert man sie sich rasch in der Geborgenheit seines Beobachtungszeltes in der Notizkladde (s. S. 150). Der Ornithologe nennt sie übrigens »Feldbuch«. Gewitzte Waldläufer haben die Seiten schon nach den oben genannten Rubriken vorbereitet. Also immer, wenn eine Feststellung getroffen ist, sofort notieren! Besonders vorteilhaft ist auch die Anfertigung einer rohen »Faustskizze«, selbst wenn man glaubt, nicht zeichnen zu können.

Erst wenn man alles beieinanderhat, schaut man in sein Bestimmungsbuch, um festzustellen, »wer« das wohl sein könnte. Es ist also falsch, einen unbekannten Vogel gleich beim ersten Sichten anhand des Bestimmungsbuches identifizieren zu wollen. Vor lauter Blättern und Vergleichen vergißt man das Beobachten − und schon ist der Vogel weg. Durch intensive Detailbeobachtung »vor Ort« lernt man den Vogel viel besser kennen, schärft seinen Blick, hat alles Wichtige schriftlich und später ein befriedigendes »Aha-Erlebnis«, wenn man an anderer Stelle einen »alten Bekannten« wiederfindet.

Man kann seine Beobachtungstätigkeit aber auch ganz anders »aufzäumen«, z.B. indem man sich die Aufgabe stellt, alle Vogelarten in einem bestimmten Lebensraum zu bestimmen, ihre

Ufer- und Strandvögel

Säbelschnäbler

Austernfischer

Sand-
Regenpfeifer

Triel

Fluß-
Regenpfeifer

Sanderling

See-
Regenpfeifer

Kampfläufer

Kiebitz

Fluß-
Uferläufer

Wald-
Wasserläufer

Alpen-
Strandläufer

Rotschenkel

Bruch-
Wasserläufer

Odinshühnchen

Gewohnheiten zu erforschen und Zusammenhänge mit Pflanzen und anderen Tieren dieses Biotops zu erkennen. Derartige Lebensräume sollten fest umrissen sein, z.B. Vögel im Garten, Vögel in der Stadt, im Park, an oder auf Seen, Weihern, Tümpeln, in der offenen Feldmark, in bestimmten Gehölzen, im Moor, am Bauernhof, am Strand usw.

Der Garten als »Vogelschutzgebiet«

Wer einen eigenen Garten hat, ist besonders gut dran. Er hat nicht nur sein »privates Vogelschutz- und Beobachtungsgebiet«, sondern kann auch allerlei zur Biotopverbesserung tun, um viele Vogelarten anzulocken, z.B. Anpflanzen von Beeren-, Samen- und Fruchtsträuchern, Liegenlassen von Fallaub (unter dem die Vögel gern nach Insekten scharren) bis zum nächsten Frühjahr. Das gleiche gilt für vertrocknete Gartenpflanzen, auch wenn das nicht »schön« aussieht. Man kann dafür sorgen, daß wieder einige heimische Naturpflanzen (sogenannte Unkräuter) wachsen. Man kann Nistgelegenheiten schaffen und Vogelkästen aufhängen. Vor allem aber sollte man für »Vogeltränken« und »Badestellen« sorgen, am besten durch Anlage eines kleinen Teiches (s. S. 207).

Daß ein Vogelfreund seine Schützlinge im Winter füttert, damit »Anfang November« beginnt und auch nicht zu früh aufhört (März), dürfte ebenso selbstverständlich sein wie das Säubern aufgehängter Nistkästen im Oktober. Auf diese Art werden bald zahlreiche Vogelarten das »Gartenschutzgebiet« bevölkern und ganz nebenbei Unmengen von Schädlingen vertilgen, so daß eine chemische Bekämpfung durch Gift vollkommen unnötig wird.

Wer keinen Garten hat, braucht nicht zu verzagen. Sicherlich findet er ein abgelegenes Fleckchen Natur, das er zu seinem »Vogelschutz- und Beobachtungsgebiet« erklären kann. Was oben für den Garten gesagt wurde, gilt auch für die Betreuung eines solchen »Vogelreservats«. Nur bei der regelmäßigen Winterfütterung muß man aufpassen. Wenn man damit angefangen hat, muß man es täglich fortsetzen, ganz besonders bei Schnee. Sonst verhungern die daran gewöhnten Vögel. Gegen das Aufhängen von Talgschwarten (kostenlos beim Schlachter), an die viele Vögel im harten Winter gern herangehen, ist nichts einzuwenden, denn sie halten ein bis zwei Wochen vor.

Von Nisthilfen, Nistkästen und Futterhäusern

Nach ihren Nistgewohnheiten können wir die Vögel in Freibrüter, Halbhöhlenbrüter und Höhlenbrüter einteilen. Durch gezielten Bau spezieller Nisthilfen haben wir die Möglichkeit, bestimmte Vogelarten in unserem »Schutz- und Beobachtungsrevier« heimisch werden zu lassen.

Nisthilfen für Freibrüter:

Zu den Freibrütern gehören viele Finken, alle Grasmückenarten, Amseln, Drosseln, Kernbeißer, Girlitz, Dompfaff, Hekkenbraunelle und andere. Diese Vögel bauen ihre Nester in Astgabeln dichter Büsche und Bäume. In unserer überkultivierten Landschaft, besonders in Gärten und Parks, wo die Wildtriebe ausgelichtet werden, besteht ein Mangel an derartigen »Eigenheimbaugrundstücken«. Hier können wir helfen und uns zugleich eine gute Gelegenheit für Beobachtungen verschaffen. Eine Hilfe auf längere Sicht besteht darin, geeignete Büsche und Bäume anzupflanzen.

Nistquirle schafft man durch Herausschneiden der Mitteltriebe von Zweigen (im November). Im kommenden Jahr entsteht durch Sprießen neuer Triebe an der Schnittstelle der künftige Astquirl. Rascher wirken Nistquirle, die aus Zweigen geschmeidiger Büsche im März zusammengebunden und an der Kreuzungsstelle auseinandergedrückt werden.

Ebenfalls sofort nutzbar sind Nisttaschen aus Ginster- oder Fichtenzweigbündeln, die mit beiden Enden an einem Stamm festgebunden und anschließend über der unteren Bindung zur eigentlichen Nisttasche ausgeformt werden.

Nistkästen für Halbhöhlenbrüter:

Hausrotschwanz, Rotkehlchen, Bachstelzen und andere lieben als Nistplatz ein luftiges »Mansardenzimmer«. Für sie bauen wir aus 2 cm starken Brettern Brutkästen. Das schräggestellte Dach muß an den Seiten 3 cm, vorne 8 cm überstehen und mit Teerpappe überzogen sein.

Nistkästen für Höhlenbrüter:

Viele Vögel (die meisten Meisenarten, Gartenrotschwanz, Trauerschnäpper, Sperlinge, Steinkauz) lieben es, ihre Jungen in einer dunklen Höhle aufzuziehen. Deshalb bewohnen sie häufig Spechthöhlen, die es aber so zahlreich nicht gibt. Wir helfen ihnen durch den Bau geeigneter Nistkästen. Auch hier verwenden wir 2 cm starkes Holz, das nicht lackiert wird. Durch ein ungiftiges Holzschutzmittel kann es allenfalls gegen Verwitterung geschützt werden.

Durch die Größe des Anfluglochs (das leicht schräg nach oben eingesägt wird) sowie durch den Gesamtrauminhalt haben wir die Möglichkeit, das Beziehen durch bestimmte Vögel zu beeinflussen. Wir richten uns nach folgender Bautabelle:

Abmessungen von Nistkästen (Angaben in cm)						
	Innenraum				Einflugloch	
					Abstand zum oberen Rand	Durch- messer
Vogelart	A	B	C	D		
Steinkauz, Wiede- hopf u.a.	20	20	30	35	5	6,5-7
Star, Wendehals, Mauersegler u.a.	14	14	25	29	4,5	4,5-5
Kleiber, Sperling, Trauerschnäpper, Gartenrotschwanz u.a.	12	12	21	24	4	2,8-3,5
Meisen	12	12	21	24	3	2,6

(A = Breite, B = Tiefe, C = Höhe vorn, D = Höhe hinten)

Nistkästen für Baumläufer:

Waldbaumläufer, Gartenbaumläufer und Kleiber bevorzugen einen speziellen Nistkasten wie in der Abb. angegeben.

Beim **Bau von Nistkästen** muß man beachten, daß

- keine Ritzen entstehen, durch die es später »zieht« (nackte Nestlinge sind sehr zugempfindlich),
- der Deckel für die jährliche Reinigung abnehmbar ist,
- das Dach Überstand gegen Regen hat,

196

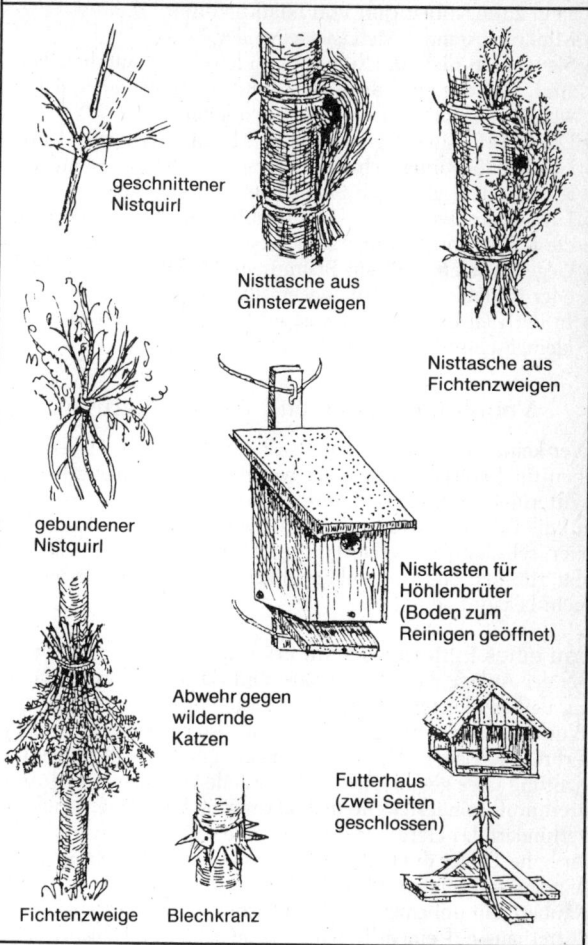

geschnittener
Nistquirl

Nisttasche aus
Ginsterzweigen

Nisttasche aus
Fichtenzweigen

gebundener
Nistquirl

Nistkasten für
Höhlenbrüter
(Boden zum
Reinigen geöffnet)

Abwehr gegen
wildernde
Katzen

Futterhaus
(zwei Seiten
geschlossen)

Fichtenzweige   Blechkranz

197

● an der Rückwand ein Brett als Abstandshalter gegen Regenwasser angebracht wird.

Regeln zum **Anbringen von Nistkästen:**

● Mindestabstand 4 Meter voneinander.
● Sie werden nicht durch Nägel, im lebenden Baumholz befestigt, sondern mit Kunststoffschnur so festgebunden, daß sie weder wackeln noch herunterfallen können.
● Die Anbringungshöhe liegt bei 2 Metern (Steinkauz 4 m).
● Das Flugloch muß sich an der Leeseite (windabgewandte Seite) befinden, also nach Süden oder Südosten zeigen.
● Für systematische Beobachtungsaufgaben ist es zweckmäßig, die Kästen mit Nummern zu versehen.
● Gegen Katzen muß am Stamm ein Abwehrkranz aus Blech oder Nadelholzzweigen angebracht werden.
● In der Zeit des Nestbaues ist im Garten Nistmaterial (Heu, kleingeschnittene Wollreste u.ä.) bereitzulegen.

Vogelfutterstellen und Winterfütterung

Wer keinen Garten hat, kann sich am Fenster ein Futterhäuschen für Beobachtungszwecke bauen, das allerdings gegen die Witterung geschützt sein muß. Also niemals Vogelfutter direkt auf die Fensterbrüstung streuen! Die verschiedenen käuflichen oder selbstangefertigten Futterglocken (Kokosnußschale mit Haferflocken und Sonnenblumenkernen in Talg) dürften allgemein bekannt sein.

Bau eines Futterhauses im Freien:
Bei der Anlage eines Futterhauses im Garten kommt es darauf an, daß das Futter und die Vogelgäste vor Regen, Schnee und Wind geschützt sind. Das Haus muß also ein tief über das Futterbrett gezogenes Dach besitzen und gegen die Hauptwetterrichtung über geschlossene Seitenwände verfügen. Das Futterbrett muß mindestens 40 mal 50 cm groß sein. Eine Randleiste verhindert das Herunterfallen von Futtergut. Der etwa ein Meter hohe Träger des Futterhäuschens wird zur Abwehr von Erdfeinden mit einem Blechspitzenkranz versehen. Um diesen Räubern ein unbemerktes Anschleichen zu erschweren, soll das Futterhaus auf einem freien Platz stehen, jedoch in der Nähe

Nistkästen 2

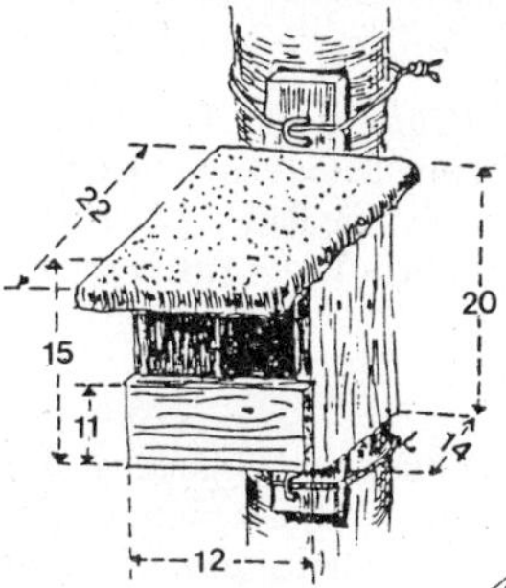
22
20
15
11
14
12

Nistkasten für Halbhöhlenbrüter

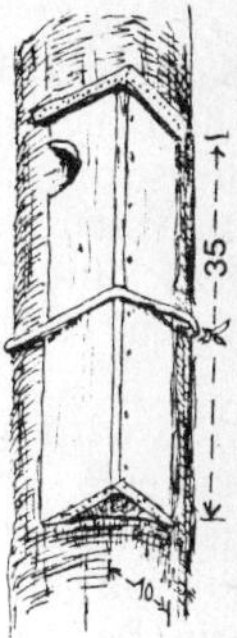
35
10

Nistkasten für Baumläufer

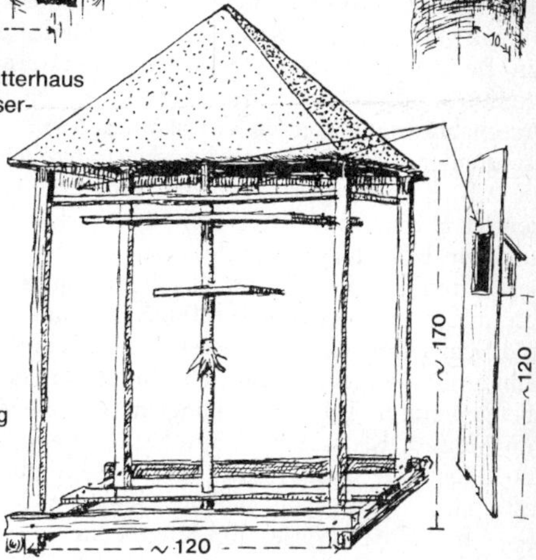
~ 170
~120
~ 120

Hessisches Futterhaus
rechts: Hartfaserplatte mit Nistkasten zum Umbau als Beobachtungshaus

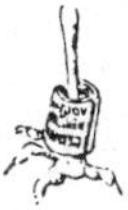

Vogelberingung

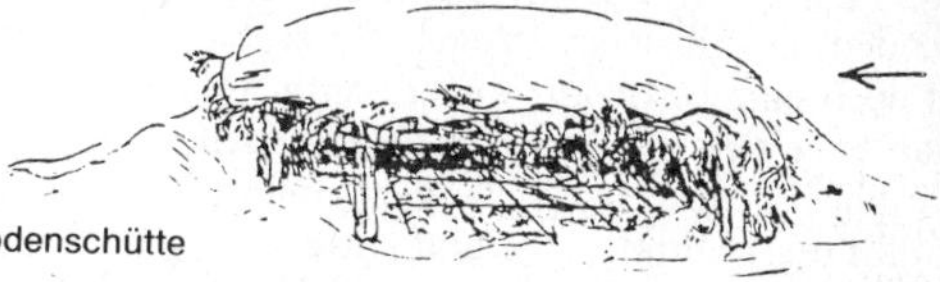

Bodenschütte

von Zweigwerk, das den Vögeln die Annäherung erlaubt. Daß die ganze Anlage so gebaut und aufgestellt wird, daß man sie vom Fenster aus »im Auge« hat, dürfte selbstverständlich sein.

Bau einer Bodenschütte:
Nicht alle Vogelarten gehen in ein Futterhaus. Amseln, Singdrosseln, Finken, Rotkehlchen, Braunellen und andere nehmen das Futter am liebsten vom Boden. Für sie bauen wir eine Bodenschütte. Auch hier kommt es auf Schutz des Futtergutes vor Regen, Feuchtigkeit und Schnee an.

Was wird gefüttert?
Um eine sich ständig vermehrende hungrige Vogelschar durch den Winter zu bringen, bedarf es einiger Anstrengungen. Damit soll gesagt sein, daß man schon im Herbst durch Sammeln von Beeren aller Art, Obstresten, Apfelkernen, trockenem Weißbrot, Zwieback, Mohrrüben, Sonnenblumenkernen, Dreschabfällen usw. einen Vorrat anlegen sollte. Preiswerte Bezugsquellen sind Mühlen und landwirtschaftliche Verkaufsstellen (z.B. Raiffeisenbetriebe). Hier kann man einen großen Papiersack Hühnerkleinfutter oder Haferflocken für Futterzwecke zu einem Bruchteil des Geldes ersteht, das man sonst in den Geschäften für die üblichen Kleinbeutel auf den Ladentisch legen müßte. Bezugsquelle für Talgfladen und andere Fettabfälle sind Schlachtereien. Auch Reste vom Mittagstisch helfen den hungernden Vögeln, wenn sie nicht zu stark gesalzen sind. Die obengenannten Talgabfälle hängt man in die Zweige. Scharen von Meisen, Kleibern und Spechten werden daran herumpikken. Auch für Bodenvögel sind Talgreste gut. Man muß sie festbinden, denn nachts stellen sich auch andere hungrige Gäste, z.B. Mäuse, Wiesel und Katzen ein.

Das Hessische Futter- und Beobachtungshaus:
Für den, der über ein »Vogelschutzgebiet« im Garten verfügt, sei noch eine besonders interessante Anlage verraten:
Man baut sich ein sogenanntes Hessisches Futterhaus, das im Winter als Fütterungsstelle verwendet wird. Ab Anfang März nimmt man Mittelstange und Futterbretter heraus und verkleidet die Seiten mit (vorbereiteten) Holzfaserplatten, wovon an

200

dreien (NO-, SO- und SW-Seite) je ein Nistkasten angebracht ist, dessen Rückwand aus einer herausschiebbaren Glasscheibe besteht. Die vierte Hartfaserplatte wird als Eingangstür gearbeitet. Wenn man in dem Häuschen steht, kann man durch die Glasscheiben das Geschehen im Nistkasten beobachten. Da es im Innern völlig dunkel ist, können die Vögel den Beobachter nicht sehen. So kann man das Schlüpfen und Aufziehen der Jungvögel aus nächster Nähe beobachten. Hier ist es auch dem Kamerajäger ausnahmsweise erlaubt, mit einem Elektronenblitzgerät durch das Glas zu fotografieren. Man muß es allerdings vorher – in Abwesenheit der Elterntiere – rasch durch eine saubere Scheibe ersetzen. Den kurzen Elektronenblitz registrieren die Vögel nicht. Wegen der Kürze des Abstandes (50 cm) kann hier eine Kompaktkamera eingesetzt werden.

Während des Brutvorganges ist das Betreten des Häuschens absolut verboten. Der brütende Vogel könnte von seinem Gelege vergrämt werden. Nach dem Schlüpfen und durch den Fütterungsinstinkt ist diese Gefahr weitgehend gebannt. Trotzdem muß man sich auch dann lautlos verhalten und ein versehentliches Anstoßen an die Wandkonstruktion vermeiden.

Von ornithologischen Sammlungen

Häufig wird man allerlei Dinge finden, die aus der Vogelwelt stammen, z.B. Federn, leere Nester, Gewölle, von Vögeln »bearbeitete« Waldfrüchte, Eierschalen oder auch einmal einen vollständigen toten Vogel – vor allem solche, die auf der Straße den »Unfalltod« starben.

Ist es sinnvoll, diese Dinge mit nach Hause zu nehmen? Ja und nein! Es ist dann lohnend, wenn man eine systematische Sammlung anlegt. Systematisch heißt, genau zu wissen, was und für welchen Zweck man sammelt. Wer alles aufhebt, wird bald sämtliche Schubladen voll unansehnlicher und Staub entwickelnder Raritäten haben. Was hier über Sammlungen gesagt wird, gilt nicht nur für »Vogelkundler«, sondern auch für andere Sammelobjekte.

Meist spezialisieren sich »Ornithologen« bald auf eine bestimmte Vogelgruppe, z.B. auf Ufervögel, Finkenvögel, Eulen

usw. Hier ist es zweckmäßig, als Ergänzung der Beobachtungs-
studien Fundstücke für eine Spezialsammlung mit nach Hause
zu nehmen. Die Gestaltung und Unterbringung solcher Sammlungen bleibt jedem selbst überlassen. Es können nur Anregungen gegeben werden und Ratschläge, wie man Fundstücke kon-
serviert. Diese Kunst ist Voraussetzung für jede Sammeltätig-
keit. Auf den Seiten 40, 62 und 74 haben wir schon über
Sammlungen, den Selbstbau von Sammelkästen und über das
Präparieren empfindlicher Fundstücke gesprochen.

Vielleicht interessiert sich der eine oder andere für eine **Fe-
dernsammlung** seiner jeweiligen Vogelgruppe? Dann bietet
sich das Aufkleben und Beschriften der verschiedenen Deckfe-
dern, Flugfedern, Schwanz- und Schmuckfedern auf Zeichen-
kartonblättern an.

Eine **Sammlung von Flügeln** erfordert hinsichtlich der Präparierung und Konservierung bereits einige Kenntnisse.

Der Flügel eines Vogels wird mit einem spitzen Messer aus dem
Schultergelenk »herausoperiert«, die Haut über den Oberarm-
knochen bis zum Ellbogengelenk gestülpt und das dort sitzende
Muskelfleisch vom Knochen geschabt. Anschließend wird die
Stelle mit Karbolspiritus (Apotheke) eingepinselt, die Haut zu-
rückgeschoben, der Flügel mittels Stecknadeln auf einem Holz-
brett gespannt, gereinigt, mit einem Insektenspray desinfiziert
und 10 bis 14 Tage getrocknet. Ein Hauch von farblosem Lackspray schützt vor Verstauben und bewahrt den Gefiederglanz.

Ein weiteres Sammelgebiet wären **Vogelschädel** oder andere
Skeletteile. Nach Kochen in Wasser, dem man ein Fettlö-
sungsmittel beigibt (in einer Blechbüchse und nicht etwa in
Mutters Kochtopf!), kann man Fleischteile und Gehirn (vom
Genick her) herausarbeiten. Dann wird der kleine Vogelschädel
für einige Tage zum Bleichen in 3-5%ige Wasserstoffsuper-
oxydlösung (Apotheke) gelegt.

Ein Verfahren, das auch für vollständige Skelette bis Eichhörn-
chengröße gilt, ist das Einbringen in einen Ameisenhaufen. Die
kleinen Insekten fressen in zwei Wochen selbst die letzten
Fleischreste von der Knochensubstanz. Um die Skeletteile wiederzufinden, legt man das Objekt in eine verschlossene, dicht
an dicht durchlöcherte Blechbüchse, die wiederum an einer
Kunstfaser(!)-Schnur hängt, deren Ende an einem Baum

202

befestigt wird. Später kann man die Blechbüchse samt verbliebenem Inhalt problemlos aus dem Ameisenbau ziehen.

Im Kapitel »Von den waldläuferischen Spezialgebieten« (S. 125) haben wir schon von Schädelsammlungen gesprochen, die auf diese Art gewonnen werden können.

Selbstverständlich werden für solche Zwecke **nur gefundene tote Tiere** verwendet. Eine (leider) oft ergiebige Fundstelle sind stark befahrene Straßen.

Weniger »anrüchige« Sammelobjekte sind die Eier ausgeschlüpfter Jungvögel für eine **Schalensammlung**. Man findet sie nach der Brutzeit (im Mai-Juni) oft in der Nähe von Nestern. Die Eierschalen werden in warmem, mit einem Spülmittel versetzten Wasser gereinigt, getrocknet und zu ihrem Schutz in kleine durchsichtige Plastikkästchen geklebt. Ein Lacksprayhauch erhält ihren ursprünglichen Glanz.

Eine Eierschalensammlung mit der dazugehörigen **Nestersammlung** ergibt ein besonderes Anschauungsmaterial. Die Nester werden im Spätsommer vorsichtig abgenommen bzw. aus den eingearbeiteten Zweigen herausgeschnitten und wie auf S. 75 angegeben präpariert.

Wer einen toten Vogel mit einem Aluminiumring um den Fuß findet (manchmal auch in Eulengewöllen), soll den Ring aufbiegen und zusammen mit Funddatum, Fundort und näheren Umständen (z.B. Vogel wurde überfahren) sowie seiner Anschrift an die auf dem Ring eingeprägte Adresse senden. Eine Ringinschrift lautet beispielsweise »Vogelwarte Helgoland, Germania, 241212, urgent-retour« oder »Mus. Nat. Reykjavik 11211 – Iceland« (Naturkundliches Museum Reykjavik/Island) oder »Vogelwarte Hiddensee, DDR/TAP/GDR, 18004 urgent-retour«. Der Finder wird von der betreffenden Vogelwarte eine Dankeskarte erhalten und erfahren, wann und wo der betreffende Vogel beringt wurde. Mit dieser **Vogelberingung** erforschen die Wissenschaftler Wanderbewegungen der Vögel.

Sammeln von Vogelstimmen

Kann man denn Vogelstimmen sammeln? Oder sind da diese mit Buchstaben nachgeahmten Vogelrufe gemeint, wie sie im Kapitel »Wildvogelkunde« unter »Stimme« angegeben sind? Diese nachempfundenen Vogelrufe sind nur ein sehr unbefriedigender Behelf, mit dem man kaum etwas anfangen kann. In jedem Vogelbuch sind sie anders geschrieben. Man hat sogar versucht, Vogelstimmen in Noten zu setzen! – Lernen kann man Vogelstimmen nur durch dauerndes Hören, in der freien Natur . . . und zu Hause im Wohnzimmer!

Gemeint sind nicht Vogelstimmen auf Schallplatten, sondern selbst aufgenommene. Das ist wieder etwas für die Bastler! Ähnlich wie man als »Jäger mit der Kamera« Wildtiere fotografiert und auf den Bildern studieren kann, ist es möglich, ihre Stimmen einzufangen und, sooft man will, anzuhören.

Ausrüstung für »Tonjäger«

Man benötigt einen Cassettenrecorder mit Batterieantrieb, ein Mikrofon (kein eingebautes!) und einen Kopfhörer zum Mithören. Vorteilhaft ist es, wenn der Recorder eine Anzeige zur Aussteuerung der Tonstärke besitzt.

Wichtigstes Zubehör ist eine Art Radarschirm, den wir uns selbst bauen müssen. Er entspricht etwa dem, was wir beim Kamerajäger optisch unter Teleobjektiv verstehen: eine halbkugelige Schale, die die fernen Tonschwingungen in ihrer gewölbten Fläche auffängt und von allen Seiten auf einen »Brennpunkt« zurückwirft. Genau dort ist unser Mikrofon angebracht.

Das Problem ist die Herstellung eines solchen **Horchschirms**: Wer den Reflektor einer alten Heizsonne »ergattern« kann, ist fein dran. Das wird aber selten der Fall sein. Also bauen wir ihn selbst. Dazu benötigen wir eine kugelige Form von etwa 30 cm Radius, z.B. einen aufgeblasenen größeren Wasserball oder die Außenseite eines nicht mehr benötigten Regenschirms. Mehrere dicke Wochenendausgaben der Tageszeitung werden in Tapetenkleister eingeweicht und schichtweise auf die Kugelform (Wasserball oder Regenschirm) aufgebracht. Es kommt darauf an, möglichst viel Kleister zwischen den Papierschichten mittels

Bau eines Reflektors zu Aufnahme von Vogelstimmen

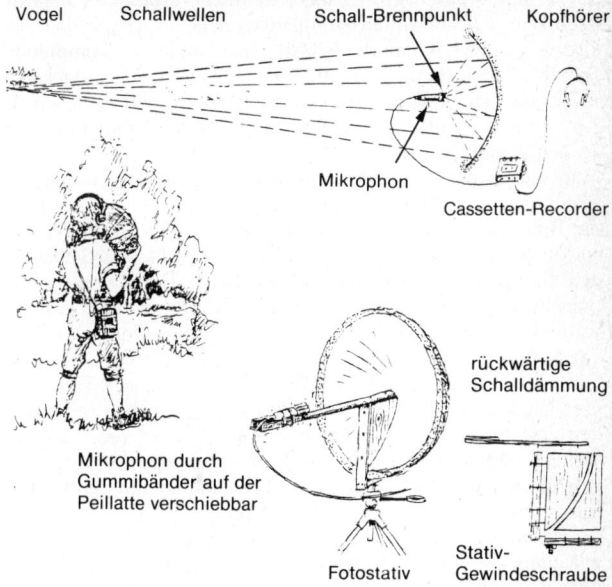

Alle Maße richten sich nach Größe und Wölbung des Reflektorschirms. Peillatte nicht zu kurz wählen. Man kann sie nach Ausprobieren immer noch kürzen.

Bürste wieder herauszudrücken, da hier sonst Hohlräume entstehen. Es müssen mindestens 8 Lagen aufgebracht werden.
Diese Beschichtung führt man im Heizungskeller durch, wo die Angelegenheit dann mehrere Tage trocknen und hart werden kann. Wenn man einen Wasserball benutzt, beschichtet man nur eine Hälfte. Ist das Ganze schließlich zu steinharter Pappe geworden, wird entformt, d.h. aus dem Wasserball die Luft gelassen. Der Regenschirm geht dabei häufig »zum Teufel«.
Nachdem man die Ränder des halbkugeligen Horchschirms sauber beschnitten und bearbeitet hat, wird er mehrere Male von allen Seiten lackiert, damit er sich nicht beim nächsten Regen in

seine Bestandteile auflöst. Waldläufer wählen aus den bekannten Gründen einen grünen oder braunen Farbton. Es kommt darauf an, daß die Innenseite glatt wird.

Um zu vermeiden, daß der Schirm auch von hinten kommende Schallwellen auffängt, wird die Rückseite durch eine aufgeklebte dünne Schaumstoffmatte »taub« gemacht. Sie sollte auch 2 cm über den Außenrand geklebt werden, um Windgeräusche an den Kanten zu verhindern.

Nun bauen wir die Halterung gemäß Zeichnung, wobei die »Peillatte« sorgfältig eingepaßt wird. Sie soll etwas unterhalb der Brennpunktachse des Schirms stehen (der ja wie ein Hohlspiegel wirkt), damit das darauf angebrachte Mikrofon genau in den Brennpunkt geschoben werden kann. Diese Stelle muß man durch Ausprobieren finden. Das Mikrofon steht richtig, wenn der Aussteuerungszeiger am Cassettenrecorder bei einem entfernten Geräusch den größten Ausschlag hat.

Die Sache funktioniert folgendermaßen: Ganz ferne Töne, die man kaum noch wahrnehmen kann, treffen als Schallwellen auf den gewölbten Schirm, werden von allen Seiten (und deshalb vielfach verstärkt) auf den akustischen Brennpunkt zurückgeworfen, wo der Mikrofonkopf die Töne an den aufzeichnenden Cassettenrecorder weitergibt. Gleichzeitig hört der »Tonjäger« in seinem Kopfhörer mit. Zur Verbesserung der Tonqualität – vor allem zur Vermeidung von Windgeräuschen – wird auch über den Mikrofonkopf eine selbstgebastelte Schaumstoffhülle (1 cm dick) gestülpt.

Dieser Fernhorchschirm ist so leistungsfähig, daß er die Rufe einer anderthalb Kilometer entfernten Taube noch klar auf das Cassettenband bringt.

Nicht ganz uninteressant ist die Möglichkeit, mit diesem Gerät durch Anpeilen den Standort eines scheuen Vogels (z.B. eines Kuckucks) zu ermitteln. Natürlich wählt man Tageszeiten, die frei von »Fremdgeräuschen« sind. Ein fahrendes Auto oder ein bellender Hofhund »kommen« nämlich genauso laut wie die erwünschte Vogelstimme. Die beste Zeit ist also kurz nach Sonnenaufgang.

Besonders gut aufgenommene Teile des Vogelgesangs (die mindestens 3 Minuten lang sein sollen) überspielt man zu Hause auf eine Archivcassette.

206

Von Tränken, Tümpeln und Teichen

Wiederholt haben wir die Bedeutung kleiner Tümpel und Teiche als Lebensraum für Tiere und Pflanzen betont. Wir wollen uns jetzt mit der Anlage eines solchen »Feuchtbiotops« beschäftigen. Wieder einmal hat es der gut, der über einen eigenen Garten verfügt und dessen »Familienrat« ein paar Quadratmeter davon in einer abgelegenen Ecke »geopfert« hat.

Halt! Abgelegene Ecke? Zwar muß man froh sein, überhaupt eine Stelle für sein künftiges Wasserforschungsreich zu bekommen, aber vielleicht kann man doch ein bißchen wählen. Am geeignetsten sind nämlich Stellen,

● die täglich 3-4 Stunden (oder länger) in der Sonne liegen,
● die gegen Wind durch Hanglage, einen kleinen Wall oder dichte Büsche an der Wetterseite geschützt sind,
● die nicht unter laubabwerfenden Bäumen liegen und
● die wenigstens 20 Quadratmeter groß sind.

Vogelbad und Tränke

Bevor wir zum Spaten greifen, gilt es zu überlegen, was wir bezwecken. Für eine **Vogeltränke** − kombiniert mit einem **Vogelbad** − reicht ein kleinerer Platz aus. Wegen anschleichender Katzen soll er nicht unmittelbar neben Büschen liegen.

Ein Vogelbad ist ein 5-8 cm tiefes Flachwasserbecken mit ansteigenden Ufern und einer kleinen Steininsel in der Mitte. Als Wanne kann man ein ausgedientes Gefäß (kein Metall) verwenden, oder man legt eine Mulde mit PVC-Folie aus. Den Bodengrund schütten wir aus feinem Sand oder Kies, der ringsum noch einen 10-20 cm breiten »Strand« bildet. In ein Vogelbad gehören weder Pflanzen noch Tiere.

Planung und Bau eines Freilandteiches

Empfehlenswerter ist ein **Freilandteich**, der sich zu einem Wasserbiotop mit eigener Tier- und Pflanzenwelt entwickeln läßt. Gleichzeitig kann er als Vogelbad genutzt werden.

In der Planungsphase fertigen wir eine Grundrißzeichnung an. Dabei müssen wir berücksichtigen, daß später ab und zu am

Teich gearbeitet werden muß, z.B. beim Auslichten zu stark wuchernder Wasserpflanzen. Er darf daher nicht breiter sein als die Länge einer zur Verfügung stehenden Leiter, die als »Arbeitsbühne« von Ufer zu Ufer quer über den Teich gelegt wird. Die Wahl einer möglichst natürlichen (also nicht kreisrunden oder rechteckigen) Form ist jedem selbst überlassen. Sie findet ihre Grenze in der vorhandenen oder zu beschaffenden Kunststofffolie, die später den Teichboden abdichtet.

Nehmen wir an, wir entscheiden uns für einen hufeisenförmigen Grundriß. Dann wird als nächstes die Wassertiefe festgelegt. An einer Stelle sollte sie mindestens 60 cm betragen (frostfrei). Die größere Fläche steigt sanft, von mittleren Tiefen (40 cm) über Flachwasser (20 cm) auf Seichtstellen am Ufer an. Aus Lichtgründen sollte der tiefere Teil an der Südseite, der flachere an der Nordseite liegen. Notwendig sind maßstabsgetreue Querschnittzeichnungen, wobei überall ein Tiefenzuschlag von 20-25 cm wegen der später über der Folie aufzubringenden Teichgrundschicht berücksichtigt werden muß.

Vom Wasserhaushalt unseres Teiches:

Bevor man die Rohform auszuheben beginnt, muß man den Wasserhaushalt überdenken. Das Einfüllen von Wasser ist mittels Gartenschlauch kein Problem. Aber das Entleeren? Zwar steht in einem gesunden Teich jahrelang dasselbe Wasser. Für Reinigungszwecke oder für Reparaturen kann es aber doch erforderlich werden, den Teich trockenzulegen. Am einfachsten geht es mit dem Ansaugverfahren per Gartenschlauch, wobei das äußere Schlauchende tiefer liegen muß als das im Teich befindliche. Vielleicht besteht die Möglichkeit, das Wasser in einen Kellerabfluß einzuleiten? Falls nicht, muß man einen ausreichend tiefen und mit Steinen ausgelegten Versickerungsschacht graben.

Auch das Gegenteil muß bedacht werden! Bei langanhaltenden Regenfällen könnte der Teich überfließen. Es ist also eine Stelle vorzusehen, wo die Fluten — ohne über die »Ufer« zu treten — in den außerhalb der Folienwanne liegenden Gartenboden versickern können. Eine solche Überlaufschwelle baut man als »Bachtrichter« in der als Sumpfteil geplanten Ecke des Teiches, wo sie den Gartenboden dauernd feucht hält.

Selbstbau eines Gartenteiches 1

(Feuchtbiotop, Größe 4 X 4 m)

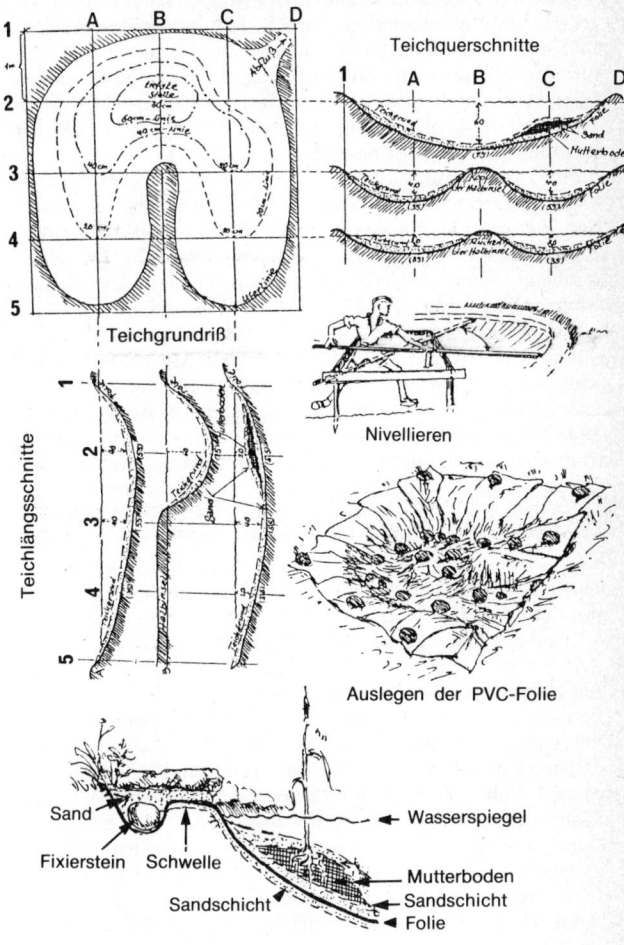

Teichquerschnitte

Teichgrundriß

Teichlängsschnitte

Nivellieren

Auslegen der PVC-Folie

Sand

Fixierstein   Schwelle

Sandschicht

Wasserspiegel

Mutterboden
Sandschicht
Folie

209

Ausheben, Nivellieren und Gründen der Teichwanne:
Nun wird der Spaten geschwungen, die Schubkarre geschoben und die Rohform ausgeschachtet. Der Mutterboden wird auf einem bestimmten Haufen gesammelt. Für den übrigen Aushub plant man an der Wetterseite einen Wall, der später bepflanzt wird. Ein wichtiger Tip: Nicht unnötig tief in den gewachsenen Boden hineinstechen, damit dieser fest bleibt und später durch den Druck des über der Folie stehenden Wassers an nur locker verfüllten Stellen nicht nachgibt.
Ist die Rohform ausgeschachtet, gilt es, den künftigen Teichboden nach Steinen und anderen harten Gegenständen abzusuchen, die später die darüberliegende Folie durchstoßen könnten. Eine wichtige Arbeit ist das »Nivellieren« der Teichgrube. Hierzu schlägt man vier Pfähle in den Gewässerboden, deren Enden mit einer Wasserwaage auf die Höhe des vorgesehenen Wasserspiegels ausgerichtet und mit aufgenagelten Latten verbunden werden. Dadurch entsteht eine Art Gestell. Mit einer weiteren Latte, die stets auf diesem Nivelliergerüst aufliegen muß, bezeichnet man durch Verschieben gegen den Teichrand hin dessen künftige Uferlinie und gräbt 10 cm höher ringsum einen 30 cm breiten Absatz, der nach außen von einem kleinen Graben begrenzt wird. Nur dort, wo man im Sumpfteil den Überlauf vorgesehen hat, legt man diesen Stufenabsatz 10 cm tiefer an, also in Wasserspiegelhöhe. Anschließend wird in das Innere als Polster für die Abdichtfolie gleichmäßig eine 5 cm starke Schicht gesiebten Sandes eingebracht. Wenn man ihn anfahren läßt, dann gleich die dreifache Menge, denn es wird noch weiterer Sand für den eigentlichen Teichgrund benötigt.

Das Einpassen der Dichtungsfolie:
Die Folie selbst muß in einem Spezialgeschäft besorgt werden. Die genaue Bezeichnung lautet: »PVC-Folie weich, 0,4 mm«. Man muß angeben, wofür man die Folie benötigt, dann wird dort aus Rollenmaterial eine Plane in der angegebenen Größe zusammengeschweißt. Wegen der zusätzlichen Tiefe ist ein Zuschlag von etwa 50% in Länge und Breite erforderlich. Die Folie für einen Teich in den Grundabmessungen 4 x 4 m soll eine Kantenlänge von 6 x 6 m aufweisen. Hat man sie endlich an der Baustelle, zieht man sich zunächst Turnschuhe an. Noch

Selbstbau eines Gartenteiches 2

Vegetationsskizze

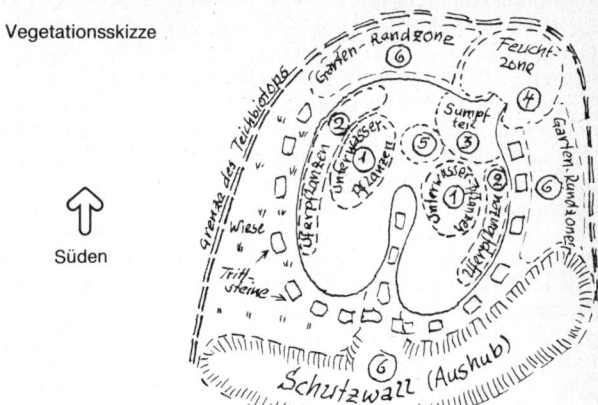

↑
Süden

Die für die jeweiligen
Zonen 1 – 6 in Frage kommenden
Pflanzen sind auf Seite 215
aufgeführt.

Teichansicht

besser, man geht barfuß. Sehr schnell tritt man nämlich ein Loch in die dünne Folie.

Die Plane wird über den künftigen Teich ausgebreitet und vorsichtig in die Vertiefungen gedrückt. Dort wird sie — bei der tiefsten Stelle beginnend — mit runden Steinen beschwert. Um die Ausformung hinzubekommen, wird man etliche große Falten einbauen müssen. Später sind sie nicht mehr zu sehen. Ist man damit fertig und ragen die Folienkanten ringsum überall noch ausreichend über die Uferlinienstufe hinaus, wird — wiederum an der tiefsten Stelle beginnend — Sand gleichmäßig 5 cm hoch nach allen Seiten hin eingefüllt. Das Sandgewicht sorgt dafür, daß sich die Folie ohne Spannung dem Untergrund anschmiegt. Die Beschwerungssteine werden Zug um Zug weggenommen. Da, wo man ringsum die Schwelle angelegt hat, wird die Folie durch Steine in dem dahinterliegenden Graben fixiert, der Graben ebenfalls mit Sand verschüttet, die überstehenden Folienränder abgeschnitten und die Sandpackung bis zum Ufer hinauf ergänzt.

Weder dieser Bodensand noch der spätere Bodengrund dürfen so hoch aufgeschüttet werden, daß sie Verbindung mit dem Boden außerhalb der Folienwanne haben. Dadurch würde eine Kapillarwirkung entstehen, die das Teichwasser langsam in den trockeneren Gartenboden absaugt. Der Wasserspiegel sinkt, und man vermutet schließlich, die Folie müsse irgendwo ein Loch haben. Ringsum soll also ein kleiner Streifen Folie sichtbar bleiben, der mit Steinen und überhängenden Pflanzen getarnt wird. Unser Teich ist nun fast fertig, und wir können uns Gedanken über die Bepflanzung machen.

Vom Bepflanzen und dem Ruhestadium:

Dort, wo kräftige, über den Wasserspiegel ragende Uferpflanzen wie Pfeilkraut, Binsen, Rohr, Kalmus u.ä. wachsen sollen, wird eine 10-15 cm starke Schicht Mutterboden über die Sandschicht aufgebracht und mit reinem Sand abgedeckt. Im Teichinnern, wo Unterwasserpflanzen geplant sind, wird die Mutterbodenschicht nur 5 cm stark. Dort, wo gar keine Pflanzen stehen sollen, füllt man nur Sand ein. Grundsätzlich soll die Folie überall mit einer 10-15 cm hohen Sand- oder Mutterbodenschicht bedeckt sein. Ist das geschehen, kann Wasser eingelas-

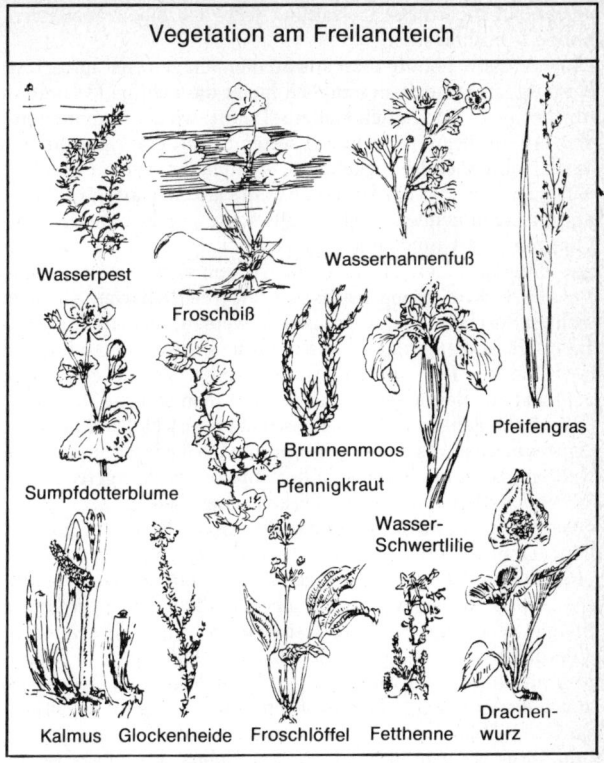

Vegetation am Freilandteich

Wasserpest

Froschbiß

Wasserhahnenfuß

Pfeifengras

Sumpfdotterblume

Brunnenmoos

Pfennigkraut

Wasser-
Schwertlilie

Kalmus   Glockenheide   Froschlöffel   Fetthenne   Drachen-
wurz

sen werden. Eine spannende Sache! Das Füllen des Teiches geschieht schön langsam rieselnd, wobei das Wasser über einige
für diesen Zweck eingebrachte Steine fließt. Da es sich um etliche Kubikmeter handelt, kann die Teichfüllung lange dauern.
Jetzt plant man eine Erkundungsstreife zum nächsten Tümpel
und schaut sich Ufer und Bewuchs an. Man überlegt, welche
der dortigen Pflanzen man in seinen Teich übernehmen will
und wo sie am besten hinpassen. Das ist dem Einfühlungsver-

mögen für natürliche Gestaltung jedes einzelnen überlassen. Einige Vorschläge:

An einer Seite könnte man aus Steinen ein Felsufer aufpacken; ein ausgegrabener Baumstubben bietet die richtige Dekoration für die Spitze der kleinen Halbinsel; dort, wo der Sumpfteil mit dem Abfluß beginnt, steht am besten Schilf, und rings um den Teich sollten einige begehbare Steinplatten verlegt werden. Auch der Bewuchs der Uferzone – die ja zum Garten gehört – und des schützenden Aushubwalls sollte überlegt werden. Die Pflanzen und Unterwasserpflanzen holt man sich aus der Natur, ohne dort Zerstörungen anzurichten.

Der Teich wird knapp bepflanzt! Die Pflanzenarten sollen in kleinen Büscheln zusammen gesetzt werden, niemals durcheinander. Es ist erstaunlich, wie schnell sie sich ausbreiten und den noch kahlen Teich in einen wuchernden Wasserlebensraum verwandeln. Bei diesen Arbeiten muß man stets an die dünne Grundfolie denken. Wird sie beschädigt, »ist Holland in Not«! Dann muß das Wasser abgelassen und alles wieder ausgeräumt werden, damit ein herbeigeholter »Spezialist« fachgerecht über das entstandene Loch einen Flicken schweißen kann.

Nach der Bepflanzung bleibt das Gewässer 6 Wochen ruhig stehen, damit die Pflanzen anwachsen können. In dieser Zeit bepflanzt man die außerhalb liegende Randzone, beseitigt sämtliche Arbeitsspuren und sät gegebenenfalls auf kahlgetretenen Stellen neuen Rasen. Tiere kommen noch nicht in den Teich. Allerdings wird man bald feststellen, daß er dennoch zu »leben« beginnt. Insektenlarven und andere niedere Tiere stellen sich von selbst ein. Auch die Vogelwelt wird freudig im Seichtwasser baden. Man kann der Natur etwas nachhelfen, mit Kescher und Eimer an den nächsten Weiher ziehen, kleine Krebstiere, »Wasserflöhe«, Bodenwürmer, Insektenlarven, Schnecken, Teichmuscheln und ähnliches sammeln und im Teich aussetzen. Nur den Gelbrandkäfer und dessen Larve sollte man als berüchtigte Räuber fernhalten.

Man wird etliche Zeit damit verbringen, die erwachende Kleintierwelt mittels Lupe oder Mikroskop zu beobachten und möglichst auch in einem **Biotoptagebuch** (siehe Waldläufertagebuch) zu registrieren. Falls das Wasser grün und undurchsichtig wird (Algen), versenkt man einen Kartoffelsack mit reinem

Torf (kein Düngetorf!). Dadurch wird das Wasser angesäuert, bekommt nach etlichen Tagen einen goldgelben Schimmer, und man kann wieder bis auf den Grund schauen.

Die Vegetation der Freilandteiche:

Im folgenden nennen wir einige zur Bepflanzung unserer Teichanlage geeignete Gewächse, wobei wir uns in der Einteilung nach dem »Vegetationsplan« richten.

1 Wasserpflanzen	2 Uferpflanzen	3 Sumpfpflanzen
Wasserpest	Wasserliesch	Rohrkolben*
Laichkraut	Kalmus	Pfahlrohr*
Froschbiß	Froschlöffel	Teichbinse
Hornkraut	Binse	Wasserhahnenfuß
Sumpfried	Drachenwurz	Pfeilkraut
Tausendblatt	Brunnenmoos	Schilf*
Wasserschlauch	Wollgras	Hechtkraut
Quellmoos	Fieberklee	Igelkolben
Wasserkanne	Wasser- schwertlilie	Wassertanne
		Blumenbinse

4 Feuchtpflanzen	5 Seerosen	6 Randzonenpflanzen
Aronstab	Teichmummel	Glanzgras
Pfennigkraut	Zwergseerose	Eisenhut
Scheinkalla	Seerose	Venushaar
Blutweiderich		Milzfarn
Gauklerblume		Frauenfarn
Pestwurz		Ilex
Sumpfdotterblume		Fetthenne
Sumpfmarguerite		Besenginster
Glockenheide		Spierstaude
Königsfarn		Pfeifengras
Riesenschachtelhalm		Segge

*Diese Pflanzen müssen in Gefäßen stehen, da ihre kräftigen Wurzeln die Folie durchstoßen könnten!

Tiere in Teichen und Tümpeln

In Teichen ist das Leben vom winzigsten Einzeller bis hinauf zu den Fischen so mannigfaltig, daß man von »Lebewelten« reden kann. Alle gehören zusammen, einer lebt vom anderen, ein Kreislauf, in dem eine Unterbrechung katastrophale Folgen nach sich zieht. Ganze Tierarten können in den betreffenden Gewässern aussterben — einer der Gründe, warum wir unser Wasserbiotop sechs Wochen »in Ruhe lassen«. Das Süßwasserplankton und die Kleinlebewelt müssen Zeit haben, sich zu entwickeln. Der Teich muß erst biologisch »zu leben« beginnen. So haben wir Muße, uns mit den in Teichen und Tümpeln lebenden Tieren zu beschäftigen.

Frösche, Unken und Kröten

Es gibt Froscharten, die zwar während ihrer Fortpflanzungszeit im Wasser leben, sonst aber auf dem Land. An ihnen hätten wir in unserem Teich also keine lange Freude. Zu ihnen gehört der

● **Grasfrosch:**
  Aussehen: Männchen 7 cm, Weibchen 10 cm groß; Rücken gelbbraun gefleckt, unterseits grau bis bräunlichweiß, graubraune Kehle. **Lebensraum**: Feuchtgebiete. **Lebensweise**: Massenwanderung im Februar-März zu Tümpeln, um zu laichen. Laichklumpen von 1 000 bis 4 000 Eiern sinken zu Boden und steigen später an die Oberfläche. Kaulquappen gehen im Juli als 1 cm große Jungfrösche in großen Massen an Land (»Froschregen«).

● **Laubfrosch:**
  Aussehen: 4-5 cm, leuchtend grüner Rücken. **Lebensraum**: Auch er ist bis auf die Laichphase ein reines Landtier und bevorzugt Buschwerk in Laubwäldern, nasse Wiesen und Brombeergestrüpp. Der Laich wird in walnußgroßen Klumpen mit bis zu 1 000 Eiern abgesetzt.

● **Moorfrosch:**
  Aussehen: 5-8 cm, rauhe Oberseite, einfarbig braun mit hellem Rückenstreifen; schwarzbrauner Fleck hinter den Ohren. **Lebensraum**: Lebt als Landbewohner auf Sumpfwiesen, in Mooren und feuchten Auwäldern.

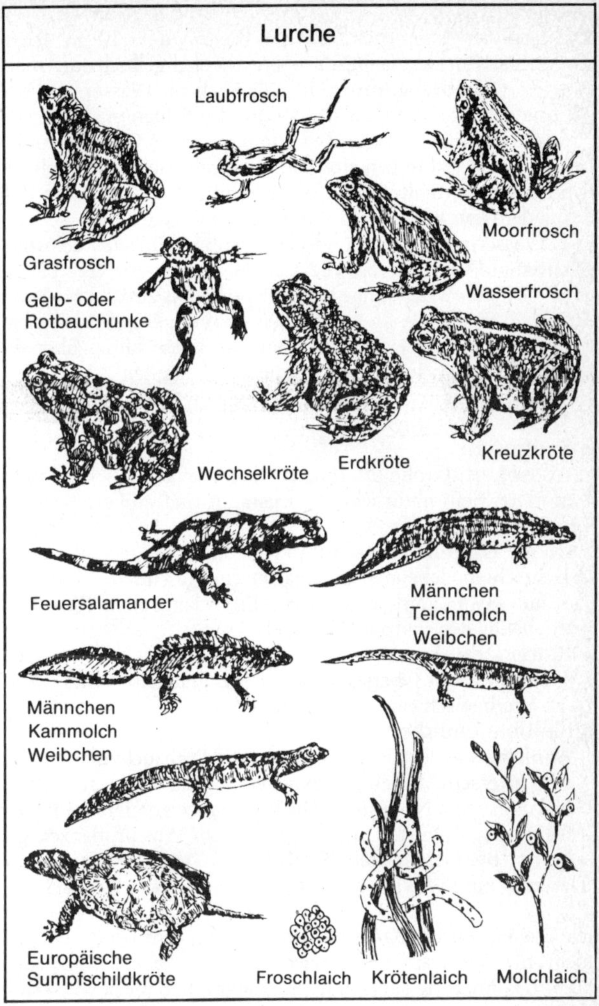

Lurche

Laubfrosch

Grasfrosch

Moorfrosch

Gelb- oder
Rotbauchunke

Wasserfrosch

Wechselkröte

Erdkröte

Kreuzkröte

Feuersalamander

Männchen
Teichmolch
Weibchen

Männchen
Kammolch
Weibchen

Europäische
Sumpfschildkröte

Froschlaich

Krötenlaich

Molchlaich

- **Wasserfrosch:**
  Aussehen: Männchen bis 7 cm, Weibchen bis 10 cm; leicht warziger Rücken, gelbgrün, Oberschenkel gelbschwarz marmoriert. **Lebensraum**: Ausschließlich im Wasser (!). **Lebensweise**: Verschläft den Winter im Schlamm, laicht von April bis Juni. In dieser Zeit stimmfreudiges Gequake in der Nacht. Laichklumpen sind klein, obwohl sie 10 000 hellgelbe (!) Eier enthalten. Erst im September-Oktober haben sich aus den Kaulquappen Jungfrösche entwickelt.

Der Wasserfrosch ist der ideale Bewohner unseres selbstgeschaffenen Wasserbiotops, dem er sein Leben lang treu bleibt. Man darf jedoch nur junge Wasserfrösche (bis zu 10 Stück) einsetzen. Zusätzlich sollte man einen im Juni gefundenen Laichklumpen (hellgelb!) einsetzen, um die Entwicklung über die Kaulquappe zum Jungfrosch studieren zu können.

Reviertreu bleibt ebenfalls, jedoch wegen seiner Größe für kleine Teiche weniger geeignet, der

- **Seefrosch:**
  Aussehen: Größe bis 15 cm; Oberschenkel olivbraun marmoriert. Sein natürlicher Lebensraum sind größere Seen.

Auch die **Unken** verlassen ihre Heimattümpel niemals. Beide in Deutschland lebenden Unkenarten sind geschützt. Man sollte also nur etwas Laich einbringen. Ihre klangvollen Rufe hört man abends den ganzen Sommer.

- **Rotbauchunke:**
  4-4,5 cm groß; Oberseite schwarz bis graublau, warzig; Unterseite blauschwarz und rot gefleckt.

- **Gelbbauchunke:**
  Ähnlich, aber etwas gedrungener als Rotbauchunke und an der Unterseite auffällig gelb gefleckt. Beide Arten sind Dämmerungs- und Nachttiere. Die Paarungszeit dauert vom April bis in den August. Laicheier werden an Wasserpflanzen geheftet. Bei Gefahr stellen sich Unken »tot«, indem sie dem »Feind« ihren Bauch mit der grellen Schreckfarbe zukehren.

Die drei häufigsten **Krötenarten** leben auf dem Land, sind also nicht für unseren Freilandteich geeignet. Dick bewarzt und plump, können sie kaum hüpfen. Sie kriechen meist schwerfäl-

Entwicklung des Frosches

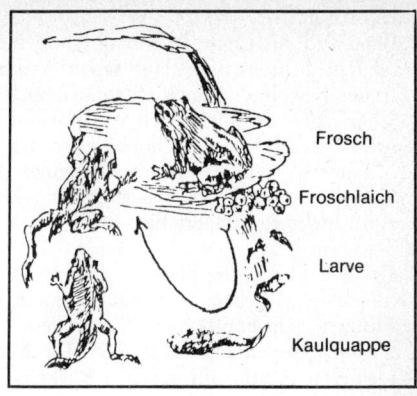

Frosch

Froschlaich

Larve

Kaulquappe

lig auf »allen vieren«. Ihr Laich ist schwarz (!) und wird in gallertartigen Schnüren im Wasser abgesetzt.
- Die **Erdkröte** ist rot- bis schwarzbraun gefärbt (Männchen 8 cm, Weibchen 13 cm groß).
- Die **Wechselkröte** zeigt einen hellgrauen bis gelboliv gefleckten Rücken und eine grauweiße schwärzlich gefleckte Bauchseite (Männchen 7 cm, Weibchen 9 cm groß).
- Die **Kreuzkröte** ist oberseits braungrün gefleckt, trägt einen gelben Rückenstreifen und hat eine dunkelgraue Bauchseite (Männchen 6 cm, Weibchen 8 cm).

Molche und Schildkröten

Bei den Molchen sind die im Wasser lebenden Arten von den auf dem Lande lebenden Arten zu unterscheiden. Zu letzteren gehört neben dem Alpensalamander der bekannte
- **Feuersalamander:**
  Bis zu 20 cm lang, besitzt er eine glatte schwarze Haut und »feuergelbe« Flecken auf dem gedrungenen, eidechsenähnlichen Körper. Er bevorzugt feuchte Laubwälder in der Nähe von Gewässern. Nach der Paarung im Frühjahr setzt das Weibchen im Wasser 20 bis 40 lebende Salamanderlarven mit äußerlichen Kiemenbüscheln am Kopf.

219

- **Kammolch:**
  Bei 13-25 cm Länge hält er unter Steinen, Baumstümpfen oder in dichtem Bodenlaub seinen Winterschlaf. Er ist ein treuer Bewohner seines »Stammtümpels«. Sein Rücken ist schwarzgefleckt mit seitlichen weißen Punkten. Mit dem rot-gelben Bauch und dem hohen gezackten Rückenkamm (der Männchen) sieht er aus wie ein kleiner »Drache«. Der dicke Schwanz ist an der Wurzel abgesetzt. Das Weibchen legt im April mehrere hundert Eier einzeln an Wasserpflanzen ab.
- **Teichmolch:**
  Größe 9-11 cm. Der häufigste unserer Schwanzlurche hat ei-ne ähnliche Lebensweise und begnügt sich mit kleinsten Pfützen. Sein braunoliver Rücken geht in den silberweißen, schwarzgepunkteten Bauch über. Das Männchen trägt einen kleineren Hautkamm auf dem Rücken. Der Schwanz ist an der Wurzel nicht abgesetzt.

Wenn nun die bei uns ausgestorbene **Europäische Sumpf-schildkröte** erwähnt wird, soll damit angedeutet sein, daß sie ein besonders interessanter Bewohner unseres Freilandbeckens ist, wenn man einige (!) Exemplare erwerben kann. Es emp-fiehlt sich, den Teichgrund mit »Nadelsimsen« zu bepflanzen, da deren Wurzeln den Grund so fest durchziehen (und damit gleichzeitig die Wurzeln der übrigen Pflanzen schützen), daß die Schildkröten ihn nicht aufwühlen können.

- **Europäische Sumpfschildkröte:**
  Größe um 10-15 cm; schwarzgrüner Rückenpanzer mit gel-ben Punkten. Lebt als Dämmerungstier von kleinen Fischen, Kaulquappen, Schnecken und Wasserpflanzen. Im Juni legt das Weibchen bis zu 10 haselnußgroße weiße Eier. Die Jun-gen schlüpfen 8 bis 10 Wochen später.
- **Schmuckschildkröten:**
  Die aus Amerika stammenden Wasserschildkröten (bis 7 cm) tragen die lateinischen Namen Chrysemys, Pseudemys und Deirochelys. Sie sind bunt gefärbt, lebhaft und reine Wasser-tiere. Man erwirbt sie in einigen (!) Exemplaren in einer Tierhandlung. Sie sind allerdings nicht »winterfest«. Man überwintert sie in einer mit feuchtem Laub gefüllten Kiste im Keller.

Will man in seinem Teich Schildkröten heimisch machen, emp-
fiehlt es sich, das Gewässer und einen kleinen Landauslauf in
der Eingewöhnungszeit (6 Wochen) mit einem leichten Draht-
geflecht 15 cm hoch zu »umzäunen«.

Fische

Viele der kleinen und munter im Schwarm an Flachufern spie-
lenden Jungfische können recht groß werden (Karpfen, Karau-
schen, Barsche, Plötzen, Rotfedern, Ukelei) und sind für unser
Wasserbiotop nicht geeignet. Andere (Forellen, Saiblinge, Fel-
chen) benötigen schnell fließendes, sauerstoffreiches Wasser.
Noch andere (z.B. Steinbeißer) scheiden als »große Bodenwüh-
ler« aus.
Wir bleiben am besten bei den Kleinfischen unserer heimatlichen Gräben und Tümpel, zumal sie in der Paarungszeit außer-
gewöhnliche Beobachtungen ermöglichen.

● **Dreistachliger Stichling:**
   Aussehen: 8 cm; Rücken grünlichbraun gefleckt, seitlich
   blausilber, am Bauch gelb; auf dem Rücken drei aufspreizba-
   re Stacheln. **Lebensraum**: Tümpel, Gräben, Altwasser. **Lebensweise**: Kleiner draufgängerischer Räuber, der sich von
   Wasserinsekten und Kleintieren ernährt. In der Laichzeit
   (April-Juni) verwandelt sich das Männchen in einen metal-
   lisch schimmernden »Ritter« (smaragdgrüner Rücken, feuer-
   roter Bauch), baut in seinem erbittert verteidigten Revier aus
   Pflanzen ein eigroßes Nest am Grund, treibt ein Weibchen
   zum Ablaichen hinein und betreut in rührender Weise die Eier und den nach 8-10 Tagen schlüpfenden Jungfischschwarm.
   (Es sollten ein Dutzend Tiere — davon ein Drittel Männchen
   — eingesetzt werden.)

● **Neunstachliger Stichling:**
   Aussehen: 6 cm; Rücken grünschwarz gebändert, seitlich
   mattsilbern, Bauch silbern glänzend, auf dem Rücken 9-12
   Stacheln, unterseits 2 Dornen an den Bauchflossen, kleiner
   und schlanker als sein o.a. Vetter. **Lebensraum**: Verkrautete Gräben und Tümpel. **Lebensweise**: In der Laichzeit bekommt das Männchen eine tiefschwarze Kehle und Brust.
   Das Nest wird an Pflanzen aufgehängt.

221

- **Bitterling**
Aussehen: 5-7 cm; hoher Rücken, grüngrau, seitlich silbrig mit grünem Längsstreifen, Bauch weiß; der Bitterling ist ein kleiner Karpfenfisch. Lebensraum: Teiche, langsam fließende Bäche. Voraussetzung ist das Vorhandensein von Teichmuscheln (Malermuscheln, Flußmuscheln). Lebensweise: In der Laichzeit (April-Mai) erglüht das Männchen in allen Regenbogenfarben. Das Weibchen legt mittels seiner 4 cm langen, rötlichen Legeröhre durch die »Ausfuhröffnung« einer Muschel die Eier in deren Kiemengang. Nach 4 Wochen schlüpfen die jungen Bitterlinge durch den Kloakenschlitz der Muschel ins Freie. Voraussetzung für das Heimischwerden von Bitterlingen in unserem Teich sind also etliche Teichmuscheln!

- **Moderlieschen:**
Aussehen: 5-8 cm; Rücken grünbraun, Seiten und Bauch weiß mit einem bläulichen Streifen, längliche »schnittige« Form. Lebensraum: Moortümpel, Teiche. Lebensweise: Munterer Schwarmfisch. Heftet in der Laichzeit (Mai-Juni) Eier in Ringen um Pflanzenstengel, wo sie vom Männchen bewacht werden. Ein ständig umherziehender Schwarm sollte aus 20-30 Tieren bestehen.

- **Elritze:**
Aussehen: 7-12 cm; Rücken grüngrau, schwarz gefleckt, Bauch silbern, Kehle schwarz, Wangen und Brust rot. Lebensraum: Klare Bäche und Teiche mit sandigem Grund. Lebensweise: Lebhafter Oberflächenfisch, der unermüdlich in Schwärmen dicht unter dem Wasserspiegel spielt und seine interessanten Springkünste zeigt. Laichzeit Mai-Juni auf freien Sand- und Kiesstellen. Auch Elritzen sollten in einem Schwarm von 20-30 möglichst gleich großen Tieren eingebracht werden.

Natürliche Auslese und Überwinterung

Wenn es zum Ablaichen der vielen Frösche, Molche und Fische kommt, wird man sich besorgt fragen: Was geschieht denn mit den Tausenden von Kaulquappen, Molchlarven und Jungfischen? Kommt es nicht zu einer gefährlichen Übervölkerung?

Tümpelfische

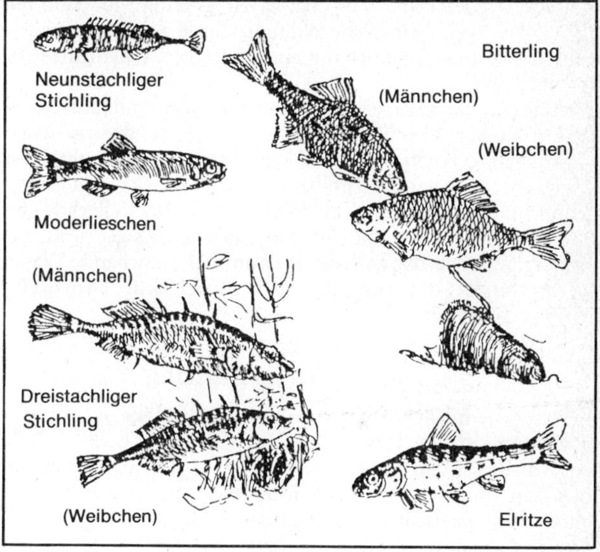

Neunstachliger Stichling

Bitterling

(Männchen)

(Weibchen)

Moderlieschen

(Männchen)

Dreistachliger Stichling

(Weibchen)

Elritze

Nein! Die Natur hilft sich wie in jedem anderen Biotop selbst. Nur ein Bruchteil der Jungtiere wird »durchkommen«, nämlich die stärksten und »gewitztesten«. Der größere Teil wird von anderen Tieren gefressen, bildet deren Nahrung. Das ist der Ablauf in allen Naturtümpeln. Man darf also keinesfalls entrüstet den »rächenden« Kescher schwingen, wenn man beobachtet, wie ein Stichlingweibchen hungrig in den auseinanderspritzenden Schwarm junger Elritzen schießt oder ein Wasserfrosch »kannibalisch« hinter seinen eigenen Kaulquappen herjagt!
In unserem kleinen Wasserbiotop wird bald überall munteres Leben herrschen. Im Herbst jedoch gehen die Pflanzen zurück, werden braun, produzieren keinen Sauerstoff mehr. Die Tiere bleiben unsichtbar, beginnen sich zu verkriechen. Im Winter friert unser Teich zu. Das kann zu Sauerstoffmangel führen.

223

Falsch wäre es, Löcher in das Eis zu hacken. Durch die Erschütterungen werden die im Winterschlaf ruhenden Tiere aufgeschreckt, finden keine Nahrung, haben zuwenig Sauerstoff und gehen ein. Wenn wir solche Wintergefahren vermeiden wollen, müssen wir unseren Teich mit einer einfachen **Warmluftanlage** versehen.

Mittels einer im (Heizungs-)Keller unseres Wohnhauses installierten kleinen Membranpumpe (die in Zoo- und Aquariengeschäften angeboten wird und kaum Strom verbraucht) wird durch einen vorher eingegrabenen dünnen Plastikschlauch von 5 mm Innendurchmesser (Pfennigware!) warme Kellerluft über einen Ausströmer in eine tiefe Stelle des Teiches gedrückt, Der ständig perlende Blasenstrom erwärmt das umgebende Wasser und verhindert dort ein Zufrieren der Oberfläche. Gleichzeitig sorgt er für zusätzlichen Sauerstoff.

Fang von Tümpelfischen

»Woher«, wird sich der interessierte »Tümpelökologe« fragen, »bekomme ich die Tiere?« Einige Ratschläge (z.B. Einbringen von Laich) wurden schon gegeben. Hier wollen wir uns speziell mit dem Fang von Kleinfischen beschäftigen, obwohl man sie auch über Zierfischhandlungen beziehen könnte.

Der erste Schritt ist die Erkundungspirsch zu einem entsprechenden Gewässer. Meist aber wird man von oben die winzigen hin- und herflitzenden Fischschatten nicht identifizieren können. Man muß sie also fangen. Das Gerät hierzu ist bekannt, nämlich ein (selbstgebauter) Kescher mit anderthalb Meter langem Stiel, einem halbkreisförmigen Drahtbügel (Durchmesser ca. 25 cm), an dem sich zum Auswechseln der Fangnetzbeutel Gardinenfederklammern befinden. Für den Fang kleiner Wasserkrebse, wie Wasserflöhe und Hüpferlinge (als Fischfutter), benötigt man beispielsweise ein bedeutend feineres Netzgewebe als für Fische. Für sie kommt ein Netzbeutel aus Gardinentüll in Frage. Neben der üblichen Streifenausrüstung (s. S. 30), von der vor allem Lupe und Bestimmungsbuch nicht fehlen dürfen, gehört zu einer Fangexpedition ein Marmeladenglas zum genauen Betrachten, ferner eine 5-Liter-Transportkanne aus undurchsichtigem Material. Die durch den Fang aufge-

Fang und Überwinterung von Tümpelfischen

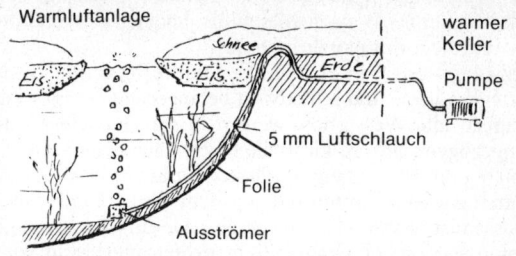

Warmluftanlage

Schnee
Eis
Eis
Erde

warmer Keller

Pumpe

5 mm Luftschlauch

Folie

Ausströmer

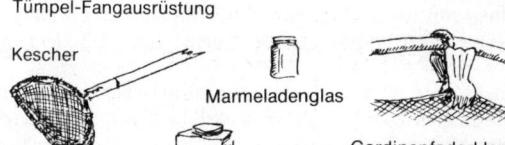

Tümpel-Fangausrüstung

Kescher

Marmeladenglas

Gardinenfederklammer zum Auswechseln von Fangnetzbeuteln verschiedener Maschenweiten.

Lupe

5 ℓ

Transportkanne

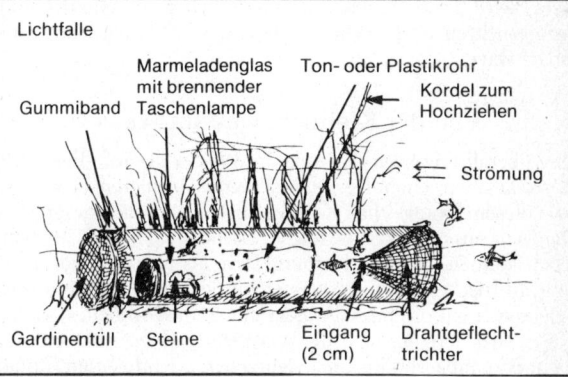

Lichtfalle

Gummiband

Marmeladenglas mit brennender Taschenlampe

Ton- oder Plastikrohr

Kordel zum Hochziehen

Strömung

Gardinentüll

Steine

Eingang (2 cm)

Drahtgeflechttrichter

regt hin- und herschießenden Fische beruhigen sich im Dunkeln wesentlich rascher.

Beim Fang ist Ruhe Voraussetzung. Keineswegs schlägt man mit dem Kescher ins Wasser. Man führt ihn langsam unter den Fisch — und hebt ihn plötzlich heraus.

Als spezielles Verfahren sei hier die **Lichtfalle** vermerkt, die sich für verkrautete und schlecht zu befangende Gewässer eignet. Nahezu alle Wassertiere werden in der Dunkelheit vom Licht angezogen. Unsere Lichtfalle besteht aus einem etwa 15 cm weiten und 40 cm langen (Plastik-)Rohr, dessen hinteres Ende durch ein von Gummiband gehaltenes Stück Gardinentüll verschlossen ist, während am vorderen Ende ein nach innen gerichteter reusenartiger Drahtgeflechttrichter angebracht wird. Das Eingangsloch hat einen Durchmesser von 2 cm. In dieser Röhre liegt ein wasserdichtes und mit Steinen gegen Auftrieb beschwertes Marmeladenglas, in dem eine Taschenlampe brennt.

Das Ganze wird in der Dämmerung mittels Schnur an einer »hoffnungsträchtigen« Stelle versenkt. In kurzer Zeit werden Schwärme kleiner Krebstierchen und Wasserflöhe das leuchtende Marmeladenglas im Plastikrohr umgaukeln. Auch die beutewitternden Kleinfische entdecken den engen Trichtereingang, schwimmen hinein — finden aber nicht wieder heraus.

Wer dann am nächsten Morgen gespannt seine »Falle« herauszieht, wird darin — neben anderem Getier — vielleicht einige der gesuchten Kleinfische entdecken, »auf die er schon lange scharf war«.

Von der Kleinlebewelt im Wasser

Wie überall ernähren sich auch im Wasser die auf »fleischliche Kost« angewiesenen Tiere von anderen, kleineren Lebewesen. Von diesem biologischen Kreislauf haben wir schon gesprochen. Damit in unserem Teich Molche, Fische und Frösche überhaupt leben können, müssen kleinere Tiere als Nahrung vorhanden sein. In frischem Leitungswasser würden sie verhungern. Zwar belebt sich ein offenes Gewässer erstaunlich schnell, doch vergehen Wochen, bis sich die winzigen, mit dem bloßen Auge nicht erkennbaren Ein- und Mehrzeller, die Infusorien, Rotatorien, Amöben und Algen — also das Plankton — entwickelt haben. Erst dann können sich als nächste Stufe auch kleinere Krebstiere (Wasserflöhe, Hüpferlinge) ansiedeln. Sie werden sich zwar von selbst einstellen, doch kann man diese Phase beschleunigen, indem man seinen Teich durch entsprechende Tümpelfänge »impft«. Nach einigen weiteren Wochen haben sich auch die Kleinkrebse so vermehrt, daß sich die nun eingesetzten Fische von ihnen ernähren können.

Es ist also wichtig, daß wir die Entwicklung der Kleinlebewelt in unserem Teich ständig mit Lupe und Mikroskop verfolgen und in unserem »Biotoptagebuch« vermerken.

Zunächst aber wollen wir uns mit den **Wasserinsekten** beschäftigen, die sich ebenfalls »von selbst« einstellen. Teils schleppen wir sie unbeabsichtigt durch unsere »Tümpelfänge« ein, teils gelangen sie als »Eier« durch Vögel oder Wind in unseren Teich, teils fliegen sie von selbst herbei. Etliche sind arge Räuber, die wir zwar nicht grundsätzlich verbannen, deren Überhandnehmen in unserem Gewässer (mit den vielen Jungtieren, die sich in dem noch spärlichen Pflanzenwuchs kaum verstecken können) aber verhindert werden muß. Zu den gefährlichsten Räubern gehört der

● **Gelbrandkäfer:**

Bei einer Größe von über 3 cm, olivgrüner Oberseite und gelbbraunem Bauch, ist er mit dem hellgelben Rand an Flügeldecken und Brustschild unverwechselbar. Mit den langen, behaarten hinteren Ruderfüßen kann er seinen Körper blitzschnell durchs Wasser treiben. Die zwei vorderen Beinpaare sind Lauffüße. Der Gelbrand pflegt nachts fliegend das Wasser zu verlassen und sucht sich im Mondlicht glänzendes neues Gewässer (z.B. unseren Teich), in das er sich kopfüber hineinstürzt. Als geschickter Schwimmer erbeutet er alles, was nicht zu kräftig und zu schnell ist, sogar Fische, die doppelt so groß sind wie er selbst. Zum Luftholen gleitet er ab und zu an die Oberfläche.

Die langgestreckte **Gelbrand-Larve** ist ein noch gefährlicherer Räuber. Sie »frißt« ihre Beute nicht wie der ausgewachsene Käfer, sondern packt sie mit ihren Mandibeln (Greifzangen), löst die Weichteile durch eingespritzten Magensaft auf und saugt sie aus. Die Larven leben das ganze

227

Jahr über im Wasser. Im Herbst verpuppen sie sich an Land und schlüpfen im Frühjahr als erwachsene Gelbrandkäfer.

● **Libellenlarven:**

In Mitteleuropa gibt es um die 80 verschiedene Libellenarten, die während ihres Larvenstadiums fast alle im Wasser leben. Die Libellenweibchen heften ihre Eier an Pflanzen unter der Oberfläche. Nach einer gewissen Zeit schlüpfen die Larven, die keinerlei Ähnlichkeit mit ihren prächtig schillernden Eltern haben. Der dunkle, langgestreckte, vielgliedrige Körper wird von sechs kräftigen Laufbeinen getragen. Am vorderen Brustsegment befindet sich der unbewegliche Kopf mit zwei großen Augen und einer Fangmaske (Greifzangenpaar). Laufend und schwimmend kommen sie nur träge voran. Sie lauern vielmehr auf Beute (Würmer, Kleinkrebse, Kaulquappen und Jungfische). Vor ihren blitzartig zupackenden Fangmasken gibt es kein Entrinnen. Im Gegensatz zu den Gelbrandkäferlarven besitzen die Libellenlarven Kiemen, müssen also nicht zum Luftholen an die Oberfläche. Im Hochsommer klettern die Tiere über die Wasseroberfläche, kriechen nach verschiedenen Pausen aus ihrer aufplatzenden Larvenhaut, die leer am Halm hängenbleibt, und schwirren als schillernde Libellen davon.

● **Wasserwanze:**

Zwei der etwa zehn heimatlichen Wasserwanzenarten werden Jungfischen, Kaulquappen und Molchlarven ebenfalls gefährlich, nämlich der **Wasserskorpion**, ein etwa 2 cm langes bräunliches Insekt mit vier Laufbeinen, kräftiger Fangmaske, einer langen Luftröhre am Körperende und auf dem Rücken zusammengelegten Flügeln, sowie der **Rückenschwimmer**, dessen nach unten gekehrter Rücken heller ist als die nach oben gewendete Bauchseite. Er trägt in den Bauchhaaren meist eine silbrige Luftblase als Atemreserve mit sich.

Die übrigen insektenähnlichen Wassertiere sind für junge Lurche und Fische weniger gefährlich. Sie sind interessante Beobachtungsobjekte und zeigen uns — je mehr Arten wir von ihnen entdecken —, daß unser Biotop gesund ist.

● Da sind die großen schwarzen **Kolbenwasserkäfer**, die man wegen des fehlenden gelben Randes nicht mit dem sonst

Wasserinsekten

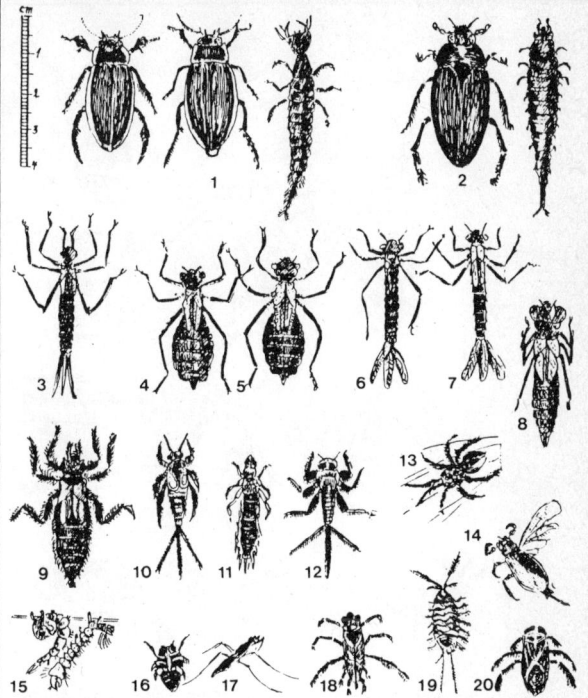

Wasserkäfer: 1 = Gelbrandkäfer*, Männchen, Weibchen, Larve; 2 = Kolbenwasserkäfer, Larve; Libellenlarven: 3 = Prachtlibelle*; 4 = Moosjungfer*; 5 = Segellibelle*; 6 = Teichjungfer*; 7 = Binsenjungfer*; 8 = Blaue Libelle* (Wasserjungfer); 9 = Flußjungfer*; Sonstige: 10 = Uferfliege; 11 = Wasserflorfliege; 12 = Eintagsfliege; 13 = Wasserspinne; 14 = Wasserskorpion*; 15 = Mücke, links Puppe, rechts Larve; 16 = Taumelkäfer; 17 = Wasserläufer; 18 = Rückenschwimmer*; 19 = Wasserassel; 20 = Ruderwanze (Wasserzikade). * = gefährlich für Jungfische.

Süßwasser-Kleintiere

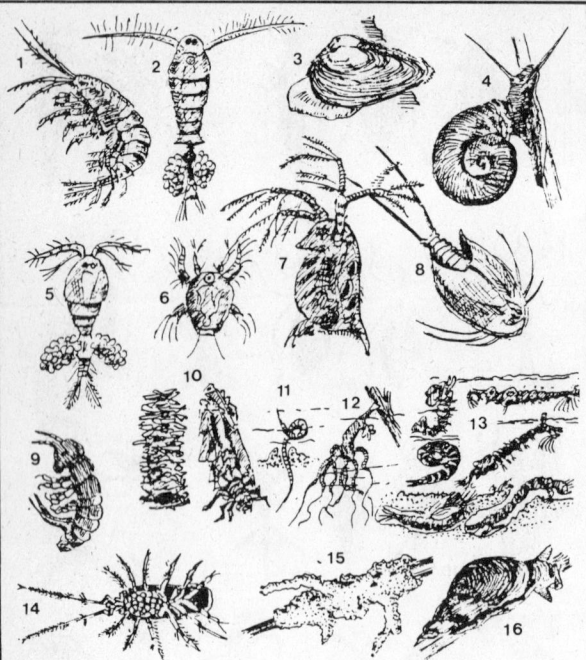

1 = Bachflohkrebs, bis 20 mm; 2 = Hüpferling (Diaptomus), 5 mm; 3 = Flußmuschel (Malermuschel), 25 mm; 4 = Tellerschnecke (Posthornschnecke), bis 30 mm; 5 = Hüpferling (Cyclops), 4 mm; 6 = Hüpferlinglarve (Nauplius), 1 mm; 7 = Wasserfloh (Daphnia), bis 5 mm; 8 = Kiemenfuß (Apus), bis 30 mm; 9 = Springschwanz, 2,5 mm; 10 = Köcherfliegenlarve (Hülle), 15 mm; 11 = Bachröhrenwurm (Tubifex), 20 mm; 12 = Süßwasserpolyp (Hydra), 10 mm; 13 = oben: Puppe und Larve Büschelmücke (weiß, durchsichtig); Mitte: Puppe und Larve Stechmücke (schwarz); darunter: Puppe und Larve Zuckmücke (rot); 14 = Wasserassel (von unten), 10 mm; 15 = Süßwasserschwamm, 20 mm; 16 = Schlammschnecke, bis 25 mm.

Urtiere oder Protozoen

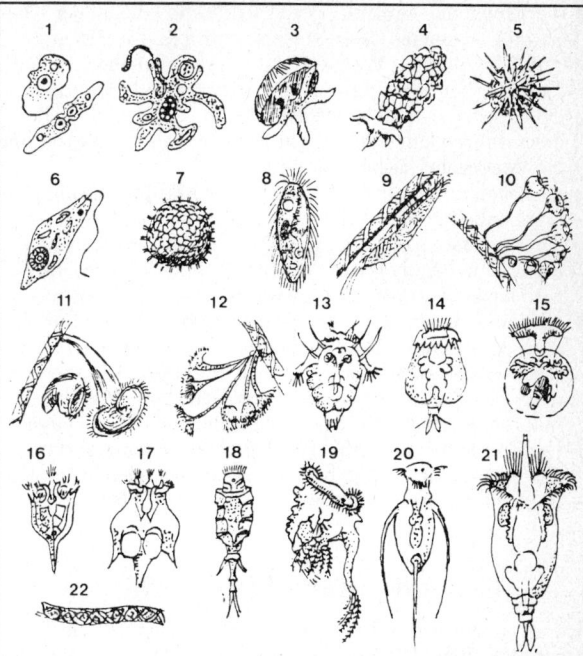

Wurzelfüßler: 1 = Heuamöben, 0,03 mm; 2 = Schlammamöbe, 0,4 mm; 3 = Uhrgläschen, 0,3 mm; 4 = Sandhäuschen, 0,4 mm; 5 = Sonnentierchen, 0,9 mm – Geißeltierchen: 6 = Augentierchen, 0,2 mm; 7 = Kugeltierchen, 0,9 mm – Aufgußtierchen: 8 = Pantoffeltierchen, 0,3 mm; 9 = Muscheltierchen, 0,7 mm; 10 = Glockentierchen, 1 mm; 11 = Trompetentierchen, 1,2 mm; 12 = Maiblumentierchen, 1,2 mm; – Rädertierchen: 13 = Synchaeta, 0,08 mm; 14 = Euchlanis Makrura, 0,05 mm; 15 = Pterodina, 0,06 mm; 16 = Anuraer, 0,07 mm; 17 = Brachionus, 0,06 mm; 18 = Dinocharis, 0,08 mm; 19 = Pedalion, 0,15 mm; 20 = Filina, 0,15 mm; 21 = E. Dilatata, 0,2 mm; 22 = Fadenalge, ø 0,08 mm.

ähnlichen Gelbrand verwechseln wird und die sich von Algen, Wasserpflanzen und Kleinkrebsen ernähren;

- die schwarzen **Taumel- oder Drehkäfer**, die an der Oberfläche in rasender Geschwindigkeit ihre Kreise ziehen;
- die gelbgefleckten **Wassertreter**, die an den abwechselnden Paddelstößen ihrer hinteren Schwimmbeine kenntlich sind;
- die geselligen dunklen **Wasserläufer** (Schlittschuhläufer), die mit ihren langen Beinen in schneller Fahrt ruckweise über die Wasseroberfläche sausen;
- die nadeldünnen, bis 2 cm langen **Teichläufer**, die mit ihren Spinnenbeinen langsam am feuchten Ufer umherstelzen;
- die **Ruderwanzen**, die im Aussehen den Rückenschwimmern ähneln, aber wie Grillen »singen« können, weshalb man sie auch »Wasserzikaden« nennt.
- Neben anderen, z.B. den **Wasserschnecken**, muß hier auch die harmlose **Wasserspinne** genannt werden, die zwischen Wasserpflanzen ihr glockenförmiges »Spinnwebennest« baut, in das sie von der Oberfläche Luft als Atemvorrat holt, wodurch das Nest wie eine kleine Silberkugel aussieht.
- Die verschiedenen »umhertaumelnden« **Mückenlarven** bilden ebenso wie die sich bald im Schlamm ansiedelnden **Würmer** willkommene Nahrung für unsere Teichbewohner.

Lebende und »tote« Gewässer

Jeder Lebensraum benötigt Wasser. Selbst wo nicht die geringste Pfütze zu entdecken ist, gibt es Wasser, mag es versteckt im Hochwald in Astlöchern stehen, als »Trogtümpel« in den Spalten öder Felslandschaften oder in Wüstengegenden als Tau. Den heimatlichen Bächen, Teichen und Seen kommt in unserer Zeit eine besondere Bedeutung zu. Oft sieht es traurig mit ihnen aus: Vergiftet durch Abwässer, durch Pflanzenschutz- und Schädlingsbekämpfungsmittel, übersättigt durch eingespülten chemischen Dünger. Selbst der Regen läßt heute die in der Atmosphäre aufgenommenen gasförmigen Giftstoffe auf Wälder und Wiesen herabrieseln.

Wir können unseren Beitrag zur Besserung dieser Verhältnisse leisten, indem wir einen kleinen lebenden Teich anlegen oder einen vorhandenen »toten« Feldtümpel wieder zu einem gesunden Wasserbiotop gestalten. Gleichzeitig gewinnen wir damit ein eigenes Forschungsrevier.

Neuanlage eines »Wildteiches«

Der Ausdruck »Wildteich« soll hier als Unterscheidung zum geschützten »Gartenteich« stehen. Die Bauweise ist die gleiche. Allerdings kann man natürlich nicht einfach irgendwo zu »buddeln« anfangen. Das wohlwollende Einverständnis des zuständigen Besitzers (Landwirt, Förster, Gemeinde) ist Voraussetzung. Diese Erlaubnis gewinnt man nicht durch mehr oder weniger schwärmerische Absichtserklärungen, sondern eher, wenn man gut vorbereitet mit einem handfesten und durchdachten Plan anklopft.

Wieder geht hinsichtlich der Wahl des Platzes eine Erkundung voraus, wobei folgende Kriterien zu berücksichtigen sind:

- Die Stelle soll sich in einer natürlichen Umgebung befinden, die nicht von Spaziergängern überlaufen ist.
- Für einen ungenutzten Ödlandfleck bekommt man die Genehmigung eher. Dieser »Fleck« sollte sich weder in der Nähe landwirtschaftlich bearbeiteter Felder (chemische Düngung, Schädlingsbekämpfung!) noch von Schonungen oder Wildschutzgebieten befinden.
- Grundvoraussetzung ist das Vorhandensein von Wasser in der Nähe (Rinnsal, Graben, Bach, Quelle). Man kann es kaum eimerweise aus großer Entfernung heranschleppen. Geschützte Feuchtflächen sind zu schonen. Quellen dürfen nicht in die Teichanlage einbezogen werden.
- Ferner ist zu bedenken, daß unsere PVC-Folie in der freien Wildbahn mehr gefährdet ist als im Garten. Herumstochernde »Unbefugte« könnten die dünne Haut durchstoßen. Deshalb müssen wir die Teichsohle einen halben Meter tiefer planen als beim Gartenteich, um die Folie durch hoch eingebrachten Teichgrund zu sichern.

Haben wir nun — »bewaffnet« mit übersichtlichen Bauzeichnungen, mit Materialaufstellung, Finanzierungs- und Zeitplan (wozu auch die Regelung des »Wasserhaushalts« und die Betreuung und Wartung des neuen Feuchtbiotops gehören) — den

»ob solcher Planmäßigkeit beeindruckten« Besitzer überzeugt, können wir mit dem »ersten Spatenstich« beginnen.

Dazu abschließend noch einen (etwas faulen) Trick: Spätestens vor Einbringen der Folie schlagen wir um unsere Teichgrube »amtlich« aussehende, grün lackierte Pfähle ein, verbinden sie mit PVC-Koppeldraht (kein Stacheldraht!) und stellen ein ebenso »sachlich« beschriftetes Schild (keine Krakelbuchstaben!) mit folgendem Text auf:

> **Achtung!**
> Biologisches Außenbiotop
> und Schutzgebiet
> der AGT
> **Nicht betreten!**

So etwas wirkt (meistens) ungemein, da niemand weiß, daß das gewichtige AGT die Kurzbezeichnung für unsere »Aktionsgemeinschaft Teichbau« ist. Wenn man allerdings noch hinzufügt: »Vorsicht Kreuzottern!« könnte dieses »Knallbonbon« möglicherweise nach hinten losgehen.

Reinigen eines »toten« Feldtümpels

Zunächst ist festzustellen, warum der Tümpel »tot« ist und ob er wirklich »ganz tot« ist. Wir fertigen eine Grundriß- und Querschnittskizze des Teiches mit Tiefenangaben an. Sodann ist zu untersuchen, welche Pflanzen und Lebewesen noch in welchen Teilen des Teiches angetroffen werden. Sie sind genau zu bestimmen, ihre Vorkommen zu ermitteln (selten, vereinzelt, häufig) und in Listen zu registrieren. Hierbei handelt es sich vor allem um das Kleingetier (Flohkrebse, Bodenwürmer usw.) und um das Plankton.

Das wird eine Wochen ausfüllende Forschungsarbeit, die nicht nur neue Erkenntnisse vermittelt, sondern auch den Einsatz von Lupe und Mikroskop erfordert. Am besten ist es, diese Aufgaben nach Neigung der Teilnehmer teamweise zu lösen (»Forschungsteam Pflanzen«, »Forschungsteam Kleintiere/Lupe«, »Forschungsteam Infusorien/Mikroskop«). Aus Art und Anzahl der gefundenen Pflanzen und Tiere bzw. deren Nichtvorhandensein kann ein Fachbiologe (der danach zu befragen wäre) Rückschlüsse ziehen, was mit dem Gewässer »los« ist.

Der zweite Schritt ist eine Wasseranalyse, die anhand einer Wasserprobe von einem Labor durchgeführt werden müßte. Dabei liegt der Schwerpunkt nicht auf der mineralischen Zusammensetzung, sondern auf (Gift-)Spurenelementen, Pflanzenschutz-, Schädlingsbekämpfungs- und chemischen Düngemitteln. Die sind meist vorhanden, wenn der Tümpel fast ganz ohne Leben in unmittelbarer Nähe landwirtschaftlicher Nutzflächen liegt oder wenn er Zufluß durch einen Graben erhält, der durch solche Ländereien führt.

Wenn man feststellt, daß im Teich doch noch eine relativ hohe Zahl niederer Tierarten existiert, handelt es sich meist um eine Vergiftung durch Faulstoffe (Sauerstoffmangel durch Ammoniakübersättigung), weil der Tümpel entweder als »Müllabladeplatz« diente oder weil er jahrzehntelang nicht von in Fäulnis übergegangenen Blättern, Heu oder anderen faulenden Abfällen gereinigt wurde, sein Boden also von einer dicken, stinkenden Faulschlammschicht überdeckt ist. Beginnen wir mit den Maßnahmen für diesen letzten, häufigsten Fall:

Mit Harken und anderen Hilfsgeräten ist alles herauszuziehen, was nicht hineingehört (alte Matratzen, verrostete Fahrräder usw.). Sodann wird, vom Rande beginnend, mittels »Brettharken« der Faulschlamm in kleinen Portionen herausgezogen und mehrere Meter vom Ufer entfernt als Wall aufgeschichtet. Eine Brettharke ist ein selbstangefertigter Bodenschaber aus einem 3 Meter langen Rundholz als Stiel und einem daran verstrebten, halbmeterlangen Querbrett, mit dem man den Schlamm so lange herausschabt, bis man die ursprüngliche Teichsohle erreicht. Diese besteht aus Lehm, Ton, Mergel oder (bei Grundwassertümpeln) aus Kies und Sand. Das ist eine schwere und schmutzige Arbeit, die nicht nur entsprechende Kleidung erfordert, sondern auch persönliches Durchstehvermögen.

Falls möglich, sollte man vorher das Wasser ablassen. Dies setzt eine tiefere Stelle oder eine ausgeschachtete Grube in der Nähe voraus, in der das durch Schlauch-Ansaugeverfahren abgeleitete Wasser versickern kann. Eine Motorpumpe leistet hierbei gute Dienste, und ein Feld-Arbeitsgerät erledigt die Schmutzarbeit in Stunden, für die wir viele Tage benötigen. Bei Grundwassertümpeln ist das Verfahren allerdings problematisch, da die Menge, die herausgepumpt wird, wieder aus dem Boden nachsickert. Allerdings handelt es sich dabei um biologisch besseres Wasser.

Falls der Tümpel einen (häufig kaum erkennbaren) Zufluß hat, besitzt er auch einen Abfluß, der von allen Hindernissen (eingewachsene Grassoden usw.) freizuarbeiten ist, damit er wieder Gefälle bekommt. Der Zufluß ist anzustauen. Das sich dort sammelnde Wasser wird über einen um den Teich geführten Hilfsgraben in den Abfluß eingeleitet. Später wird der Zufluß auf 20 Meter Länge freigearbeitet und vertieft. Die provisorisch gebaute »Staustufe« wird durch eine Steinpackung so gestaltet, daß das zufließende Wasser einen kleinen Wasserfall bildet. Zehn Zentimeter genügen. Das fallende Wasser reinigt sich dabei und nimmt Sauerstoff auf, der dem Teich zugute kommt. Der ausgehobene Zuflußgraben, der nun einem langgestreckten Mini-Stausee gleicht, ist vor der »Staumauer« mit Schilf zu bepflanzen, dessen Wurzelwerk und Halmwald eine Filterwirkung zukommt.

Diese Arbeiten werden mehrere Wochen dauern, Blasen und Schrunden einbringen und Schweiß kosten! Aber es lohnt sich, denn wir sind jetzt soweit, daß wir mit dem Aufbau unseres Biotops beginnen können. Wasser-Einlassen, Bepflanzen und Einbringen der lebenden Teichbewohner erfolgen sinngemäß wie beim »Gartenteich«. Der inzwischen getrocknete Schlammwall wird zu einem Windschutz umgearbeitet. Außen bepflanzt man ihn mit Weiden, die durch häufiges Beschneiden dicht und niedrig gehalten werden.

Auch die »amtliche« Umzäunung und unser »wissenschaftliches Biotop-Warnschild« sollten nicht vergessen werden. Und noch ein letzter Tip: Rat und theoretische Mithilfe eines Fachbiologen oder der »Unteren Naturschutzbehörde« können Fehlplanungen und unnötige Arbeiten vermeiden. Man sollte sich um solche Helfer bemühen!

Streifzüge in unbekannte Welten

Ist sie wirklich vorüber, jene auch heute noch alle junggebliebenen Menschen begeisternde Zeit, in der Entdecker, Forscher und Abenteurer ins Unbekannte vorstießen, um die Rätsel und Geheimnisse unserer Erde zu lüften?

Man glaubt bedauernd ja sagen zu müssen. Doch jene alten Pioniere konnten nur das erforschen und entdecken, was ihren Augen sichtbar wurde. Alles andere blieb ihnen verschlossen. Und das ist nicht wenig, wenn man an den Weltraum denkt oder an die kaum erfaßbare Fülle im Mikrokosmos (der Kleinstlebewelt)! Diese Forschungsgebiete bleiben unserer Zeit überlassen − nahezu unerschöpfliche Möglichkeiten für Entdeckungen, atemberaubende Beobachtungen und Erkenntnisse.

Nicht unbeabsichtigt folgt dieses Kapitel unseres Natur-Abenteuerbuches den Abschnitten der »Wasserbiotope«. Wer weiß denn, daß in einem einzigen Tümpeltropfen mehr Lebewesen existieren, als München Einwohner zählt? Das Schlagwort von der »Welt im Wassertropfen« ist nicht übertrieben. Und das Mikroskop, dem wir uns jetzt zuwenden, ist für uns so etwas wie ein Zauberstab, der uns hineinversetzt in diese − trotz ihrer Winzigkeit − fast beängstigend große Miniwelt des Entstehens, Lebens, des Vergehens, Fressens und Gefressenwerdens, des Triumphes, der Katastrophen und Tragödien.

Der Blick durchs Mikroskop

Es ist keineswegs so, daß man wie bei der Lupe in ein Mikroskop hineinschaut, um beispielsweise das Hautzellgewebe seines daruntergehaltenen Fingers zu sehen. Ein Mikroskop muß man gebrauchen lernen, seine optisch bedingten Möglichkeiten begreifen. Ein »Zauberstab« allein nützt wenig, wenn man nicht auch die »Zauberformel« kennt. Da das aber Zeit und systematisches Einarbeiten erfordert, ist es der Hauptgrund, warum die zu Festtagen geschenkten Mikroskope so häufig nach den ersten unbefriedigenden Versuchen im Schrank ein vergessenes Dasein führen.

Das ist wieder eine Möglichkeit, günstig in den Besitz eines solchen optischen Instruments zu kommen! Für uns reichen (zunächst) die in Kaufhäusern angebotenen preisgünstigen Mikroskope aus, wenn auch ein (älteres) »Schul-« oder »Studienmikroskop« wegen seiner besseren Optik zu bevorzugen wäre.

Von der Funktionsweise eines Mikroskops

Ein Mikroskop ist eine Art Gegensatz zum Fernglas. Holt dieses die mit bloßem Auge nicht mehr sichtbaren, weit entfernten Objekte heran, so vergrößert ein Mikroskop das wegen seiner Winzigkeit mit dem Auge nicht mehr Erkennbare im Nahbereich, also wie eine Art Super-Lupe — oder besser: wie zwei »hintereinandergeschaltete Lupen«. Während die erste (das Objektiv) ein Kleinstobjekt als »Luftbild« beispielsweise zehnmal vergrößert, vergrößert die darüber befindliche gleichwertige zweite »Lupe« (das Okular) dieses Luftbild noch einmal in demselben Verhältnis, was insgesamt eine hundertfache Vergrößerung ergibt. Das ist schon eine ganze Menge! Dabei würde das auf der »Bestimmungstafel Urtiere« abgebildete Rädertierchen »Dinocharis« bei seiner mit bloßem Auge nicht sichtbaren Größe von 0,08 mm zu einem »Riesen« von fast einem Zentimeter anwachsen.

Bei den Betrachtungen über Ferngläser und Kameraobjektive haben wir schon von **Lichtstärke** und **Tiefenschärfe** gesprochen. Wir können uns deshalb vorstellen, daß erstere bei den winzigen Linsendurchmessern der Mikroskopoptik ganz gering ist und die Schärfenebene infolge der ungeheuren Vergrößerung auf Bruchteile eines Millimeters zusammenschrumpft. Kampf um Licht und präzise Scharfeinstellung sind daher die beiden Probleme beim Mikroskopieren. Und weil das nicht ganz einfach ist, Geduld und Fingerspitzengefühl voraussetzt, bis man »dahinterkommt«, geben so viele Anfänger das Mikroskopieren vorzeitig auf.

Schauen wir uns ein solches Instrument an: Es besteht aus einem schweren Metallfuß und einem meist kippbaren Arm, der oben einen Tubus mit den beiden »Lupen« (Okular und Objektiv) hält. Diese »Lupen« bestehen natürlich aus präzis geschliffenen und verkitteten optischen Linsensystemen. Mittels zweier Rändelschrauben — eine für die Grob-, die andere für die Feineinstellung — kann dieser Tubus ganz langsam herabge-

Mikroskop 1

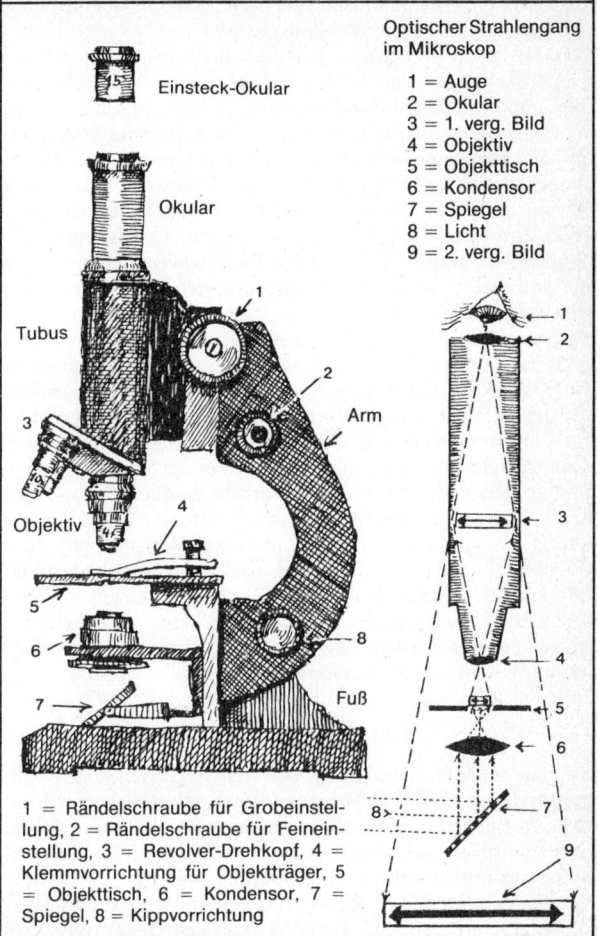

Einsteck-Okular

Okular

Tubus

3

Objektiv

4

5

6

7

Arm

Fuß

8

Optischer Strahlengang
im Mikroskop

1 = Auge
2 = Okular
3 = 1. verg. Bild
4 = Objektiv
5 = Objekttisch
6 = Kondensor
7 = Spiegel
8 = Licht
9 = 2. verg. Bild

1 = Rändelschraube für Grobeinstellung, 2 = Rändelschraube für Feineinstellung, 3 = Revolver-Drehkopf, 4 = Klemmvorrichtung für Objektträger, 5 = Objekttisch, 6 = Kondensor, 7 = Spiegel, 8 = Kippvorrichtung

dreht werden, damit das auf dem Objekttisch darunterliegende Objekt genau in den Tiefenschärfenbereich gelangt. Bei einigen Mikroskopen wird der Objekttisch gegen das Objektiv im Tubus bewegt, was die gleiche Wirkung hat.

Am Mikroskopfuß befindet sich ein schwenkbarer Spiegel, der so eingestellt wird, daß das Fensterlicht oder das Licht einer hellen Lampe von unten durch das Loch im Objekttisch geworfen wird. Der Spiegel ist richtig eingestellt, wenn beim Einblick in das Mikroskop eine helle runde Fläche erscheint. Manchmal befindet sich über dem Spiegel noch ein Kondensor. Das ist eine weitere Linse, die das eingespiegelte Licht sammelt und verstärkt durch das Loch im Objekttisch wirft. Es wird nun auch verständlich, warum man beim Mikroskopieren hauptsächlich die Umrisse des von unten angeleuchteten Objekts erkennt. Meist aber werden die winzigen Wesen durchstrahlt, so daß man auch ihre pulsierenden inneren Organe sehen kann.

Über das Loch im Objekttisch (auf das sich also alles konzentriert) wird der Objektträger (ein hauchdünnes Glasplättchen mit dem Objekt, beispielsweise unserem »Millionen-Lebewesen-Wassertropfen«) geschoben. Für unser Mikroskop ist so ein Wassertropfen ein gewaltiger Raum. Bei der angenommenen hundertfachen Vergrößerung entspräche er einem Tümpel von 40 cm Tiefe, wobei die Schärfenebene nur ein paar Millimeter beträgt. Da all die kleinen Tiere in diesem Wassertropfen herumwimmeln, geraten sie dauernd aus der eingestellten Schärfe. Wir ziehen deshalb den Wassertropfen mit einem anderen Glasplättchen auseinander, verflachen unseren Miniteich, um seinen Lebewesen den Bewegungsraum einzuengen. Gleich können wir wesentlich besser beobachten.

Objektive und Okulare

Nun hat ein Mikroskop meist noch weitere Einrichtungen, z.B. am unteren Ende des Tubus einen drehbaren Revolverkopf mit drei verschiedenen Objektiven und manchmal auch noch mit zwei bis drei Einsteckokularen oben am Tubus. Je nach Bedarf kann man mit diesen die Vergrößerung ändern.

Auf den Okularen und Objektiven ist deren Vergrößerungsfaktor eingraviert, z.B. 5x, 10x, 15x. Um den Gesamtvergröße-

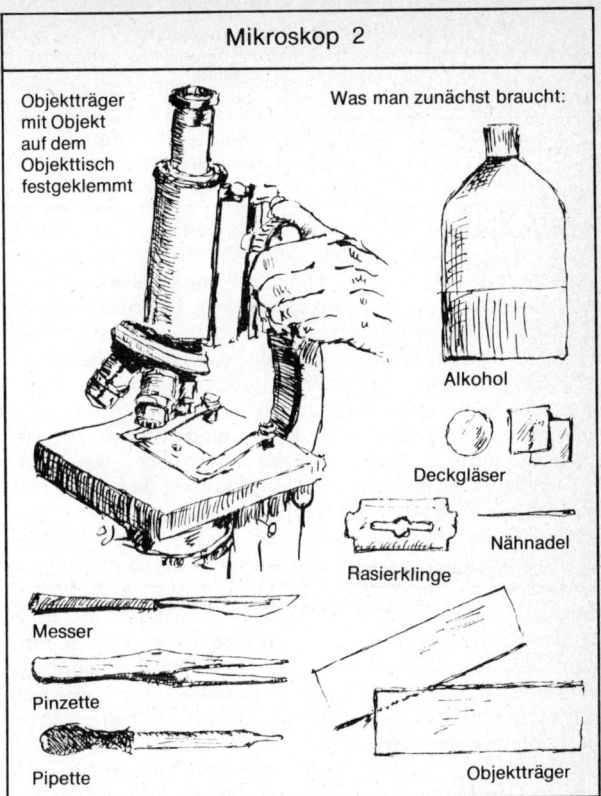

Mikroskop 2

Objektträger mit Objekt auf dem Objekttisch festgeklemmt

Was man zunächst braucht:

Alkohol

Deckgläser

Rasierklinge

Nähnadel

Messer

Pinzette

Pipette

Objektträger

rungsmaßstab zu ermitteln, muß man die Zahl am eingesteckten Okular mit der des eingedrehten Objektivs multiplizieren. Nehmen wir an, unser Mikroskop hätte 3 auswechselbare Okulare mit den Werten 5x, 10x und 15x und 3 Revolverkopfobjektive mit den Werten 4, 10 und 40, so fertigen wir uns eine Arbeitstabelle an, aus der wir die 9 verfügbaren Vergrößerungsmaßstäbe des Mikroskops ablesen können.

Mikroskop-Vergrößerungsmaßstäbe			
	Okulare		
Objektive	5x	10x	15x
4x	20fach	40fach	60fach
10x	50fach	100fach	150fach
40x	200fach	400fach	600fach

Einfache Mikroskope besitzen nur ein feststehendes Okular, meist mit dem Vergrößerungsfaktor 10x. Die drei Revolverobjektive mit den Werten 10, 30 und 40 würden also eine 150-, 450- und 600fache Vergrößerung ergeben. Das reicht vollauf. Es ist ein Irrtum zu glauben, daß man bei der größtmöglichen Vergrößerung am meisten sieht oder daß ein Mikroskop mit 900facher oder gar 1 200facher Vergrößerung »besser« sei als eines, das »nur« 600fach vergrößert. Ein optisch gutes 600er-Mikroskop gibt es nämlich schon für hundert Mark. Ein entsprechend gutes 1 200er-Mikroskop kostet über 1 000 Mark. Ein »billiges« 1 200er- oder 900er-Mikroskop kann also hinsichtlich seiner optischen Qualität nicht so gut sein.

Leider läßt der begrenzte Raum dieses Buches nicht zu, die vielen »Kniffe«, die man beim Mikroskopieren anwenden kann, zu beschreiben. Für Interessierte empfiehlt es sich, eine gut verständliche »Anleitung« aufmerksam zu studieren — und dabei Ausdauer zu bewahren. Mikroskopieren ist nämlich eine »kniffige« Kunst. Doch wenn man erst einmal »dahintergekommen« ist, eröffnet es Einblicke und Erkenntnisse, die man sich nie hat träumen lassen. Wenn man aus selbst angesetztem »Heuaufguß« sein erstes Pantoffeltierchen im kleinen runden Lichtbildfeld des Mikroskops pulsieren sieht, ist es meist geschafft. Dann kann man sich auch daran machen, den im Abschnitt über »Wildteichbau« erwähnten Kleinstlebewesen nachzuspüren, ihre Formen aufzuzeichnen, nach dem Bestimmungsbuch zu identifizieren und ihren Lebensablauf zu beobachten. Man kann unschwer ganze Sammlungen von mikroskopischen Präparaten selbst herstellen, sie durch Einfärben deutlicher machen, ja, man kann sogar die Lebewesen und ihre jeweiligen Verhaltensweisen unter dem Mikroskop fotografieren. Forschungsmöglichkeiten im Mikrokosmos gibt es unbeschränkt. Und wenn man diese Studien systematisch betreibt, sich selbst abgegrenzte Aufgaben stellt und ein Beobachtungsbuch führt, wird das Mikroskopieren zu einem faszinierenden Spezialgebiet unserer »Waldläuferkünste«.

Am Ende des Wildpfades

Die gemeinsame Streife durch unser großes »Waldläuferrevier« ist zu Ende. Manches haben wir erlebt, gelernt, empfunden, staunend zur Kenntnis genommen. Etliches hat uns begeistert, und bei einigem haben wir gedacht: Das werden wir tun! Selbst durch die schwer zugänglichen »Dickungen« und abseitigen »Klüfte« der »Spezialgebiete« führte unsere Pirsch. Aber wir haben längst nicht alles gesehen! Dazu war die Zeit der Streife zu kurz, der Raum dieses kleinen Buches zu knapp. So sind wir an der bunten Welt der Kleinvögel nur mit ein paar aufmerksamen Seitenblicken vorübergegangen, und mit Ausnahme der Wasserbewohner liegt auch noch das geheimnisvolle Imperium der Insekten unbekannt vor uns.

Ja, es liegt **vor** uns! Denn unser waldläuferisches Tun ist mit dem Durchlesen dieses Buches nicht zu Ende. Das war ja erst die Erkundungsstreife, in der wir unser Revier mit seinen vielen Teilen und Möglichkeiten kennenlernen wollten, jeder das Seine, jeder das ihn am meisten Interessierende. Und für den, der Neuland betreten will, vielleicht die Welt der Insekten, z.B. der staatenbildenden Ameisenvölker, stehen alle Wege offen. Wenn er sich ein wenig an die in diesem Buch anklingenden Regeln und Anregungen hält, an systematisches Vorgehen, sich in allgemein verständliche Fachliteratur vertieft und auch ein entsprechendes Bestimmungsbuch besorgt, sich dabei immer der Verantwortung bewußt bleibt, die wir Waldläufer für unsere Tiere und Pflanzen tragen — und wenn er letztlich ein wenig Ausdauer besitzt, wird er den richtigen Weg finden. Er wird sich nicht verirren oder gar resigniert aufgeben!

So trennen wir uns also, greifen zu »Fernglas, Kamera und Lupe« und dringen weiter vorwärts — jeder für sich — in sein eigenes Revier im großen Reich der Natur!

Vielleicht treffen wir uns dort einmal?

Stichwortregister
= Abbildung

245

254

Wichtige Anschriften

Name, Vorname	Straße, Hausnummer	Postleitzahl, Wohnort	Telefon	Geburtstag

Wichtige Anschriften

Name, Vorname	Straße, Hausnummer	Postleitzahl, Wohnort	Telefon	Geburtstag